Scriptor Praxis

JOHANNES GREVING
LIANE PARADIES

Unterrichts-Einstiege

Cornelsen

Die Autoren
Johannes Greving ist Lehrer für Deutsch und Politik an einem Gymnasium, außerdem an der Universität Oldenburg tätig und Autor zahlreicher Fachbücher.
Liane Paradies ist Gymnasiallehrerin für Mathematik und Geschichte. Sie arbeitet als freie Autorin, Trainerin und Moderatorin in der Lehreraus- und -fortbildung, ist an der Universität Oldenburg tätig und Autorin zahlreicher Veröffentlichungen zum Thema Unterrichtsmethoden.

Projektleitung: Gabriele Teubner-Nicolai, Berlin
Redaktion: Daniela Brunner, Korschenbroich
Umschlagkonzept: Kerstin Zipfel, München
Umschlaggestaltung: LemmeDESIGN, Berlin
Umschlagfoto: Shutterstock / Romolo Tavani
Layout / technische Umsetzung: LemmeDESIGN, Berlin

www.cornelsen.de

11. Auflage, 2. Druck 2021

© 2011 Cornelsen Verlag Scriptor GmbH & Co.KG, Berlin
© 2018 Cornelsen Verlag GmbH, Berlin

Das Werk und seine Teile sind urheberrechtlich geschützt. Jede Nutzung in anderen als den gesetzlich zugelassenen Fällen bedarf der vorherigen schriftlichen Einwilligung des Verlages. Hinweis zu §§ 60 a, 60 b UrhG: Weder das Werk noch seine Teile dürfen ohne eine solche Einwilligung an Schulen oder in Unterrichts- und Lehrmedien (§ 60 b Abs. 3 UrhG) vervielfältigt, insbesondere kopiert oder eingescannt, verbreitet oder in ein Netzwerk eingestellt oder sonst öffentlich zugänglich gemacht oder wiedergegeben werden. Dies gilt auch für Intranets von Schulen.

Druck: AZ Druck und Datentechnik GmbH, Kempten

ISBN 978-3-589-15979-6

PEFC zertifiziert
Dieses Produkt stammt aus nachhaltig bewirtschafteten Wäldern und kontrollierten Quellen.
www.pefc.de
PEFC/04-31-2260

Inhaltsverzeichnis

1	Einleitung	6
2	Thematische Eingrenzung und Begriffsklärung	10
3	Die Funktionen von Unterrichtseinstiegen	12
4	Unterrichtseinstiege in Zeiten der Digitalisierung	14
5	Stundeneröffnungsrituale	16
6	Übungen zum stofflichen Aufwärmen	19
7	Einstiege zur Lernstandsdiagnose, zur Differenzierung und Individualisierung	21
8	Informierender Unterrichtseinstieg	23
9	Denkanstöße	27
9.1	Lehrervortrag	27
9.2	Erzählen einer Geschichte	30
9.3	Etwas vormachen	33
9.4	Etwas vorzeigen	35
9.5	Konstruktion eines Widerspruchs, Verfremdung, Verrätselung	37
9.6	Provozieren und bluffen	42
10	Schnupperstunden	48
10.1	Angebotstisch	48
10.2	Themenbörse	52
10.3	Lernlandschaft	55
10.4	Arbeitspläne	60
11	Simulationsspiele	66
11.1	Standbildbauen	68
11.2	Rollenspiel	72
11.3	Planspiel	77

12	**Szenische Spiele**	82
12.1	Stegreifspiele und -pantomimen	82
12.2	Szenische Interpretationen	85
12.3	Texttheater	91
13	**Lernspiele**	96
13.1	Spielvariationen	97
13.2	Das „Vorstadtkrokodile-Activity"	99
14	**Offene Spielform – der Freiflug**	104
15	**Erkundungen in der Schule und vor Ort**	109
15.1	Erkundungsgänge und Rallyes	109
15.2	Experiment	113
15.3	Interview	117
15.4	Expertenbefragung	123
15.5	Reportage	128
16	**Themenzentrierte Selbstdarstellung**	132
16.1	Sprechmühle	133
16.2	Partnerinterview	137
16.3	Meinungskarussell	141
16.4	Collage	145
16.5	Bunter Bilderbogen	148
17	**Sortieren und strukturieren**	152
17.1	Sortieren	152
17.2	Clusterbildung	156
18	**Assoziative Gesprächsformen**	163
18.1	Planungsgespräch	164
18.2	Brainstorming	167
18.3	Kopfsalat	170

19	**Kooperative Gesprächsformen**	174
19.1	Blitzlicht	174
19.2	Kreisgespräch	176
19.3	Streitgespräch	178
19.4	Debatte	179
19.5	Gruppenpuzzle	180
20	**Feedback**	185
20.1	Schriftliche Befragung	186
20.2	Lehrerbrief	189
20.3	Klebepunktaktion	189
20.4	Schneeballszenario	190
20.5	Sammelsurium	190
20.6	Unterrichtsvertrag	192

Anhang ... 194
Checkliste für Unterrichtseinstiege ... 194
   Teil A: Klassifizierungen und Zuordnungen ... 194
   Teil B: Was leistet welche Methode? ... 200
   Teil C: Verzeichnis aller Beispiele mit Angabe
   der Einstiegsmethode und der Klasse ... 201
   Teil D: Checkliste Inklusion ... 202

Literatur ... 203
Register ... 205

Hinweis: Sie können die Materialseiten auf dem Kopierer auf 141 % vergrößern, um eine DIN-A4-Seite zu erhalten.

1 Einleitung

Der Aufbau dieses Buches
Mit diesem Buch, in dem wir uns an Lehrerinnen und Lehrer aller Schulstufen, aller Schulformen und aller Fächer wenden, wollen wir anhand von Beispielen, die sämtlich in unserer eigenen Unterrichtspraxis erprobt oder anlässlich von Unterrichtshospitationen von uns beobachtet wurden, einen Überblick über die Formenvielfalt von möglichen Unterrichtseinstiegen geben. Wir streben keine enzyklopädische Vollständigkeit an, sondern haben nach den Kriterien Praxistauglichkeit und Handlungsorientierung, aber auch nach unseren subjektiven Vorlieben ausgewählt.

Hauptsächlich wollen wir Sie, liebe Kolleginnen und Kollegen, dazu einladen, selber die eine oder andere Anregung in die eigene Unterrichtspraxis zu übernehmen. Dabei möchten wir Sie ausdrücklich dazu ermuntern, die vorgestellten Einstiege abzuwandeln, sie Ihren spezifischen Bedürfnissen anzupassen und selber neue zu kreieren. Hinweise und Hilfen hierfür finden Sie in den letzten Kapiteln dieses Buches.

Dieses gelingt dann am leichtesten, wenn Sie selber – etwa im Rahmen einer Lehrerfortbildung – praktische Erfahrungen mit für Sie vielleicht neuen Einstiegsformen machen können. Säßen Sie also in diesem Moment leibhaftig vor uns, könnten wir mit Ihnen einen jener ganzheitlichen Einstiege in das Thema „Unterrichtseinstieg" erproben, die wir im Folgenden vorstellen möchten. Wir könnten z. B. ein Standbild bauen zum Thema „Wie stelle ich mir eine gelungene Einstiegssituation vor?" oder eine Sprechmühle inszenieren, bei der Sie mit mehrfach wechselnden Gesprächspartnern das Thema musikalisch unterlegt erarbeiteten.

All das ist aus naheliegenden Gründen nicht möglich, die Buchform erlaubt kein handlungsorientiertes Vorgehen. Also fallen wir in die Standardform des lehrerzentrierten Einstiegs zurück und praktizieren den „informierenden Unterrichtseinstieg", wie er von dem Ehepaar GRELL (2000, S. 104 ff., Weiteres dazu in Kapitel 7) in seinem Buch „Unterrichtsrezepte" vorgeschlagen wurde: Wir verzichten auf allen Motivationsschnickschnack und kommen lieber zügig zur Sache.

Wir wollen in diesem Buch
- zunächst den Begriff „Unterrichtseinstieg" klären und deutlich machen, welche grundsätzlichen Aufgaben der Einstieg haben sollte oder könnte;

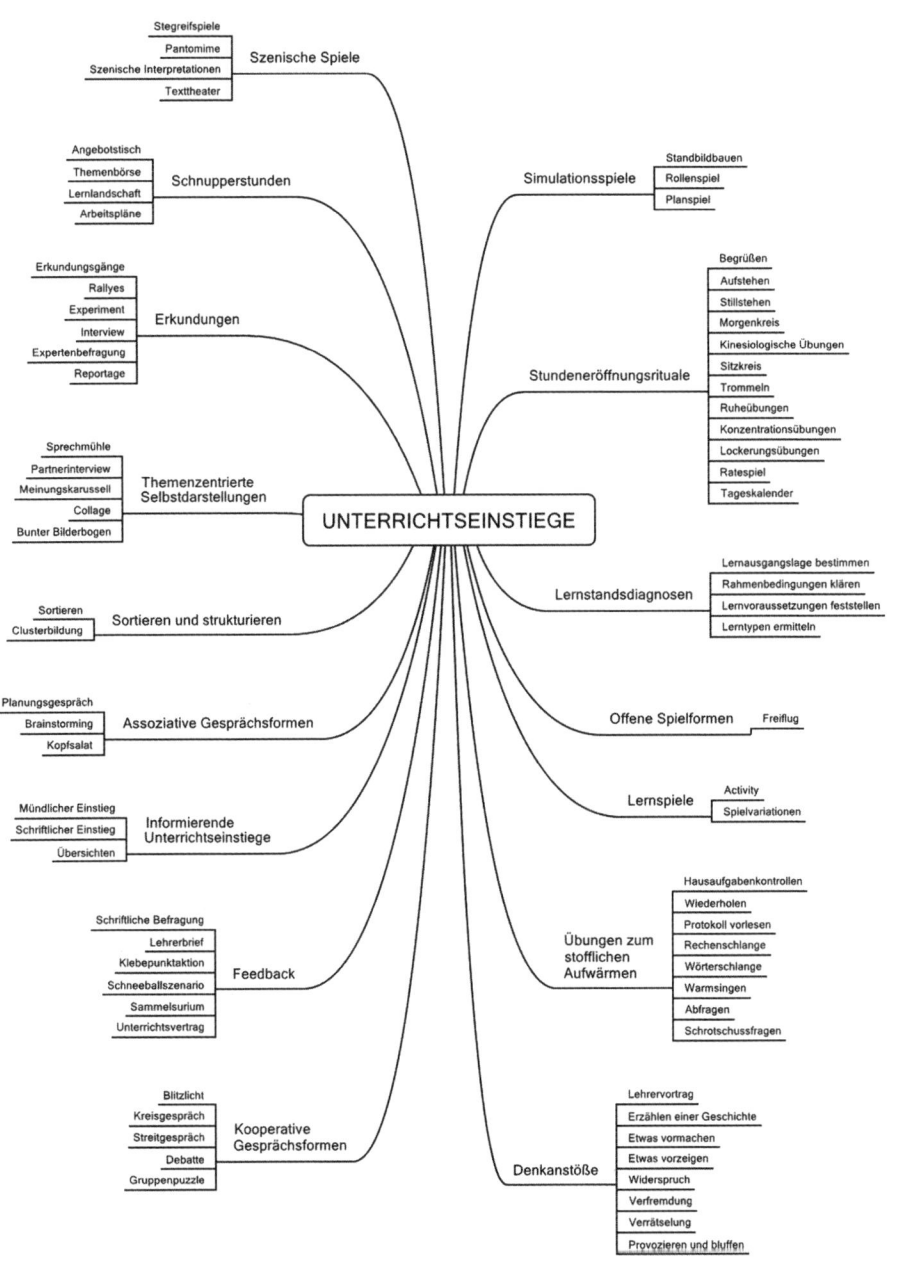

- deutlich machen, inwiefern der Unterrichtseinstieg ein wichtiges Instrument zur Lernstandsdiagnose, zur Differenzierung und zur Individualisierung ist oder sein könnte;
- Ihnen im Hauptteil die einzelnen Unterrichtseinstiege ausführlich erläutern und anhand von Beispielen aus unserer eigenen Unterrichtspraxis oder der befreundeter Kollegen illustrieren;
- Ihnen darüber hinaus für jede der vorgestellten Varianten einen didaktischen Kommentar liefern, der deutlich machen soll, welche besonderen Vor- und Nachteile der jeweilige Einstieg hat, welche Forderungen er an die Schülerinnen und Schüler (und auch an Sie) stellt und welche Einsatzmöglichkeiten wir in Bezug auf Schulstufen und Fächer sehen;
- Ihnen schließlich im Anhang eine didaktische „Checkliste für Unterrichtseinstiege" vorstellen, mit der wir selber seit vielen Jahren arbeiten.

Checkliste für Unterrichtseinstiege im Anhang

Diese Checkliste soll Ihnen sowohl bei der Übernahme unserer Vorschläge als auch bei der Kreation eigener Unterrichtseinstiege als Gerüst, Stütze und Orientierungsrahmen dienen. Hier haben wir den einzelnen Aspekten der Checkliste jeweils diejenigen Einstiegsmethoden zugeordnet, die diesen Gesichtspunkt in besonderem Maße repräsentieren. Anhand der Nummerierung können Sie sich im Teil B des Anhangs zusätzlich darüber orientieren, zu welchen der von uns vorgestellten Einstiegsmethoden die Charakteristika der Checkliste passen, was Sie also erwarten könnte und worauf Sie achten sollten, wenn Sie eine der vorgestellten Methoden im Unterricht einsetzen wollen. Im Teil C finden Sie alle Beispiele aus diesem Buch nach Fächern sortiert aufgelistet; die jeweils verwendete Einstiegsmethode und der Jahrgang sind ebenfalls angegeben. Darüber hinaus kann die Checkliste allen denjenigen unter Ihnen, die Stundenentwürfe für Examina, Lehrproben o. Ä. verfassen müssen, didaktisch-methodische Hinweise geben.

Der Aufbau der einzelnen Kapitel
Damit Sie sich in diesem Studien- und Praxisbuch auf Anhieb zurechtfinden, haben wir den folgenden Kapiteln bis auf wenige Ausnahmen stets den gleichen Aufbau gegeben. Sie können sich also an folgendem Schema orientieren:

Vorbemerkungen
Sie behandeln das Wesentliche und das Gemeinsame der in diesem Kapitel vorgestellten Methoden.

Grundüberlegungen zur Didaktik
Es soll deutlich werden, welche inhaltlichen und interaktionellen Bereiche die Methode berührt, welche Ziele mit ihr verfolgt und welche Schwerpunkte gesetzt werden.

Voraussetzungen und Vorbereitungen
Es wird geklärt, was alles zu bedenken und zu beachten ist, wenn Sie die Methode einsetzen wollen, und wie viel Zeit und Energie Sie benötigen.

Durchführung im Unterricht
Dies ist so etwas wie das Herz jedes Einzelkapitels. Wir wollen ausführlich und möglichst anschaulich beschreiben, wie die jeweilige Einstiegsmethode konkret im Unterricht umgesetzt werden kann. Wenn es möglich und sinnvoll ist, soll dies an einem oder auch mehreren Beispielen illustriert werden.

Schwerpunkt: Einstiege in neue Themen

Didaktischer Kommentar
(Was können Schülerinnen und Schüler lernen?)
Es soll deutlich werden, welche spezifischen Kenntnisse, Fähigkeiten und Fertigkeiten mit dem Einsatz dieser Methode angesprochen, verstärkt und geübt werden können. Hierbei haben wir nicht nur die inhaltlichen, sondern ebenso sehr die sozialen Lernziele vor Augen, denn ein Buch über Unterrichtsmethoden ist immer auch ein Buch über interaktionelle Strukturen.

Nachteile und Schwächen
Wenn Sie nicht enttäuscht werden wollen, machen Sie sich vorher mit den Risiken und Nebenwirkungen vertraut.

Einsatzmöglichkeiten
Wir werden jeweils nach Alter, Schulformen, Fächern und Themenbereichen differenzieren.
Die Informationen, die wir in diesem Buch zu den oben genannten Bereichen geben, stammen weitgehend aus unserer eigenen Unterrichtspraxis, aus Beobachtungen und Erfahrungen beim Hospitieren und in der Lehrerfortbildung; außerdem haben wir gezielt Kollegen anderer Schulstufen und anderer Fächer befragt.

2 Thematische Eingrenzung und Begriffsklärung

Die Kernfrage dieses Buches lautet nicht „Wie beginne ich eine Unterrichtsstunde?", sondern es geht uns in erster Linie um die methodischen Möglichkeiten zur Eröffnung einer neuen thematischen Einheit und deren didaktische Konsequenzen. Es soll also primär nicht um „Stundeneröffnungen" gehen, sondern um „Einstiege in neue Unterrichtsthemen", und wir möchten hier sachlich genau trennen. Daher wollen wir mit einer definitorischen Ab- und Eingrenzung beginnen und deutlich unterscheiden zwischen thematisch motivierten und gestalteten Einstiegen in neue Unterrichtsthemen einerseits und den für die unterrichtliche Interaktion bedeutsamen „Stundeneröffnungsritualen" sowie den „Übungen zum stofflichen Aufwärmen" andererseits.

Nicht jede Unterrichtsstunde wird mit einem neuen Thema begonnen, im Gegenteil, schon in der Primarstufe, spätestens aber mit Beginn der Sekundarstufe sind thematische Unterrichtssequenzen so gestaltet, dass sie über mehrere Stunden oder Wochen reichen. Dennoch hat jede Unterrichtsstunde einen Einstieg, eine Mitte und einen Ausstieg.

Der Unterrichtseinstieg *kann* also zusammenfallen mit dem thematischen Einstieg, tut dies aber meist nicht. Die Hausaufgabenkontrolle beispielsweise, die die Funktion des Anknüpfens an die vorige Stunde hat, stellt die weitaus häufigste Art des Stundeneinstiegs dar (vgl. etwa HAGE 1985).

Der Einstieg als didaktisch eigenständige erste Phase

Die täglichen Stundeneröffnungsrituale und Aufwärmübungen sollen damit keineswegs abgewertet werden, wir sind im Gegenteil der Ansicht, dass Schule ohne glaubwürdige Rituale, zu denen nicht zuletzt die Stundeneröffnung zählt, ihren pädagogischen Auftrag in der heutigen Gesellschaft schwerlich erfüllen kann. Die vielfältigen Möglichkeiten der Stundeneröffnung – vom „Guten Morgen" über die Hausaufgabenkontrolle bis hin zu den in der Reformpädagogik entwickelten Ritualen wie dem Morgenkreis – wurden in der letzten Zeit berechtigterweise mit mehr Aufmerksamkeit bedacht, nachdem sie jahrzehntelang vernachlässigt worden waren.

Wir wollen in den Kapiteln 4 und 5 jeweils einen kurzen Überblick geben.

Unser Hauptthema jedoch sind die aufwändigeren und teilweise wohl auch „exotischen" methodischen Einstiege in neue Thematiken, die selber durchaus eine ganze Unterrichtsstunde, häufig sogar mehr, in Anspruch nehmen können. Auch wenn es teilweise durchaus Überschneidungen mit den Stundeneröffnungsritualen und den Aufwärmübungen gibt, ist doch der Akzent ein anderer: Methodische Unterrichtseinstiege in neue Themen müssen sich der allgemeinen didaktischen und auch der fachdidaktischen Reflexion unterziehen. Sie sind mehr als bloße Interaktionsrituale, auch wenn Unterrichtsinteraktion ein wesentlicher Aspekt der hier noch vorzustellenden Einstiege ist. Sie müssen ihre jeweils spezifische „Leistung" entfalten und letztlich ihre Legitimation im Zusammenhang von Methode und Inhalt erhalten, daher werden wir uns bemühen, auch die jeweiligen sachlich-inhaltlichen Möglichkeiten und Grenzen, die spezifischen Stärken und Schwächen der einzelnen Einstiegsvarianten aus unseren eigenen Erfahrungen heraus zu kommentieren.

Sicherlich kann eine ganze Reihe der hier vorgestellten Einstiegsmethoden auch in anderen Phasen des Unterrichts eingesetzt werden. Um willkürlich ein paar Beispiele herauszugreifen:
- Rollen- oder Planspiele, Interviews oder Cluster können sinnvolle Methoden in der Erarbeitungs- oder Vertiefungsphase sein,
- das „Blitzlicht" kann als Stundenausstiegsritual genutzt werden,
- das Texttheater kann den krönenden Abschluss einer Unterrichtseinheit bilden.

Die didaktische Zielsetzung wäre dann aber eine ganz andere, und das hätte selbstredend Modifikationen in der Vorbereitung und Durchführung zur Folge. Auch Lernziele und Einsatzmöglichkeiten müssten neu bestimmt werden. Wir werden uns daher bemühen, das Spezifische jeder Einstiegsmethode deutlich zu machen. Sowohl die Ebene der praktischen Durchführung als auch die der didaktischen Reflexion werden ganz und gar auf die Einstiegssituation ausgerichtet.

Wichtig: handlungsorientierter Unterricht

Die Funktionen von Unterrichtseinstiegen

Der Begriff „Unterrichtsseinstieg" taucht in der pädagogischen Literatur erstmals in den Fünfzigerjahren unseres Jahrhunderts auf und ist zunächst verknüpft mit der Didaktik MARTIN WAGENSCHEINS (1975). In der bis dahin vorherrschenden Formalstufenkonzeption der Herbartianer hat er keinen Platz gehabt, dort war allenfalls von „Hinführung" oder „Vorbereitung" als erstem Schritt des streng gegliederten Lernkonzepts (eher „Lernkorsetts") die Rede (REIN/PICKEL/SCHELLER 1903).

Auch in der didaktischen Diskussion der letzten Jahrzehnte spielt der Unterrichtseinstieg als eigenständige Phase keine Rolle. So geht es beispielsweise sowohl der bildungstheoretischen Didaktik KLAFKIS wie der lerntheoretisch orientierten „Berliner Schule" in erster Linie um die Auswahl, Begründung und Strukturierung von Inhalten in ihrem bildungs- und gesellschaftspolitischen Kontext und weniger um deren Umsetzung im Schulalltag.

Ebenso wenig hatte die in der DDR gebräuchliche „Ziel-Inhalt-Methode-Organisation"-Relation von KLINGBERG dem Unterrichtseinstieg theoretischen Raum oder praktische Aufmerksamkeit gewidmet (vgl. im Überblick: JANK/MEYER 2002).

Im Begriff „Einstieg" dagegen steckt die Selbstständigkeit dieser Phase und die hierbei notwendige Aktivität von Lehrer- und Schülerseite. Wer in etwas einsteigt, und sei es nachts in eine Bank, ist aktiv, übernimmt Verantwortung für das, was er tut, und trägt ein gewisses Risiko, dass die Sache auch schiefgehen kann. Die Bezeichnung „Einstieg" macht die Eigenständigkeit dieser ersten Phase des neuen Unterrichtsthemas deutlich. Der Einstieg wird so nicht reduziert auf ein bloßes Anhängsel des Unterrichtsinhalts, sondern bekommt didaktische Eigenständigkeit! Damit müssen sich die thematischen Einstiege, um die es in diesem Buch geht, aber auch einer didaktischen Funktionsbestimmung unterwerfen, denn diese muss geklärt sein, bevor man die konkrete methodische Form bestimmen kann. Funktionen lassen sich nicht direkt beobachten, sondern sind Gegenstand unserer deutenden Interpretation. Ein bestimmter Einstieg kann immer mehrere Funktionen in unterschiedlichen Gewichtungen gleichzeitig erfüllen. Wir wollen daher an dieser Stelle die möglichen Funktionen von Unterrichtseinstiegen auflisten. Der Einstieg soll:

- neugierig machen,
- Interesse am neuen Thema wecken,
- eine Fragehaltung bei den Schülerinnen und Schülern hervorrufen,
- zum Kern der Sache führen, also zentrale Aspekte des neuen Themas ansprechen (inhaltliche Klarheit),
- die Verantwortungsbereitschaft der Schülerinnen und Schüler für das, was und wie sie selber lernen wollen, ansprechen und wecken,
- die Schülerinnen und Schüler in dem Sinne disziplinieren, dass eine erfolgreiche und effektive Zusammenarbeit stattfinden kann.

Neben diese wichtigsten Anforderungen, die nach unserer Meinung von jedem Unterrichtseinstieg erfüllt sein sollten, treten eine Reihe von möglichen weiteren Aspekten, die sich untereinander teilweise ergänzen, teilweise gegenseitig ausschließen. Der Unterrichtseinstieg kann:

- die Schülerinnen und Schüler über den geplanten Verlauf der weiteren Einheit informieren und ihnen damit einen genauen Orientierungsrahmen geben (klare Strukturierung),
- die Lust am Lösen von Rätseln wecken,
- an die Vorerfahrungen und Vorkenntnisse anknüpfen und eine Verbindung zu den neuen Inhalten herstellen; Altes und Neues also vernetzen,
- vertraute und liebgewordene Gewohnheiten und Kenntnisse in Frage stellen, verfremden, sogar (scheinbar) abwerten und ablehnen, aber auch aufwerten,
- das Verständnis um die Notwendigkeit regelgeleiteten Zusammenarbeitens hervorrufen und fördern,
- den Schülerinnen und Schülern zur Selbsterfahrung innerhalb einer Gruppe verhelfen und damit sowohl das Selbstvertrauen als auch die Sicherheit im Umgang mit anderen stärken,
- den Schülerinnen und Schülern einen handlungsorientierten Umgang mit dem neuen Thema ermöglichen oder diesen sogar fordern.

Da wir der Konzeption des handlungsorientierten Unterrichts nahestehen, messen wir dem letzten Aspekt besondere Bedeutung zu. Die meisten der von uns vorgestellten thematischen Einstiege bauen auf dieser Konzeption auf und setzen in mehr oder weniger ausgeprägter Form die Aktivität der Schülerinnen und Schüler im handelnden Umgang mit dem Unterrichtsthema voraus.

4 Unterrichtseinstiege in Zeiten der Digitalisierung

Als die erste Auflage dieses Buches 1996 erschien, gab es zwar schon Computer, aber das Internet steckte noch völlig in den Kinderschuhen. Wir z.B. haben dieses erste Manuskript zwar schon mit dem Computer geschrieben, aber Internet und E-Mail kannten wir überhaupt noch nicht. Gute 20 Jahre später hat sich die Situation grundlegend geändert, und wir müssen uns angesichts der heutigen Dichte und weltweiten Verflochtenheit des Netzes sowie seiner völlig neuen Möglichkeiten der Informationsbeschaffung und -verarbeitung fragen, ob die hier vorgestellten „analogen" Einstiege überhaupt noch zeitgemäß sind oder aber als überholt zu gelten haben.

Eine erste Antwort auf die Frage, ob und inwieweit webbasiertes, computergestütztes Lernen effektiver und effizienter ist, vermag die gegenwärtig umfangreichste und empirisch repräsentativste Untersuchung zum Lehren zu geben – die Hattie-Studie (HATTIE 2013): Basis der ersten Studie zur Computerunterstützung bilden insgesamt 4875 Einzelstudien (mit insgesamt 3 990 028 Probanden). Hier wurde ein Wert von d = 0,37 ermittelt (HATTIE 2013, S. 260). Bei der zweiten Studie zum webbasierten Lernen sind es 100 Einzelstudien (mit 22 554 Probanden). Hier wurde ein Wert von d = 0,18 ermittelt (HATTIE 2013, S. 268). HATTIES rein quantitatives Forschungsdesign geht davon aus, dass erst bei einem Wert von 0,4 ein sogenannter „Umschlagpunkt" erreicht wird, von dem an die jeweils untersuchte Variable ihren Einsatz im Sinne von Effizienz und Effektivität lohnt. Dieser Punkt ist in der ersten Studie knapp, in der zweiten deutlich unterschritten. Also banal ausgedrückt: Der Einsatz von Computer und Internet im Unterricht führt nicht automatisch zu besserem Lernverhalten. Diese Resultate führen zu Schlussfolgerungen, die auch für dieses Buch relevant sind.

Eine besondere Bedeutung für das Lernen – auch in Einstiegssituationen – kommt dabei dem Begriff „Informationskompetenz" zu: Er meint mehr als den bloßen Zugang zu den Informationsquellen und zielt auf die methodisch kontrollierte Auswertung und Nutzung von Informations- und Kommunikationsressourcen. Alle Lernenden (und Lehrenden!) sollen in die Lage versetzt werden, Zugriff auf Informationen zu erhalten, die entsprechenden Ressourcen zu kennen und deren Informationsqualität zu bewerten sowie die Methoden der Informationsverarbeitung zu beherrschen. Informationen nämlich sind lediglich die bloßen Rohmaterialien, die erst durch die kontrollierte und bewusste Aneignung, durch Verarbeitung und Anwendung zu Wissen werden. Die Verfügung über Wissen in diesem Sinne wird in Zukunft für jeden Einzelnen ein entscheidendes Erfolgs- und Zufriedenheitskriterium sein.

Die überkommene „Belehrungsgesellschaft" muss – auch mithilfe der digitalen Medien – ersetzt werden durch dialogisches, handlungsorientiertes und selbstbestimmtes Lernen in sorgfältig arrangierten Lernsituationen. Qualifikationen wie Sozialkompetenz, Teamfähigkeit, Konfliktfähigkeit, Kulturverständnis und vernetztes Denken gewinnen angesichts der Widersprüche und Paradoxien der digitalisierten Welt zunehmend an Bedeutung. Die ebenso globalisierte wie individualisierte Welt verlangt von heutigen Jugendlichen (und Erwachsenen) nicht nur die bloße Fähigkeit zur Informationsaufnahme, sondern die Ausbildung des eigenen Ichs als Orientierungs- und Handlungszentrum, aus dem heraus man ganz auf sich gestellt dem offenen Prozess der Digitalisierung kompetent begegnen kann. Eine radikale Sicht auf die Nachteile der Digitalisierung können wir nicht komplett teilen, denn die Medien werden umso interessanter, wenn sie tabuisiert werden. Die digitalen Medien können nicht generell aus der Schule ausgeschlossen werden.

HILBERT MEYER (vgl. 2017) hat u. a. aus den Konsequenzen der Hattie-Forschung und den hier gerade vorgestellten Überlegungen „Prüfsteine für digitale Bildung" entwickelt, auf die wir uns hier explizit beziehen und die wir in Bezug auf die Einstiegssituation konkretisieren:
- Wirkt das digitale Medienangebot beim Einstieg aktivierend?
- Gelingt eine sinnstiftende Kommunikation über die digitale Welt?
- Hilft der Einstieg, reflexive Distanz zur eigenen Mediennutzung herzustellen?
- Unterstützt der Einstieg über digitale Medien die Selbststeuerung?
- Helfen die digitalen Medien während der Einstiegssituation, mit Heterogenität umzugehen und kooperatives Lernen zu ermöglichen?
- Wird durch den Einsatz digitaler Medien die Akzeptanz bei den Lernenden und den eigenen Kollegen gefestigt und gestärkt?
- Ist der Einstieg mithilfe digitaler Medien nachhaltig?

Unser Fazit lautet: Die digitalen Medien sowie die Einführung von Computer, Internet und Smartphone machen die hier vorgestellten Einstiegsmethoden keineswegs überflüssig, sie können sie aber teilweise sinnvoll ergänzen, hauptsächlich bei der Recherche zu Themenbereichen oder als Hilfsmittel zur Vorbereitung von Präsentationen.

Weitere mögliche Einsatzbereiche sind: Erstellen von Fotos und Videos, Benutzung als Wörterbuch, Synonymlexikon oder Übersetzer, Zeitungs- bzw. E-Booklektüre, Wiederholung von Lernstoff, Notizbuch und Kalender.

Stundeneröffnungsrituale

Vorbemerkungen

Uns fällt bei einem Vergleich der Situation vor etwa vierzig bis fünfzig Jahren mit heute neben anderen Unterschieden nicht zuletzt das weitgehende Verschwinden von Ritualen auf: das Aufstehen und das Gebet am Anfang der Stunde, die Turnübungen am offenen Fenster, das gemeinsame Singen eines Liedes auch noch in höheren Klassen, das nach festen Regeln ablaufende Kontrollieren der Hausaufgaben oder die ebenfalls streng ritualisierte Rückgabe einer Klassenarbeit.

Wir selber haben während unserer Ausbildung als engagierte und von der Studentenrevolte beeinflusste Lehramtsstudenten viele dieser Rituale als undemokratisch und autoritär verteufelt und ihre Abschaffung gefordert. Viele Kollegen qualifizieren die Rituale auch heute noch als Ausdruck konservativer Pädagogik ab, die die Schülerinnen und Schüler zur unkritischen Anpassung erziehen. Auch wir sind nach wie vor der Meinung, dass einige dieser Rituale zu Recht abgeschafft worden sind!

Aber was uns damals verlorenging und erst heute wiederentdeckt wird, ist die didaktische Reflexion der verschiedenen Funktionen von ritualisierten und nach immer gleichem Schema ablaufenden Unterrichtsphasen.

Gerade weil in der heutigen Gesellschaft auch außerhalb der Schule solch ein „ritualisiertes" Verhalten von den Jugendlichen kaum noch gefordert wird, gibt es Disziplinprobleme, auf die viele der oben angesprochenen Kollegen übrigens häufig spontan und heftig reagieren, was Einsichten auf Schülerseite eher verhindert.

Glaubwürdige Rituale strukturieren den Unterricht

Wir denken, dass glaubwürdige Rituale eine ganze Reihe von positiven Funktionen haben und das gesamte schulische Leben wie den Unterrichtsprozess strukturieren können. Wir beschränken uns in diesem Kapitel auf die Analyse der Stundeneröffnungsrituale.

Definition und didaktische Funktionsbestimmung

Stundeneröffnungsrituale sind im Gegensatz zu den thematischen Einstiegen weitestgehend standardisiert und stereotyp, d. h., sie laufen mehrmals täglich in immer gleicher Art und Weise ab. Wir schlagen daher folgende Definition vor:

Stundeneröffnungsrituale bestehen aus immer wiederkehrenden und daher sofort verständlichen, verkürzten und ritualisierten Handlungen, die vielfach in symbolischen Andeutungen mit Aufforderungscharakter verdichtet sind. Gemeinsam ist allen Eröffnungsritualen das Prinzip der „Vorphase" vor dem Beginn der eigentlichen, fachlichen Arbeit; die Lehrerin oder der Lehrer kommt nicht sofort zur Sache.

Diese kurzen Rituale am Beginn jeder Stunde haben folgende Funktionen:
- Sie können die stets gefährdete „Machtbalance" zwischen Lehrern und Schülern immer wieder stabilisieren. Die Schülerinnen und Schüler müssen sich einem bestimmten Ritual beugen, die Voraussetzung für Unterricht wird so geschaffen.
- Gleichzeitig werden Distanz und Nähe innerhalb der Lerngruppe und zur Lehrperson hergestellt, denn die „Machtausübung" wird von der Person der Lehrerin oder des Lehrers weg auf einen Gegenstand oder ein Verfahren gelenkt.
- Sie können gerade in der Eingangssituation eine klare Unterrichtsstruktur fördern, sie schaffen deutlich sichtbare Eckpunkte.
- Sie wirken durch die Rhythmisierung des gemeinschaftlichen Lebens in der Klasse integrierend und geben damit eine verlässliche Orientierung für das Zusammenleben. Diese Integrationsfunktion ist besonders hilfreich für neue Schülerinnen und Schüler und entfaltet ihre Kraft auch dann, wenn diese der deutschen Sprache (noch) nicht mächtig sind.
- Schülerinnen und Schüler brauchen häufig am Stundenanfang eine kurze und möglichst hochritualisierte Phase, um sich innerlich aus dem Pausengeschehen oder der vorherigen Stunde zu lösen und sich auf die neue Stunde einzustellen.
- Der zumindest eine Zeitlang immer gleiche Ablauf wirkt beruhigend, da die Schülerinnen und Schüler wissen, was auf sie zukommt, und damit gleichzeitig disziplinierend. Sie können klar kalkulieren, welche Verhaltenserwartungen an sie herangetragen werden.
- Rituale schaffen Spannung auf das Neue, Überraschende, das nach dem regelmäßig Gleichen kommen wird. Sie verkörpern innerhalb der Dialektik von Verlässlichkeit und Freiheit/Spontaneität, die für guten Unterricht unverzichtbar ist, den ruhenden, bekannten Pol, auf den man sich als Schülerin oder Schüler ohne „Risiko" verlassen und einlassen kann.

Damit ermöglichen die Unterrichtseinstiegsrituale dann, wenn sie richtig eingesetzt werden, Ruhe und Konzentration auf das Kommende.

Nur sinnvolle und altersangemessene Rituale einsetzen

Die Einstiegsrituale müssen selbstredend immer wieder auf ihre Sinnhaftigkeit überprüft und gegebenenfalls modifiziert werden. Dies gilt insbesondere für den Aspekt der Altersangemessenheit. Sie dürfen ebenso wenig zum „Unterwerfungsritual" verkommen wie zur kindischen Spielerei, sondern sollen den gegenseitigen Respekt zum Ausdruck bringen.

Übungen zum stofflichen Aufwärmen

Vorbemerkungen
Die Verwandtschaft der Rituale am Stundenbeginn mit den Übungen zum stofflichen Aufwärmen ist recht groß. Wir kennen einige Lehrerinnen und Lehrer, die grundsätzlich mit dem immer gleichen Ritual der Hausaufgabenkontrolle, die jeden Tag nach dem gleichen Schema verläuft, ihre Stunden beginnen. Die im vorigen Kapitel beschriebenen positiven Funktionen eines Rituals sind bei einem derartigen „Kontrolleinstieg" selbstverständlich nicht gegeben. Statt Entspannung und Konzentration wird wohl häufig eher Angst vor dem „Drankommen" das herrschende Gefühl zumindest bei den Schülerinnen und Schülern sein, die ihre Aufgaben nicht oder nur unvollständig erledigt haben.

Gewiss muss die Erledigung von Hausaufgaben ebenso kontrolliert werden wie andere zu erbringende Leistungen der Schülerinnen und Schüler, aber wir plädieren dafür, dies etwas fantasievoller und mit wechselnden Methoden zu gestalten.

Definition und didaktische Funktionsbestimmung
Im Gegensatz zu den stoffunabhängigen Ritualen sind die Übungen zum stofflichen Aufwärmen an die jeweilige Unterrichtsthematik und ihre sachlogische und stoffliche Struktur gebunden. Als gemeinsames und daher standardisierendes Element ist aber ihr wiederholender und überprüfender Charakter herauszuheben. Wir schlagen daher folgende Definition vor:

> Der thematische Einstieg zu Beginn einer Stunde soll in möglichst kurzer und konzentrierter Form am Stoff der vorigen Stunde anknüpfen und den Schülerinnen und Schülern die Arbeitsergebnisse der letzten Stunde, die offengebliebenen Probleme, die vorgeschlagenen Lösungsstrategien oder die Meinungen Einzelner wieder in das Gedächtnis rufen.

Die Übungen zum stofflichen Aufwärmen können folgende Funktionen haben:
- Sie geben den Schülerinnen und Schülern eine strukturierende Gedächtnishilfe zur gedanklichen oder pragmatischen Rekonstruktion der in der vorigen Stunde erlernten Kenntnisse, Fähigkeiten oder Fertigkeiten.

Kontrolle und Selbstkontrolle des Lernstands

- Sie ermöglichen der Lehrerin oder dem Lehrer die Kontrolle darüber, welche Kompetenzen in der letzten Stunde erworben worden sind und welche Defizite noch aufgearbeitet werden müssen.
- Sie ermöglichen allen Schülerinnen und Schülern die entsprechende Selbstkontrolle.
- Sie geben die Gelegenheit, Probleme und Schwierigkeiten, die bei der Erledigung der Hausaufgaben aufgetreten sind, zu benennen und zu beseitigen.
- Sie wirken nicht zuletzt disziplinierend auf die Klasse in Bezug auf die Erledigung der Hausaufgaben, und sie fordern Aufmerksamkeit und Konzentration von Schülerseite.

Einstiege zur Lernstandsdiagnose, zur Differenzierung und Individualisierung

An den Anfang jeder neuen Unterrichtseinheit gehört selbstredend eine der Situation angemessene Lernstandsdiagnose. Gerade die Einstiegssituation bietet besondere Vorteile bei der Erhebung, denn die zentrale Frage danach, welche Kompetenzen die Schüler bereits mitbringen, an welches Vorwissen bzw. an welche Lernvoraussetzungen die Lehrkraft anknüpfen kann, lässt sich in dieser Unterrichtsphase am ehesten nachprüfen. Auch die folgenden, differenzierenden Fragen sind durch einen entsprechend gestalteten Einstieg evaluierbar:
- „Welche Routinen müssen beherrscht werden?
- Welche Begriffe müssen verstanden und welche Fakten müssen bekannt sein, damit ein bestimmtes Lernangebot genutzt wird?
- Wo liegen die Quellen für Missverständnisse?
- Welche unterschiedlichen Möglichkeiten gibt es, einen bestimmten Sachverhalt auszudrücken?
- Welche Veranschaulichungsformen können angeboten werden?"
(STERN 2004, S. 39)

Die beiden letzten Fragen verweisen auf den methodischen Bereich, der für die Einstiegssituation von besonderer Wichtigkeit ist, wie wir in den Hauptkapiteln noch zeigen werden.

Unterschiedliche Begabungen, verschiedenartige soziale Einbettungen und ihre damit verbundenen spezifischen Lernbedürfnisse erfordern differenzierte Einstiegsverfahren, die wiederum zur optimalen individuellen Förderung und Forderung eines jeden Schülers führen. Das individuelle Leistungsvermögen und das Lernverhalten (siehe Diagnose) bilden die Grundlagen für differenzierende Maßnahmen auf der inhaltlichen, didaktischen, methodischen, sozialen und organisatorischen Ebene, und dies gilt auch schon für die Einstiegssituation.

Das Maß an Differenzierungsmöglichkeiten ist beispielsweise beim „informierenden Unterrichtseinstieg" deutlich geringer als beim „Angebotstisch", dennoch sollte man auch in dieser thematischen Frühphase Differenzierung und Individualität immer im Blick behalten.

Individualisierender Unterricht hat zum Ziel, jeder Schülerin und jedem Schüler in einer optimalen Lernumgebung den größtmöglichen Kompetenzzuwachs zu verschaffen. Jeder Lerner soll sein Begabungspotential ausschöpfen können. Optimale Lernbedingungen für den Einzelnen bestehen dann, wenn die individuelle Passung zwischen Lernendem und Lerngegenstand erzeugt werden und individualisierendes Lernen auch Raum finden kann.

Schon in der Einstiegssituation den einzelnen Schüler beachten

Die Einstiegssituation wird nicht allein und nicht primär aus dem Unterrichtsgegenstand abgeleitet, sondern aus den Möglichkeiten der Aneignung und aus den Kompetenzen, die die Schülerinnen und Schüler erwerben sollen.

Im individualisierenden Unterricht nimmt die Lehrkraft auch schon in der Einstiegssituation jede einzelne Schülerin/jeden einzelnen Schüler intensiv mit ihren bzw. seinen Stärken und Entwicklungsbedürfnissen in den Blick und leitet sie individuell in ihrem Lernprozess an.

Die Lernenden gestalten ihren Lernprozess entsprechend ihres Vorwissens, ihrer Interessen, ihrer Leistungsfähigkeit und ihrer Lernstrategien individuell und übernehmen Verantwortung für ihr Lernen. Mithilfe eines Referenzrahmens (beispielsweise eines Kompetenzrasters) wird den Schülern ihr aktueller Leistungsstand bewusst und sie können sich erreichbare Ziele setzen.

Informierender Unterrichtseinstieg

Vorbemerkungen
Sicherlich erscheint es auf den ersten Blick eher banal und selbstverständlich, dass jemand, der andere Menschen von Berufs wegen „belehren" will, diesen vorher sagt, was er mit ihnen vorhat, ihnen also mit anderen Worten einen „informierenden Einstieg" präsentiert. In der Schule aber liegen die Dinge nicht so einfach, denn eine ganze Reihe von Unterrichtseinstiegskonzepten setzt geradezu das Nichtwissen der Schülerinnen und Schüler in Bezug auf das sie Erwartende voraus. Alle Varianten des „entdeckenden" bzw. „genetischen" Lernens (vgl. etwa WAGENSCHEIN 1975) beispielsweise erfordern ebenso den Überraschungs- oder Aha-Effekt wie die im Kapitel 8 dargestellten Einstiegsvarianten.

Grundüberlegungen zur Didaktik
Das Konzept des informierenden Unterrichtseinstiegs beruht auf zwei speziellen Annahmen:
1. Lehrerinnen und Lehrer sollen auf jeden „Motivationsschnickschnack" wie Überraschungseffekte oder Frageimpulse verzichten und den Schülerinnen und Schülern klipp und klar sagen, worauf sie in der jeweiligen Stunde oder Unterrichtseinheit hinauswollen.

   Klare Ansagen statt Motivationsschnickschnack

2. Radikale Vertreter dieses Konzeptes, z. B. JOCHEN und MONIKA GRELL, gehen von der Annahme aus, dass Schülerinnen und Schüler prinzipiell nicht durch irgendwelche „Tricks" motiviert werden können, sondern Lernbereitschaft nur entwickeln durch eine klare Präsentation dessen, was gelernt werden soll.

Die GRELLS haben in ihrem Buch „Unterrichtsrezepte" ein engagiertes Plädoyer für den informierenden Unterrichtseinstieg gehalten, wir zitieren der Einfachheit halber die von ihnen weiter genannten Vorgehensweisen:
„Ich gebe den Schülern die Ziele des Unterrichts bekannt (mündlich und/oder schriftlich an der Tafel), ich gebe den Schülern eine Übersicht über den geplanten Stundenverlauf und seine Abschnitte, ich begründe, warum die Ziele wichtig sind, oder diskutiere dies mit den Schülern (warum muss man das lernen?)" (GRELL 2000, S. 106).

Wir halten dieses Konzept, das schon vor langer Zeit entwickelt wurde (aber es gibt kein besseres oder neueres), für eine, aber beileibe nicht die einzige Möglichkeit, in ein neues Thema einzusteigen, und werden im didaktischen Kommentar die Vor- und Nachteile erörtern.

Voraussetzungen und Vorbereitung
Besondere Voraussetzungen sind nicht zu bedenken, und auch die Vorbereitungen bleiben im Vergleich zu anderen Einstiegsvarianten eher gering, dürfen deshalb aber keineswegs unterschätzt werden: Der informierende Unterrichtseinstieg zwingt die Lehrerin oder den Lehrer dazu, die Stunde oder Einheit vorher sorgfältig zu planen und zu strukturieren, denn man legt mit der Veröffentlichung die eigene Planung fest! Die Erarbeitung einer literarischen Epoche im Literaturunterricht kann auf Dutzende von verschiedenen Weisen erfolgen, der informierende Unterrichtseinstieg verlangt eine klare Entscheidung vonseiten des Lehrenden, ob z. B. von einem aktuellen Thema ausgegangen werden soll oder ob eine eher deduktive Herangehensweise eingeschlagen wird.

Durchführung im Unterricht
Wir möchten das an einem Beispiel illustrieren: Im Deutschunterricht einer elften Klasse steht als Thema der folgenden Einheit die Epoche der Aufklärung an. Die Lehrerin hat sich entschlossen, mit einem aktuellen Textbeispiel zum Thema Ausländerfeindlichkeit zu beginnen und dann zur Lektüre von „Nathan der Weise" überzuleiten, dafür steht eine Doppelstunde zur Verfügung.

Das Konzept des informierenden Unterrichtseinstiegs erfordert, die Lerngruppe mit diesem Plan vertraut zu machen. Die Lehrerin fertigt daher am Stundenanfang folgendes Tafelbild an und erläutert es:

Thema der Stunde:			
Haben die Ideale der Aufklärung heute noch eine Bedeutung?			
Einstieg:	**Diskussion:**	**Wandzeitung:**	**Diskussion:**
Lesen eines Interviews mit verteilten Rollen	Was meint ihr zu diesen Aussagen?	Von welchen Idealen soll sich der Mensch heute leiten lassen?	Welcher Zusammenhang besteht zwischen Nathans Aussagen und den Interviewtexten?
(Sandra, Klaus)	(alle) Lesepause: Nathan 1.1/1.2	(alle)	(alle)

Didaktischer Kommentar

Welche Kompetenzen können Schülerinnen und Schüler beim informierenden Unterrichtseinstieg erwerben?

Die Schülerinnen und Schüler können sich auf die neue Thematik und das sie erwartende Pensum einstellen. Der „Quiz-Effekt" fällt weg, d. h., sie müssen nicht raten, was denn die Lehrerin oder der Lehrer da vorne wohl gerade bezweckt und was sie (insbesondere im gelenkten Unterrichtsgespräch) wohl sagen sollen/dürfen. Die so oft von allen Beteiligten als unecht empfundene Fragesituation des normalen Erarbeitungsunterrichts, in der Lehrer etwas fragen, was sie schon längst wissen, wird auf diese Weise im Sinn der Sache funktionalisiert und allen deutlich gemacht.

Eher unsichere und zurückhaltende Schülerinnen und Schüler, die sich oft nicht trauen, etwas zu sagen, weil sie nicht wissen, ob es zum Thema gehört oder in die gewünschte Richtung geht, können durch die Eindeutigkeit der Vorgaben zu eigenen Wortbeiträgen ermuntert werden.

Es gibt so etwas wie eine gemeinsame „Geschäftsgrundlage" für die Stunde, auch die Lernenden können am Schluss der Stunde feststellen, ob die Unterrichtsplanung und die Kompetenzen für die Stunde eingehalten bzw. umgesetzt worden sind oder nicht. Fehlende oder zu spät kommende Teilnehmer können leichter informiert werden. Und – last, but not least – können die Schülerinnen und Schüler den Plan kritisieren und ändern.

Nachteile und Schwächen

Im zuletzt angesprochenen Aspekt verbirgt sich ein großer Nachteil: Auch wenn die Schülerinnen und Schüler (vielleicht) den Plan noch modifizieren können, ist doch die Vorbereitung und Durchführung einseitig lehrerzentriert. Die Lehrerin oder der Lehrer bereitet das Thema zu Hause unter Ausschluss von Schülerbeteiligung vor, und die Schülerinnen und Schüler haben während der Doppelstunde hauptsächlich die Funktion von Stichwortgebern zur Realisierung des Plans – der informierende Unterrichtseinstieg begünstigt das Konzept der traditionellen Vermittlungsdidaktik.

Der Einstieg ist einseitig „verkopft" und rein kognitiv orientiert. Die Verständigung über die zu lernenden Inhalte und insbesondere die Reflexion über den Sinn dessen, was man denn nun lernen soll, beruhen ganz und gar auf Sprache. Die Schülerinnen und Schüler können nur durch eine kognitive Denkleistung, eine Art gedankliche „Zukunftsschau", die sie persönlich berührende eventuelle Relevanz der Thematik abschätzen. Damit begünstigt der informierende Unterrichtseinstieg den kognitiven Lerntypus.

Besonders geeignet für kognitive Lerner

Handlungsorientierung im Umgang mit dem Thema ist ebenso wenig eingeplant wie ganzheitliche, auf die Einheit von „Kopf, Herz und Hand" zielende Motivierung der Schülerinnen und Schüler.

Einsatzmöglichkeiten

Fast immer einsetzbar

Das Konzept des informierenden Unterrichtseinstiegs eignet sich für alle Fächer, alle Jahrgangsstufen und alle möglichen Themen! Wenn einem als Lehrer partout überhaupt kein anderer Einstieg einfällt, kann man immer noch den informierenden Einstieg praktizieren – dies soll allerdings keine Abwertung sein!

Denkanstöße

Vorbemerkungen

Die Einstiege über Denkanstöße sind fast ausschließlich sprachlich vermittelt und bevorzugen daher den kognitiven Lerntypus. Der handelnde Umgang der Schülerinnen und Schüler mit dem Stoff ist zumindest in der Einstiegsphase nicht vorgesehen.

Die Einstiege sind weitestgehend von Lehrerseite geplant und inszeniert. Einzelne Schülerinnen oder Schüler können zwar, beispielsweise bei der „Provokation", eine Rolle oder eine Funktion übernehmen, aber sie bleiben Stichwortgeber der Lehrerinnen oder Lehrer.

Ideen, Anregungen oder auch Geschichten von Schülerinnen oder Schülern können erst als Denkanstöße für thematische Einstiege genutzt werden, wenn sie von der Lehrerin oder dem Lehrer aufgegriffen und zu Hause entsprechend aufgearbeitet werden.

9.1 Lehrervortrag

Grundüberlegungen zur Didaktik

Der Lehrervortrag ist bei den Schülerinnen und Schülern als Unterrichtseinstieg eher unbeliebt. Wir vermuten, dass dies vor allem daran liegt, dass viele Lehrerinnen und Lehrer fließende Übergänge vom Vortrag zum gelenkten Gespräch praktizieren. Auf diesem Wege wollen sie die Aufmerksamkeit sichern und zugleich kontrollieren, ob der Inhalt auch tatsächlich angekommen ist. Wir halten dies für ungeschickt, denn die Schülerinnen und Schüler müssen während des Vortrags immer damit rechnen, aufgerufen zu werden, ihre Rolle als Zuhörer ist daher dauernd potenziell gefährdet, und dies verhindert das intensive Zuhören.

Lehrervortrag und gelenktes Unterrichtsgespräch sollten nicht miteinander vermengt werden.

Stattdessen sollten Sie sich bemühen, den Vortrag als kleine, in sich geschlossene Kunstform des Unterrichtseinstiegs wiederzubeleben. Ein negatives Extrem des Lehrervortrags besteht in der eher langweiligen Geschichte aus der eigenen Biografie oder zu eigenen Vorlieben – der FC Schalke interessiert wirklich nicht jeden Schüler.

Vorraussetzung und Vorbereitung

Ohne Sachkompetenz geht's nicht, darüber brauchen wir kein Wort zu verlieren. Mit der Sachkompetenz allein ist es aber nicht getan:

Der Vortrag sollte lebendig und – falls dies vom Thema her nicht ausgeschlossen ist – humorvoll vorgetragen werden. Lebendigkeit wird erleichtert, wenn Sie den Vortrag frei oder nur mithilfe eines Spickzettels halten. Entsprechende häusliche Übungen sind also nötig. Auch der regelmäßige Blickkontakt und das Reden mit „Händen und Füßen", also mit viel Gestik und Mimik, machen den Vortrag für Ihre Schülerinnen und Schüler interessant.

Durchführung im Unterricht

Sorgfältige Vorbereitung ist wichtig

Auf folgende Kriterien sollte geachtet werden:

- Der Vortrag sollte kurz und prägnant sein (fünf bis maximal zehn Minuten Dauer nach dem Motto: „Man kann über alles reden ... nur nicht über zehn Minuten!").
- Während des Vortrags sollten Zwischenfragen unterbleiben! Auch Verständnisfragen würden wir nicht zulassen, wenn der Vortrag wirklich kurz ist.
- Bevor der Vortrag beginnt, muss geklärt sein, ob sich die Schülerinnen und Schüler Notizen machen sollen oder nicht.
- Der Vortrag sollte übersichtlich gegliedert und geordnet vorgetragen werden. Er muss also einen klar definierten Anfang und ein ebenso deutlich mitgeteiltes Ende sowie eine thematisch eindeutige Überschrift haben.
- Der Vortrag sollte nicht zu weitschweifig und nicht zu knapp sein. Er kann ruhig Wiederholungen enthalten – nur die Neigung zu Exkursen sollte tunlichst vermieden werden!

Sie sollten den Vortrag so gestalten, dass nicht jedes Wort und jeder Satz für das Verständnis des Ganzen unbedingt notwendig sind, sondern Ihren Zuhörern Erholungspausen gönnen. Eine gewisse Redundanz im Vortrag ist also sinnvoll.

Erläutern Sie vor Beginn des Vortrags der Klasse, welche Funktion er für diese Stunde im Hinblick auf das Thema hat. Fassen Sie zum Schluss des Vortrags noch einmal die wichtigsten Punkte zusammen.

Die einzelnen Ratschläge und Hinweise für einen guten Lehrervortrag lassen sich zusammenfassen in einer **L-K-G-Regel**:

Ein Lehrervortrag soll lebendig vorgetragen werden, er soll kurz und gut gegliedert sein.

Didaktischer Kommentar
Welche Kompetenzen können Schülerinnen und Schüler beim Lehrervortrag erwerben?

Ein liebevolles Plädoyer für den Lehrervortrag halten JOCHEN und MONIKA GRELL, auf die wir uns hier ausdrücklich beziehen (2000, S. 199 ff.). Der größte Feind eines guten Lehrervortrags ist nach ihrer Meinung das schlechte Gewissen der Lehrerin oder des Lehrers. Das Vortragen gelte als rückschrittlich, ja, sei sogar verpönt, weil es an vergangene, obrigkeitsstaatliche Zeiten erinnere. Deshalb hielten viele Kollegen das Gespräch für „demokratisch" und den Vortrag für „autoritär", und deshalb ließen sie sich so gern vom eigenen Vortrag abbringen. Die Konsequenz daraus kann verallgemeinert und zu einem übergeordneten unterrichtsmethodischen Grundsatz umformuliert werden:

Sorgen Sie für klare Formen und Abgrenzungen zwischen den verschiedenen im Unterricht eingesetzten Methoden!

Denn nur dann, wenn den Schülerinnen und Schülern jederzeit bewusst ist, welche Unterrichtsmethode praktiziert wird, können sie die für selbstständiges Arbeiten unverzichtbare Lernkompetenz entwickeln.

Nachteile und Schwächen
Zuhören kann eine sehr aktive und spannende Tätigkeit sein, aber der Grat zur Passivität und zum Abschalten ist sehr schmal. Schon bei kurzer Unaufmerksamkeit fällt es oft schwer, sich wieder zu konzentrieren und den weiteren Vortrag zu verstehen.

Zudem fördert der Lehrervortrag „Nebentätigkeiten" der Schülerinnen und Schüler, die sie vom Zuhören ablenken.

Einsatzmöglichkeiten
Mit einem Lehrervortrag kann man in allen Jahrgangs- und Schulstufen und in allen Fächern in ein neues Thema einsteigen.

9.2 Erzählen einer Geschichte

Grundüberlegungen zur Didaktik

Kommt Ihnen das Geschichtenerzählen in unserer heutigen Zeit altertümlich vor? Leider ist es aus der Unterrichtspraxis der Sekundarstufen I und II weitgehend verdrängt worden und gehört scheinbar viel mehr in die Grundschule und den Kindergottesdienst – aber der Schein trügt. Es gibt nichts Spannenderes als eine gut erzählte Geschichte.

Das Geschichtenerzählen erfordert von der Lehrerin oder dem Lehrer den Einsatz der ganzen Person. Sie liefern sich ein Stück weit den Schülerinnen und Schülern aus. Durch die Ankündigung „Ich will euch jetzt mal eine Geschichte erzählen!" schafft man eine Erwartungshaltung mit einer eigentümlichen Dynamik. Es muss nun gelingen, die Schülerinnen und Schüler zu fesseln. Innerhalb einer Geschichte ist es eben nicht möglich, auf ein gelenktes Unterrichtsgespräch umzuschalten; man kann sich auch nicht hinter Medien verstecken oder sich mit ironischen Bemerkungen der Situation entziehen, sondern muss eine einmal begonnene Geschichte zu einem befriedigenden Ende bringen.

Trauen Sie sich – es lohnt!

Die Angst mancher Lehrerinnen und Lehrer vorm Geschichtenerzählen ist deshalb berechtigt. Das freie Erzählen einer selbst erfundenen Geschichte ist so etwas wie ein Striptease des Charakters. Die Stärken und Schwächen, die innere Ruhe oder Hast kommen dabei zum Vorschein. Und das ist wahrscheinlich der Grund, warum wir uns so selten trauen! Zudem: Wer eine Geschichte erzählen will, muss sich ganz auf das Erzählen konzentrieren und hat weder Kraft noch Zeit, an die vielen anderen Dinge zu denken, die in einer Unterrichtsstunde auch noch geregelt werden müssen.

Voraussetzungen und Vorbereitung

Die Lehrerin oder der Lehrer muss zu Hause eine geeignete Geschichte auswählen oder sich eine ausdenken und deren Vortrag trainieren.

Um sich die Aufmerksamkeit und Spannung der Zuhörer zu sichern, ist es wichtig, die Geschichte lebendig und natürlich vorzutragen. Deshalb sollten wir möglichst nicht ablesen und allenfalls einen Spickzettel zu Hilfe nehmen! Eine nur vorgelesene Erzählung hat nie die Unmittelbarkeit der frei gestalteten.

Durchführung im Unterricht

Anlässe zum Erzählen einer Geschichte in einer Einstiegssituation gibt es unendlich viele. Wir haben daher an dieser Stelle auf ein konkretes Beispiel

verzichtet und wollen versuchen, einige allgemeine Durchführungsbedingungen zu skizzieren:
Eine Geschichte sollte anschaulich und altersstufengemäß erzählt werden. Auch ältere Schülerinnen und Schüler haben nach unseren Erfahrungen großes Vergnügen an einer gut erzählten Geschichte. Es darf parodiert, ironisiert und karikiert werden.
Die Erzählung muss spannend sein und möglichst einen Handlungsablauf enthalten. Was in der abstrakten Problemanalyse als Ebenen, Schichten, Aspekte oder Dimensionen auftaucht, wird in der erzählten Geschichte durch ein „Durcheinander" dynamisch gestaltet.
Gerade beim Geschichtenerzählen wird die Körpersprache besonders wichtig. Überlegt eingesetzte Mimik, Gestik und Bewegungen im Raum, Variationen in Intonation und Lautstärke, Sprechtempo und Pausen machen eine Erzählung lebendig.
Versuchen Sie, den Sach-, Sinn- oder Problemzusammenhang, den Sie vermitteln wollen, zu personalisieren. Abstrakte Vorgänge, Strukturen und Entwicklungen müssen in Handlungen, Gefühle, Konflikte und Entscheidungen leibhaftiger Menschen rückübersetzt werden.
Versuchen Sie, den Sinnzusammenhang zu lokalisieren. Irgendwo – sei es im Himmel oder auf der Erde – muss Ihre Geschichte ja schließlich spielen.

Didaktischer Kommentar
Welche Kompetenzen können Schülerinnen und Schüler bei dem Erzählen einer Geschichte erwerben?
Das Geschichtenerzählen ist eine sinnlich-ganzheitliche Methode mit notwendig hoher Lehrerdominanz, die aber regelmäßig eine hohe innere Aktivität der Schülerinnen und Schüler zur Folge hat. Zuhören kann eine sehr intensive, lustbetonte Tätigkeit sein, die dennoch ausgesprochen ruhefördernd ist.
Eine Erzählung kann dazu dienen, Sachinformationen zu vermitteln. Eine Entdeckung oder Erfindung kann nacherzählt werden. Ein bestimmter Sach-, Sinn- oder Problemzusammenhang kann durch eine Erzählung kommentiert werden, in einer Erzählung kann man mehrere Perspektiven zu einer Sache darstellen.
Eine Erzählung ermöglicht es Lehrerinnen und Lehrern, ihre eigenen Gefühle, Einstellungen und Wertorientierungen in einer glaubwürdigen und zugleich durch die Form der Erzählung ein wenig verfremdeten Art und Weise zu Gehör zu bringen.

Das Erzählen aktiviert Gefühle und Einstellungen, Fantasien und Tagträume, aber auch Ängste der Schülerinnen und Schüler, diese können angeregt werden, den Faden der Geschichte weiterzuspinnen.

Man kann durch eine geschickt ausgewählte und vorgetragene Geschichte das soziale Lernen der Schülerinnen und Schüler fördern. Zwischenmenschliche Konflikte werden direkt thematisiert und Lob oder Kritik in eine Geschichte gekleidet.

Sicheres Disziplinierungsmittel

Das freie Erzählen einer Geschichte ist nach unseren Erfahrungen auch ein recht sicheres Disziplinierungsmittel. Störungen sind relativ selten, während die Lehrerin oder der Lehrer erzählt.

Das Geschichtenerzählen schafft Nähe und Distanz zugleich: Durch den direkten, lebendigen Kontakt zum Erzähler entsteht eine sinnlich-anschauliche Echtheit der Situation; sie lädt die Zuhörenden ein in eine oft fiktive, vergangene oder ferne Welt, die dadurch nah ist, dass sie geschickt erlebbar gemacht wird.

Nachteile und Schwächen

Ebenso wie der Lehrervortrag ist auch das Geschichtenerzählen eine Methode, die die Schülerinnen und Schüler bei der Planung und Durchführung wenig aktiv beteiligt, es sei denn, eine Schülerin oder ein Schüler erzählt die Geschichte. Daher sollte wie auch beim Lehrervortrag diese Einstiegsvariante nicht allzu lange dauern. Nach unseren Erfahrungen sind 10 bis 15 Minuten eine angemessene Zeitspanne.

Wenn wir eine Geschichte erzählen, teilen wir uns gleichzeitig anderen mit, geben ein Stück unserer eigenen Identität preis. Dieses umso eher, je mehr die Geschichte von uns selbst handelt. Das kann grundsätzlich zu einem besseren Lehrer-Schüler-Verhältnis beitragen, es birgt aber auch die Gefahr in sich, angreifbar und verletzt zu werden. Man stelle sich vor, eine Lehrerin oder ein Lehrer erzählt die Geschichte eines selbst erlebten tragischen Ereignisses, und ein Schüler reißt dumme Witze oder macht sich lustig über die vermeintliche Sentimentalität! Diese Möglichkeit muss man vorher einplanen und entsprechende innere Gegenmaßnahmen treffen, notfalls eben die geplante Geschichte nicht erzählen oder im wörtlichen Sinne des Wortes „verfremden".

Einsatzmöglichkeiten

In jeder Alters- und Schulstufe und in jedem Fach kann und sollte das Geschichtenerzählen wiederbelebt werden. Wir können nur ausdrücklich dazu ermuntern. Auch Oberstufenschüler sind gespannte und aufmerksame

Zuhörer! Sogar der Mathematiklehrer kann ein neues Fachgebiet mit dem Erzählen einer Geschichte einleiten – etwa über ein eigenes einschneidendes positives oder negatives Erlebnis mit dieser Materie.

9.3 Etwas vormachen

Grundüberlegungen zur Didaktik

Lange bevor es die Institution Schule gab, haben Menschen durch Vor- und Nachmachen gelehrt und gelernt, und ganze Heerscharen früherer Generationen hätten diese Methode als die überhaupt einzig mögliche bezeichnet – die Philosophen und Theologen vielleicht ausgenommen. Jemand will oder soll etwas Neues lernen, also macht ein anderer es ihm vor!

In den allgemeinbildenden Schulen gibt es nach unserem Wissen nur noch wenige Fächer, in denen es zur Lehrerausbildung und zur didaktischen Grundausstattung des Faches gehört, dass Lehrer ihrer Klasse den Lernstoff zumindest sporadisch vormachen: im Sport-, Kunst- und Musikunterricht und im naturwissenschaftlichen Experimentalbereich. Ansonsten sind wir Lehrer große Könner im „Darüber-Reden", ohne selbst etwas zu tun. Die Überfülle der heutigen Medien und Unterrichtsmaterialien und die vermutete eigene Inkompetenz (man hat es in der Ausbildung ja auch nie gelernt) lassen unser lustbetontes Tun vor der Klasse nicht mehr zu.

Ich habe kürzlich im Deutschunterricht einer siebten Klasse hospitiert, in der das Gedicht oder besser der Liedtext „Maikäfer flieg" interpretiert werden sollte. Der Referendar, der die Stunde gab, fragte zu Anfang, wer denn das Lied kenne und einmal vorsingen wolle. Schweigen war die erwartete Konsequenz. Daraufhin sang der Referendar das Lied selber vor, und alle, wirklich alle waren überrascht! Hier war der Lehrer tatsächlich einmal mit gutem Beispiel vorangegangen. Diese Selbstverständlichkeit, die früher zur Lehrerausbildung gehörte, ist heute leider in Vergessenheit geraten.

Vormachen kommt gut an

Voraussetzungen und Vorbereitung

Die eigene Vorbereitung besteht in diesem Fall eher aus einem Abstreifen von Zwängen und Erwartungen als aus tatsächlicher fachlicher Präparation. Man muss Hemmungen überwinden und übertriebene Ansprüche an die eigene Perfektion dämpfen.

Durchführung im Unterricht

An einem kleinen und wenig spektakulären Beispiel wollen wir die Vorteile des Vormachens verdeutlichen: Ein befreundeter Lehrer wollte mit seinem

Leistungskurs Englisch (Jahrgang 12) das Buch „Dead Poets Society" („Der Club der toten Dichter") lesen und hatte zwei Wochen vor dem angekündigten Beginn der Lektüre als Einstieg in die Romanhandlung einige Gedichte der dort zitierten Lyriker an einige Schülerinnen und Schüler mit dem Auftrag verteilt, diese Gedichte angemessen vorzutragen.

Einige Tage später wurde ihm erklärt, dass man nicht so recht wisse, was ein „angemessener Vortrag" sei, und zudem seien die Gedichte ja auch ausgesprochen „komisch".

Daraufhin gestaltete der Lehrer den Einstieg selber. Er brachte eine Kassette mit meditativer Musik mit, verdunkelte den Klassenraum, zündete eine Kerze an, stellte sich auf einen Tisch mitten im Raum und trug schließlich einige der Gedichte mit theatralischer Gestik und Mimik und der dazu passenden sprachlichen Ausdrucksweise vor.

Erwähnenswert an dieser banalen Begebenheit ist, dass mir kürzlich einige der damaligen Kursteilnehmer, die inzwischen längst Abitur haben und die ich zufällig bei einer Veranstaltung traf, einmütig versicherten, das sei eines der erinnerungsträchtigsten Erlebnisse ihres Schülerlebens gewesen. (An den weiteren Verlauf der Einheit konnten sie sich kaum noch erinnern.) Dass ihr Lehrer selber so etwas könne, das hätten sie ja vorher nie für möglich gehalten.

Didaktischer Kommentar

Welche Kompetenzen können Schülerinnen und Schüler beim Vormachen erwerben?

Wir meinen, dass in einer Zeit, in der man jeden Tag live oder im Fernsehen aufwändig gestaltete und perfekt gemachte Inszenierungen, sportliche Höchstleistungen, grandiose Gesangsdarbietungen usw. im Überfluss konsumieren kann, die eigenen Fähigkeiten und Fertigkeiten, das Handlungswissen und das Vertrauen in die eigene Persönlichkeit dringend wieder gestärkt werden müssen.

Wir möchten an dieser Stelle daher ausnahmsweise ganz klar formulieren: Das Vormachen vor der Klasse, der Beweis eigener Fähigkeiten, ist auch für die eigene Person wichtig und positiv! Das Vormachen reizt zur Nachahmung. Wenn die Lehrerin oder der Lehrer sich traut, dann sind auch die Schülerinnen und Schüler eher bereit, sich zu engagieren und selber vor der Klasse zu agieren.

Vormachen reizt zur Nachahmung

Die Glaubwürdigkeit der Lehrerin oder des Lehrers und die Akzeptanz der Person in der Klasse steigen. Dass die Lehrerin fachlich kompetent ist, hat man ja schon immer gewusst oder zumindest vermutet, aber dass sie sich nicht zu schade ist, selbst etwas vorzumachen, bringt in den Fachunterricht eine interaktionell wertvolle menschliche Ebene.

Nachteile und Schwächen
Ein Misserfolg kann sich nur einstellen, wenn sich die Lehrerin oder der Lehrer wirklich maßlos überschätzt und die Demonstration des eigenen Könnens in jeder Beziehung danebengeht. Aber das ist unwahrscheinlich, denn jeder Pädagoge wird seine Möglichkeiten und Grenzen kennen.

Einsatzmöglichkeiten
Lehrerinnen und Lehrer sollten in allen Fächern und allen Jahrgangs- und Schulstufen in der Lage sein, ihren Klassen etwas vorzumachen. Sie sollten dieses gezielt trainieren und einsetzen und sich nicht zu schade für die eigene Exposition vor der Klasse sein – auch nicht in höheren Jahrgängen!

9.4 Etwas vorzeigen

Grundüberlegungen zur Didaktik
Auch das Vorzeigen und Mitbringen von Gegenständen, die nicht aus der Schule stammen, ist ein notwendiger und sinnvoller Schritt zur Öffnung des Unterrichts und damit zur Einbeziehung außerschulischer Lernorte.

Voraussetzungen und Vorbereitung
Wenn Sie mithilfe von vorzeigbaren Dingen in ein neues Unterrichtsthema einsteigen wollen, brauchen Sie weiter nichts zu tun, als diese zum Thema passenden Dinge zu organisieren und zu überlegen, welche didaktische Funktion das Zeigen dieses speziellen Gegenstandes haben kann. Hierbei können Ihnen folgende Fragen helfen:
- Soll der Gegenstand gezeigt, herumgegeben, vorgestellt, betastet, beschrieben, gezeichnet oder nachgebaut werden?
- Sind besondere Vorsichtsmaßnahmen zu treffen?
- Ist der Gegenstand bekannt oder soll zunächst geraten werden?
- Ist der Zweck seiner Nutzung unmittelbar einsichtig oder wird die Fantasie angeregt?
- Genügt eine kurze Aufmerksamkeitsphase oder wird der Gegenstand die Schülerinnen und Schüler über einen längeren Zeitraum beschäftigen?

Durchführung im Unterricht

Das Thema „Drogen und Suchtgefahren" taucht in vielen Fächern mehrerer Jahrgangsstufen auf. Ein befreundeter Kollege (Günther Alfs) hat eine Methode entwickelt, die für jede Altersstufe bis hin zur Erwachsenenbildung als Einstieg in dieses Thema genutzt werden kann: den „Suchtsack". In einem großen, undurchsichtigen Sack sind viele Gegenstände, die direkt oder indirekt auf eine Sucht hinweisen, wie Zigarettenschachteln, Bierflasche, Tabletten, Spritzen (ohne Nadel), Klebstoff usw.

Nacheinander darf jede Schülerin und jeder Schüler den Sack ausgiebig betasten und sich einen Gegenstand aussuchen, ohne dass der Sack geöffnet wird. Dieser Gegenstand wird nun beschrieben und zu erraten versucht. Die gefundenen Begriffe werden an die Tafel geschrieben, die Schülerinnen und Schüler schreiben mit. Nachdem alle fertig sind, werden die Gegenstände aus dem Sack geholt, und alle können sie noch einmal betrachten und anfassen. Als Hausaufgabe soll jeder aufschreiben, was die einzelnen Gegenstände mit „Sucht" zu tun haben.

Didaktischer Kommentar

Welche Kompetenzen können Schülerinnen und Schüler beim Vorzeigen erwerben?

So wie das Vormachen zur Nachahmung reizt, stiftet das Vorzeigen zum „Begreifen" im wörtlichen Sinne an. Das Unterrichtsthema wird auf diese Weise über die mitgebrachten Gegenstände sinnlich erfassbar und anschaulich-konkret.

Das Vorzeigen hat die Verlangsamung des Lernprozesses zur Folge, und das ist gerade in der Einführungsphase pädagogisch ausgesprochen sinnvoll.

Nachteile und Schwächen

Auch wenn wir bereit wären, jeden Tag mit Sackkarre und Überseekoffer in die Schule zu gehen, könnten wir nur für einen Teil aller möglichen Unterrichtsthemen etwas Vorzeigbares mitbringen, eben nur für solche, bei denen Gegenstände eine Rolle spielen.

Es macht Arbeit und kostet häuslichen oder schulischen Stellplatz, vorzeigbare Dinge für möglichst viele Unterrichtsthemen zu beschaffen und zu archivieren, aber die Gegenstände lassen sich beliebig oft einsetzen oder an andere Kollegen verleihen.

Einsatzmöglichkeiten
Die Einsatzmöglichkeiten sind auf konkrete und gegenständliche Themen beschränkt, aber in der Primarstufe und den unteren Klassen der Sekundarstufe I kann in beinahe alle Themen gegenständlich eingestiegen werden. Worttafeln, Satzbaukästen, Holzeisenbahnen (das Verb zieht den aus anderen Satzteilen bestehenden Zug) können in grammatische Strukturen ebenso einführen wie Würfel, Kugeln oder Zylinder in die Volumen- und Flächenberechnung. Zudem sollte man die positive und motivierende Funktion so eines „gegenständlichen" Einstiegs auch bei älteren Schülerinnen und Schülern und selbst bei Erwachsenen keinesfalls unterschätzen und auch in höheren Klassen Fantasie entfalten, um Vorzeigbares als Unterrichtseinstieg zu organisieren.

9.5 Konstruktion eines Widerspruchs, Verfremdung, Verrätselung

Vorbemerkungen
Wir fassen diese drei Methoden in einem Abschnitt zusammen, da sie sich in Bezug auf die didaktische Funktion und die Kompetenzen nur geringfügig unterscheiden sowie in Vorbereitung und Durchführung fast identische Maßnahmen erfordern. Wir verzichten daher auf den Abschnitt „Voraussetzungen und Vorbereitung" und nennen hier kurz das Grundsätzliche: Alle Varianten leben von einem gewissen Überraschungseffekt und können daher prinzipiell nicht von Schülerseite vorbereitet werden. Dies liegt allein in der Hand der Lehrerin oder des Lehrers. Auch die Inszenierung der Methode im Unterricht ist Sache des Lehrers. Einige eingeweihte Schülerinnen und Schüler können zwar Hilfsfunktionen übernehmen, indem sie beispielsweise zu erratende Szenen vorspielen, aber letztlich sind diese Einstiegsmethoden lehrerzentriert. Die Vorbereitung konzentriert sich auf die Auswahl geeigneter Materialien sowie die Entwicklung von Aufgaben.

Überraschungseffekt ausnutzen

Konstruktion eines Widerspruchs

Grundüberlegungen zur Didaktik
Ein neues Unterrichtsthema zu beginnen, indem man als Lehrerin oder Lehrer einen Widerspruch konstruiert, ist ebenso reizvoll wie riskant. Der Widerspruch existiert nicht „wirklich", sondern verdankt seine scheinbare Existenz dem mangelnden Vorwissen der Schülerinnen und Schüler bzw. der Tatsache, dass die Lehrerin oder der Lehrer sie nicht vollständig informiert hat. Hinter dieser Konstruktion steht die Grundidee, die Schülerin-

nen und Schüler neugierig zu machen und das Thema oder Problem in ihren Fragehorizont zu rücken.

Die latente Gefahr bei dieser und auch den nächsten Einstiegsvarianten besteht darin, dass speziell die Schwächeren in der Lerngruppe oder diejenigen, deren Frustrations- und Entmutigungsschwelle niedrig ist, den auftauchenden Widerspruch als Signal verstehen, dass das Problem offenbar unlösbar ist und man deshalb auch keine Mühe darauf zu verschwenden braucht. Dennoch „funktioniert" diese Einstiegsmethode nur dann, wenn die Schülerinnen und Schüler eine Zeitlang glauben, der Widerspruch sei echt, und sie sich auf ihn einlassen. Als Lehrerin oder Lehrer muss man also genau abschätzen, wann der rechte Zeitpunkt zur Auflösung des Widerspruchs gekommen ist, damit keine Frustration auf Schülerseite entsteht.

Durchführung im Unterricht
Zur Einführung in das Thema „Folgen und Reihen" im Mathematikunterricht erzählt die Lehrerin die kleine Geschichte „Achilles und die Schildkröte", in der, mit normalem „Alltagsverstand" betrachtet, ein unauflösbarer Widerspruch steckt: Der griechische Held Achilles, bekannt für seine Schnelligkeit, soll einen Wettlauf mit einer Schildkröte austragen.

„Kein Problem", meinen die Schülerinnen und Schüler, „selbst wenn Achilles der Schildkröte einen Vorsprung gibt, hat er sie in kürzester Zeit eingeholt, denn er läuft sicher hundertmal so schnell wie sie." „Also gut", sagt die Lehrerin, „Achilles gibt der Schildkröte 100 Meter Vorsprung, dann geht's los. Wenn Achilles 100 Meter gelaufen ist, hat die Schildkröte ein Hundertstel seiner Strecke zurückgelegt, sie ist also nur noch einen Meter vor ihm. Ist er einen Meter weitergelaufen, hat die Schildkröte ein Hundertstel von einem Meter geschafft und ist damit einen Zentimeter vor ihm. Immer dann, wenn der Grieche den jeweiligen Vorsprung der Schildkröte zurückgelegt hat, ist sie wieder eine Winzigkeit weitergekrochen – nämlich ein Hundertstel dieses Vorsprungs. Achilles kann die Schildkröte nicht einholen, denn sie ist immer schon eine Winzigkeit weiter als der Held."

Diese Geschichte hebelt unsere normalen Alltagserfahrungen aus, denn wir alle wissen aus unzähligen Beobachtungen, dass der Schnellere den Langsameren unweigerlich überholt. Der Übergang von dem rätselnden Staunen der Schülerinnen und Schüler zur Erkenntnis und zur Auflösung des Widerspruchs ist nur auf mathematischem Weg zu erlangen: Die Schülerinnen und Schüler erkennen, dass sie die Gesamtzeit, die Achilles zum Einholen der Schildkröte benötigt, als Grenzwert einer geometrischen Reihe erhalten. Achilles konnte die Schildkröte also doch nach einer bestimmten berechenbaren Zeit einholen. Die Fragestellung in unserer Geschichte ist deshalb so widersprüchlich, weil alle angenommen haben, dass sich durch die Aneinanderreihung unendlich vieler Zeitabschnitte eine unendliche Gesamtzeit ergibt.

Dieser Widerspruch lässt sich auch physikalisch lösen. Der Grieche hat dann – bei gleichförmiger Bewegung und Geschwindigkeit – die Schildkröte eingeholt, wenn er eine entsprechende Strecke bewältigt und dabei der Schildkröte ihren Vorsprung von hundert Metern abgenommen hat.

Verfremdung

Das Verfremden eines Gegenstandes oder Themas ist nur dort sinnvoll, wo die Schülerinnen und Schüler etwas Bekanntes oder Vertrautes erwarten. Neue Unterrichtsbereiche, die noch völlig unbekannt sind, kann man nicht verfremden, denn diese Methode lebt von der Spannung zwischen den Erwartungshaltungen, die sich eben nur bei bekannten Thematiken ergeben, und der Enttäuschung dieser Erwartung – ähnlich wie eine Parodie sich nur demjenigen wirklich erschließt, der das Original kennt.

Zweck jeder Verfremdung ist es, Selbstverständlichkeiten anzugreifen und neue Sichtweisen auf den Gegenstand oder das Thema zuzulassen, die man bisher so nicht wahrgenommen hatte.

Das Verfremden erfordert einen gewissen pädagogischen Takt, denn nicht alles, was Schülerinnen und Schülern vertraut ist, sollte in diese künstliche Distanz gebracht werden. Jeder von Ihnen kennt sicherlich geschmacklose und entwürdigende Witze, deren Wirkung auf genau dieser fragwürdigen Verfremdung beruht.

Mit pädagogischem Takt vorgehen

Durchführung im Unterricht

Im Pädagogikunterricht soll in das Thema „Schule als Arbeitsplatz" eingeführt werden, dazu wurde der Text „Ausgeschlossen" (siehe S. 40) ausgewählt.

Der relativ simple „Trick" dieses Textes – die Änderung der Perspektive – zeigt verblüffende Ergebnisse: So haben die Schüler ihren eigenen Arbeitsplatz bisher noch nicht wahrgenommen – und sofort entwickelt sich eine engagierte Diskussion über die alltäglichen „Zumutungen".

Ausgeschlossen
Stelle dir vor: Du fährst morgens mit dem Bus zu deinem Arbeitsplatz. Der Bus fährt um 7.00 Uhr ab. Du bist sehr müde, weil du früh aufgestanden bist. Um 7.30 Uhr erreichst du dein Ziel. Aber die Tür ist verschlossen, sodass du mit deinen Arbeitskollegen zwanzig Minuten auf dem Flur warten musst. Im Winter kann das ganz schön kalt werden!
Dann kommt euer Vorgesetzter und schließt den Raum auf, ihr drängt hinein. Euer Arbeitsraum ist ungemütlich. Ein paar Neonlampen verbreiten kaltes Licht. Dein Stuhl ist unbequem; der Schrank für deine persönlichen Dinge hat eine kaputte Tür.
Sämtliche Arbeitsmaterialien musst du von zu Hause mitbringen. Dein Vorgesetzter verlangt von dir, die Materialien schnell aus der Tasche zu holen, und fängt dann direkt an, Fragen zu stellen, auf die du aber nicht einfach antworten darfst. Du musst den Arm heben und warten, bis er dir durch Zuruf oder Zeichen das Wort erteilt. Gespräche oder sachliche Fragen an deine Tischnachbarn sind nicht gestattet, Gespräche finden ausschließlich mit dem Vorgesetzten statt, der sich ab und zu in einem kleinen Büchlein etwas notiert.
Nach 45 Minuten ertönt ein Klingelzeichen, der Vorgesetzte verlässt den Raum. Nach wenigen Minuten kommt ein anderer Chef. Er verlangt umgehend, neue Arbeitsmaterialien aus der Tasche zu ziehen. Anschließend erwartet er volle Konzentration bei einem Vortrag, den er hält und der nicht das Geringste mit dem zu tun hat, was sein Kollege soeben mit euch besprochen hat.

Verrätselung

Im Gegensatz zum konstruierten Widerspruch oder zur Verfremdung wissen alle Beteiligten, dass es sich beim Rätselraten um ein Spiel handelt und dass es eine Lösung gibt, die man aufdecken kann, wenn man nur geschickt genug fragt. Daher ist dieser Einstieg dann sinnvoller als das Verfremden oder die Konstruktion eines Widerspruchs, wenn die Schülerinnen und Schüler beim Auftreten von Widerständen schnell resignieren.

Wird die Spielregel, dass es eine aufzudeckende Lösung gibt, von der Lehrerin oder vom Lehrer nicht eingehalten, sind die Schülerinnen und Schüler zu Recht sauer, und das Rätsel war pädagogisch sinnlos, weil nichts gelernt werden konnte. Eine Frage wie „Ratet mal, wie die Englischarbeit ausgefallen ist?" ist eben kein Rätsel, sondern zeugt allenfalls von der Taktlosigkeit des Lehrenden. Außerdem macht blindes Raten keinem Menschen Spaß!

Rätsel stellen einen geradezu klassischen Umweg beim Lernen dar, ihre Auflösung kostet Zeit und führt in viele scheinbar unproduktive Sackgassen. Uns begegnet daher im Gespräch mit Kollegen öfter das Argument, sie hätten nicht so viel Zeit, weil sie mit dem Stoff durchkommen müssten, und zudem sei es effektiver, den Schülerinnen und Schülern gleich die richtigen Lösungen zu vermitteln.

Wir halten das für einen Irrtum, und das aus zweierlei Gründen: Informationen werden zur Kenntnis genommen, mitgeschrieben, gelernt, abgehakt – Rätsel zu lösen kostet dagegen eigene Mühe und Anstrengung. Derjenige, der es geschafft hat, kann stolz sein auf die eigene Leistung. Rätsel ermöglichen daher eine Verlangsamung und Intensivierung des eigenen Lernprozesses.

Rätsellösen stärkt die methodische Kompetenz. Fragestrategien müssen entwickelt, Hinweise entschlüsselt, Umwege und Sackgassen als solche erkannt werden – das hat positive Konsequenzen für die Selbstständigkeit beim Lernen.

Durchführung im Unterricht

Da es mittlerweile im Internet eine Fülle von Rätseln und Denksportaufgaben für alle möglichen Fächer gibt, verzichten wir an dieser Stelle auf ein entsprechendes Beispiel.

Im Internet recherchieren

Didaktischer Kommentar

Welche Kompetenzen können Schülerinnen und Schüler beim Konstruieren eines Widerspruchs, beim Verfremden oder Verrätseln erwerben?

Alle Einstiegsmethoden, die in diesem Unterkapitel vorgestellt werden, zweifeln die Dogmatik des gesunden Menschenverstandes an. Die Schülerinnen und Schüler erkennen, dass die unmittelbare Anschauung, also das, was „offensichtlich" ist, uns täuschen und sachlich unrichtig sein kann.

So kann Einsicht in die Sinnhaftigkeit möglichst umfassender Information gewonnen werden. Wer etwas wirklich wissen will, muss über einen langen Atem verfügen, dann werden Widersprüche auflösbar. Die Auflösung des Selbstverständlichen, die künstlich geschaffene Distanz ermöglichen neue Perspektiven und neue Einsichten. Die Schülerinnen und Schüler können zu Erforschern ihrer Umwelt werden und Aspekte, die sie bisher als ganz natürlich und unabänderlich gesehen haben, in ihrer geschichtlichen und gesellschaftlichen Entwicklung und damit Veränderbarkeit begreifen.

Die Methoden- und damit auch die Lernkompetenzen im Umgang mit der Sache werden gefördert. Da der direkte Weg geradliniger Information nicht zum Ziel führt, müssen die Schülerinnen und Schüler andere Routen einschlagen, andere Vorgehensweisen planen und ausführen.

Nachteile und Schwächen

Die Konstruktion eines Widerspruchs und das Verfremden enthalten immer ein gewisses Risiko, wenn nämlich der Widerspruch nicht als solcher erkannt oder die Verfremdung nicht als ungewöhnliche Provokation begriffen wird. Dann sind wir in der gleichen unangenehmen Situation, in die wir geraten, wenn wir einen Witz erklären müssen! In solch einem Fall erkennt man im Nachhinein, dass der direkte Weg – z. B. in Gestalt des informierenden Unterrichtseinstiegs – der bessere gewesen wäre.

Das Verrätseln unterliegt einer ähnlichen Gefahr, denn Rätselraten macht nur Spaß, wenn die Lösung nicht zu leicht und nicht zu schwer ist. Erweist sich ein Rätsel trotz intensiver Schülerbemühungen als unlösbar, weil die Lehrerin oder der Lehrer vielleicht die kognitiven Fähigkeiten überschätzt hat, sind die Schülerinnen und Schüler ebenso enttäuscht wie bei einer zu leichten Auflösung, die alle innerhalb kürzester Zeit herausgefunden haben.

Einsatzmöglichkeiten

Die Möglichkeiten, etwas widersprüchlich zu gestalten, etwas zu verfremden oder es zu verrätseln, sind so umfassend, dass wir keine Einschränkungen sehen. Alle drei Einstiegsmethoden sind in allen Altersstufen und allen Fächern einsetzbar.

9.6 Provozieren und bluffen

Grundüberlegungen zur Didaktik

Jemanden zu provozieren und ihn zu bluffen bedeutet im alltäglichen Sprachgebrauch, dem betreffenden Menschen im wahrsten Sinne des Wortes „etwas vorzumachen". Wir könnten auch weniger behutsam sagen: ihn anzulügen! Nun hat das Lügen in unserer Gesellschaft zu Recht einen schlechten Ruf, und die Zahl der moralisch getränkten Sprichwörter ist Legion. Ein Lehrer, der die Schüler aus didaktischen Gründen belügt, muss sich über das Risiko, das er für eine gewisse Zeit eingeht, im Klaren sein. Die wichtigste Voraussetzung ist das Überraschungsmoment, d. h., die Provokation und der Bluff müssen glaubhaft sein, die Schülerinnen und Schüler sollen auf das Spiel hereinfallen, dürfen den Spielcharakter und die Spielregeln auf keinen Fall durchschauen! Es ist nicht sinnvoll, ihnen zunächst den Provokationsversuch anzukündigen und ihn dann zu starten, dies würde ja sofort durchschaut werden.

Voraussetzungen und Vorbereitung

Die Vorgehensweise bei dieser Unterrichtsmethode ist grundsätzlich ziemlich invariabel. Die Lehrerin oder der Lehrer vertritt eine Position, die für die Lerngruppe zunächst einmal einfach ärgerlich ist oder die Klasse in Befürworter und Gegner spaltet. Die Wirkung dieses Vorgehens wird verstärkt, wenn man unter den Schülerinnen und Schülern einen oder zwei Komplizen gewinnen kann, mit denen man die Provokation gemeinsam vorbereitet, wie dies in dem unten geschilderten Beispiel der Fall ist.

Der Verlauf des anschließenden Streitgesprächs ist sehr von Faktoren wie Vorbereitung, Thema, Gruppe und Zielsetzung abhängig, wichtig ist aber auf jeden Fall ein für alle Beteiligten befriedigender Abschluss dieser Einstiegsmethode, der keine Verletzungen zurücklässt. Daher sollten Sie, bevor Sie sich zum Einsatz der Provokation entschließen, ein genaues Bild der Klasse oder Lerngruppe vor Augen haben und einschätzen können, wie gut das eigene Verhältnis zu der Gruppe ist. Nur dann, wenn Sie sich sicher sind, dass die „aufgerissenen Gräben" ganz und gar wieder zugeschüttet werden können, sollte diese Methode eingesetzt werden. Unangenehm ist es übrigens auch, wenn das Gegenteil eintritt: Weil Sie bei den Schülerinnen und Schülern derart beliebt sind oder als völlig harmlos gelten, glauben sie Ihnen die Provokation einfach nicht und durchschauen das Advocatus-Diaboli-Spiel.

Auf einen befriedigenden Abschluss achten

Durchführung im Unterricht

Wir möchten Ihnen ein Beispiel schildern, das unserer Meinung nach sehr anschaulich die Vorteile und die Risiken dieses Einstiegs verdeutlicht: Ich habe kürzlich eine Provokation ausprobiert, die in dieser Form sicherlich nur in den oberen Jahrgangsstufen einsetzbar ist, dort aber besonders deutlich ihre Vorteile zeigt.

Ich gehe nach den Sommerferien in einen neu gebildeten Schwerpunktkurs im Fach Politik-Wirtschaft. 24 Gesichter, deren Mimik von erwartungsvoll über neutral bis skeptisch reicht, sehen mich zu Beginn der ersten Doppelstunde an. Einige sind sich offensichtlich noch nicht so ganz darüber im Klaren, ob die Leistungsfachwahl die richtige war, andere erwarten mehr oder weniger neugierig das auf sie zukommende Stoffpensum, wieder andere sind im Geiste schon bei den Kurs- und Abiturnoten – also ein ganz normales Bild, wie es jeder Oberstufenlehrer schon häufig erlebt hat.

Die inhaltliche Arbeit wird eröffnet mit einer doppelten und quer zueinander verlaufenden Provokation: Ich beginne nach einer kurzen Vorstellung die Stunde mit einem Lehrervortrag über das, was die Schülerinnen und Schüler in den nächsten zwei Jahren bis zum Abitur von mir und dem Stoff zu erwarten haben. Dieser Vortrag ist ganz bewusst so gehalten, dass er die Gruppe aufgrund seiner komplizierten Wortwahl und der wenig ansprechenden, monotonen Art abschreckt. Ich formuliere inhaltlich einigermaßen furchterregende Ansprüche in Bezug auf das angestrebte Niveau und das Arbeitspensum. Ergänzt wird dies durch die Ankündigung, ausschließlich im Frontalunterricht arbeiten zu wollen („etwas anderes habe ich schließlich nicht gelernt!").

Schon nach wenigen Augenblicken erstarren die Gesichtszüge der meisten ob des sie erwartenden Unterrichts. Schließlich meldet sich eine Schülerin mit renitenter Mimik und Gestik mitten in den Vortrag hinein und kündigt energischen Widerstand gegen meine Pläne an: Sie sei weder bereit, die völlig überzogenen Leistungsanforderungen zu akzeptieren, noch willens, sich zwei volle Jahre lang von vorne berieseln zu lassen. Ihrer Meinung nach habe gerade das Fach Politik-Wirtschaft etwas mit Schüleraktivitäten und Teamarbeit zu tun, und inhaltlich sei es doch wohl überaus sinnvoll, die eigene politische Umgebung mit in den Unterrichtsstoff einzubeziehen und dieses Thema in Projektform zu bearbeiten.

Ich stelle mich zunächst perplex und im wahrsten Sinne „sprachlos". Dies nutzen zwei Mitschüler, um in die gleiche Kerbe zu hauen und ebenfalls ihren Anspruch auf schüler- und praxisbezogenen Unterricht anzumelden. Eine weitere Schülerin meldet sich zu Wort und verteidigt zumindest teilweise meine Absichten und Pläne. Es sei doch schließlich wichtig, auch auf einer theoretischeren und abstrakteren Ebene etwas zu lernen.

Ein weiterer Schüler, der eher der passiven Fraktion angehört, meint, er halte wenig von schülerbezogenem Unterricht und Projekten und so einem Zeugs, denn das würde alles nur Mehrarbeit machen und sei vom Ergebnis her doch völlig unökonomisch, Schule sei sowieso langweilig, und er wolle lieber normalen Frontalunterricht haben, da könne er das Wichtigste einfach mitschreiben und für die nächste Klausur zu Hause auswendig lernen.

Schon ist die schönste Diskussion innerhalb der Lerngruppe im Gange, und da es um die ureigensten Belange geht, sind die meisten auch engagiert dabei. Am Ende der Diskussion, in die ich mich nach einiger Zeit auch wieder einschalte, steht ein gemeinsam erarbeiteter Arbeitsplan für das erste Kurshalbjahr, der sowohl schüleraktive als auch lehrerzentrierte Phasen enthält und mit dem alle zufrieden sind.

Am Schluss der Doppelstunde erläutere ich mein Vorgehen: Ich bin durch einen glücklichen Zufall aufgrund gemeinsamer Aktivitäten in der Theater-AG der Schule mit der Schülerin, die mich so respektlos unterbrochen hatte, gut bekannt und habe mit ihr zusammen den Verlauf der Stunde bis zu dem Moment, als sie mich unterbricht, geplant. Auch das, was sie gesagt hat, haben wir gemeinsam vorher festgelegt.

Mein Ziel war nicht, sie „hinters Licht zu führen" oder mich über sie lustig zu machen, sondern es ging mir ausschließlich darum, die Lerngruppe zu einer engagierten Diskussion zu bringen, in der die je eigenen Interessen die Basis für die Auseinandersetzung bildeten, um schließlich eine von möglichst allen getragene Kursplanung zu entwickeln.

Didaktischer Kommentar
Welche Kompetenzen können Schülerinnen und Schüler bei der Methode des Provozierens und Bluffens erwerben?

Da die Schülerinnen und Schüler nicht wissen, dass ein Spiel stattfindet, gibt es keine Distanz zwischen angenommener Rolle und eigener Identität. Sie simulieren nicht etwas oder spielen eine Rolle, sondern meinen es wirklich! Dies birgt gleichzeitig Chance wie Gefahr.

Wie kaum eine andere Methode bietet die Provokation die Möglichkeit, Schülerinnen und Schüler aus der Reserve zu locken, sie sich ganz einbringen zu lassen. Eine gut gemachte Provokation kann Redehemmungen auch und gerade bei den Stillen beseitigen und sie dazu bringen, etwas zu sagen oder schärfer zu formulieren, was sie in der normalen Unterrichtssituation so nicht gesagt hätten. Sachkompetenz und rhetorische Fähigkeiten werden also gestärkt.

Lockt Schüler aus der Reserve

Ein Mensch, der emotional aufgewühlt ist und es darüber hinaus ehrlich meint, ist nicht bruch- und problemlos auf die Spielebene zu bringen, d. h., es erfordert ein hohes Maß an pädagogischem Einfühlungsvermögen, wann eine durch Provokation ausgelöste Diskussion beendet wird und wie die Schülerinnen und Schüler über die Tatsache, dass sie getäuscht worden sind, aufgeklärt werden.

Daher sollte der pädagogisch Verantwortliche die Diskussion nicht zu weit treiben und sie spätestens dann abbrechen, wenn sie zu emotional und unsachlich geführt wird oder wenn die Schülerinnen und Schüler im emotional angeregten Zustand zu sehr in private, intime Bereiche abgleiten. Auf der anderen Seite erfordert diese Methode auch Mut und ist ganz sicherlich sinnlos, wenn man zu schnell und schon bei dem ersten Konflikt die Karten aufdeckt!

Wichtig ist daher das folgende, aufklärende Gespräch. Da es vorher keine mit Arbeitsaufträgen versehenen Beobachter gab, müssen alle sich auf ihr

Gedächtnis verlassen, daher sollte das Auswertungsgespräch unmittelbar der Provokation folgen und nicht zeitlich versetzt sein.

Die Lehrerin oder der Lehrer muss zu Beginn des Gesprächs deutlich machen, dass der Zweck des Spiels keineswegs war, die Schülerinnen und Schüler einmal kräftig auf den Arm zu nehmen. Sollte dieser Eindruck dennoch entstehen, wäre der Zweck der Methode verfehlt, die Schülerinnen und Schüler würden sich (zu Recht) beleidigt fühlen und sich in ihr emotionales Schneckenhaus zurückziehen. Einsichten sachlicher und persönlicher Art wären damit blockiert.

Dies erreichen Sie nach unserer Erfahrung am besten damit, dass Sie den Sinn des vorhergehenden Spiels möglichst anschaulich erläutern und sofort auf eine Ebene der inhaltlichen Diskussion der vorher gehörten Argumente kommen.

Im günstigsten aller möglichen Ergebnisse würden die Schülerinnen und Schüler erkennen, welche Vorurteile sie zu einem Thema haben und wie sie mit diesen Vorurteilen in einem kontrovers geführten Gespräch umgehen: ob sie bereit sind, diese Einstellungen zumindest teilweise aufzugeben, und sich kooperativ und kompromissbereit verhalten, ob sie andere Argumente gelten und andere zu Wort kommen lassen usw.

Sollte dies tatsächlich gelingen, weicht die Enttäuschung über den üblen Trick der Lehrerin oder des Lehrers der Einsicht in die Vorteile des Vorgehens.

Da gerade stille und verschlossene Schülerinnen und Schüler durch diese Methode zum engagierten Reden ermuntert werden können, besteht grundsätzlich die Möglichkeit eines neuen, breiteren und damit besseren Interaktionsgefüges in der Lerngruppe.

Nachteile und Schwächen

Der Überraschungseffekt nutzt sich sehr schnell ab, Schülerinnen und Schüler lassen sich nicht beliebig oft täuschen. Diese Methode taugt nur

Kann nicht so oft eingesetzt werden

ein-, zwei- oder höchstens dreimal pro Lerngruppe, dann sind auch die Gutgläubigsten in Zukunft auf der Hut.

Es besteht bei der Provokation immer die Möglichkeit des Beifalls von der falschen Seite. Stellen Sie sich in Bezug auf das obige Beispiel vor, die gesamte Lerngruppe oder zumindest eine Mehrheit hätte sich der Meinung meiner beiden Fürsprecher angeschlossen! Auch wenn ich nicht ernsthaft mit dieser Möglichkeit gerechnet habe, weil ich die meisten Schülerinnen und Schüler kannte, wäre das für mich nun wirklich fatal gewesen.

Einsatzmöglichkeiten im Unterricht

Am leichtesten ist die Provokation in den Fächern und Themenbereichen einzusetzen, in denen die Schülerinnen und Schüler eine Voreinstellung haben, die in der Regel ja vom Alltagsbewusstsein und den täglichen Erfahrungen geprägt ist. Immer, wenn es im weitesten Sinne um die Regeln unseres Zusammenlebens geht, um Rollen und Rollenklischees, um Außenseiter, um Gerechtigkeit, um Stärke und Schwäche, um Gewalt, um das Verhältnis der Geschlechter zueinander, kann das Thema mit einer Provokation begonnen werden, die den jeweiligen Inhalt aufnimmt und polarisiert. Beispielsweise kann bei dem letzten Thema die Lehrerin oder der Lehrer eine sehr radikale „Emanzen-" oder „Machohaltung" einnehmen.

Wir wollten mit dem vorgestellten Beispiel aber auch deutlich machen, dass es über diese inhaltliche Ebene hinaus weitere Einsatzmöglichkeiten gibt. Es können der Unterricht und die Methoden der Lehrperson, aber ebenso das Sozialverhalten der Lerngruppe oder schulinterne Sachverhalte problematisiert werden.

Da diese Einstiegsmethode ihre Risiken in sich trägt, möchten wir Ihnen empfehlen, sie nur in begründeten Ausnahmefällen in unteren Altersstufen einzusetzen. Die Schülerinnen und Schüler brauchen ein gewisses Niveau der eigenen Entwicklung, um die Doppelbödigkeit des Vorgehens wirklich zu verarbeiten, und ein gewisses Maß an Ich-Stärke, um sich den Zumutungen der Lehrerin oder des Lehrers entgegenzustemmen.

Die Lerngruppe muss eine gewisse Reife haben

10 Schnupperstunden

Vorbemerkungen

Bei diesen Einstiegsvarianten geht es um die Sache. Das neue Thema steht ohne methodische Verfremdungen, Verrätselungen usw. im Mittelpunkt. Auch die Person der Lehrerin oder des Lehrers tritt – im Vergleich zu den vorigen Kapiteln – sehr viel weiter in den Hintergrund. Die spezielle Art und Weise, wie das neue Thema präsentiert und den verschiedenen Lerntypen innerhalb der Klasse oder Gruppe näher gebracht wird, ist der didaktische Leitgedanke der Methoden dieses Kapitels.

Die Schülerinnen und Schüler erhalten ausführliche Gelegenheit, die wichtigsten Aspekte des neuen Themas zu begutachten. Sie bekommen einen ersten Eindruck von der möglichen Untergliederung, den Hauptproblemen und den Randthemen (etwa den Streitpunkten zwischen verschiedenen Positionen), der Alltagsrelevanz oder der Bedeutung des Themas für die eigene Person.

10.1 Angebotstisch

Grundüberlegungen zur Didaktik

Das Konzept der Einstiegsmethode „Angebotstisch" basiert auf der Tatsache, dass es zu fast allen Unterrichtsthemen verschiedene Arbeitsschwerpunkte und Aspekte gibt, die auch fächerübergreifend sein können. Die Materialien zu diesem Thema sowie die damit verbundenen Handlungsaufforderungen, die die Lehrerin oder der Lehrer vorbereiten, machen diese unterschiedlichen Zugangsweisen für die Schülerinnen und Schüler transparent.

Das Material muss den Schülerinnen und Schülern vor der Entscheidung für ein bestimmtes Angebot verdeutlichen, was sie erwartet, ob sie z. B. eher theoretisch oder eher praktisch an das Thema herangehen werden, ob die Tätigkeit eher manuelles Geschick, künstlerische Kreativität oder sprachliche Talente erfordert, ob sie ein eher streng logisches oder ein eher experimentelles Vorgehen erwartet. Zu diesem Zweck werden auf mehreren Angebotstischen (die aus zwei oder mehreren zusammengeschobenen Schultischen bestehen) die Materialien bereitgestellt. Die Schülerinnen und Schüler „studieren" die Angebote und entscheiden sich nach ihren persönlichen Neigungen.

Es findet keine frontale Lenkung statt, sondern die Schülerinnen und Schüler erarbeiten sich die Inhalte mithilfe der Lernmaterialien, Handlungsaufforderungen oder Arbeitspakete selbstständig. Alle Arbeitsschwerpunkte sollten so konzipiert sein, dass sie durch eigene Ideen erweitert werden können. Am Ende der Einstiegsphase werden durch die Dokumentation und Präsentation der Ergebnisse und ihrer Entstehung den Mitschülern alle Lerninhalte vermittelt. Das Thema kann anschließend auf vertieftem Niveau weiterverfolgt werden. Besonders schön ist es, wenn sich während der Einstiegsphase Schülerinnen und Schüler Spezialwissen erarbeitet haben, das zur weiteren Unterrichtsgestaltung genutzt werden kann.

Diese binnendifferenzierenden Angebote berücksichtigen die unterschiedlichen Lern- und Leistungsfähigkeiten und orientieren sich an den Lerninteressen und Lerntypen.

In dem Maße, in dem eine Klasse größere Routine im Umgang mit dem Angebotstisch erwirbt, können die Angebote erweitert und die Schülerinnen und Schüler stärker in die Planung einbezogen werden.

Voraussetzungen und Vorbereitung

Sie sollten die komplette Unterrichtseinheit sorgfältig vorbereiten, da die Eingangssituation „Angebotstisch" spätere Modifikationen nur in geringen Grenzen ermöglicht, die Einheit muss also zu Beginn der Einführung in der Klasse schon „stehen". Einzelheiten wie die Ausgestaltung möglicher Arbeitsblätter können aber auch sinnvoll mit Schülerhilfe erledigt werden.

Eine ganz wichtige Voraussetzung ist aber unbedingt zu beachten: Die Arbeitsmaterialien sollten nicht nur aus Texten bestehen. Da möglichst alle Sinne bei den Schülerinnen und Schülern angesprochen werden sollen, ist es notwendig, dass die Materialien einen handelnden Umgang mit dem Thema zulassen, z. B. Erkundungen, Experimente, Bauten und Zeichnungen eingeplant sind. Nur die Vielfalt der Materialien ermöglicht einen handelnden Umgang. Dies ist für manche Themenbereiche sicherlich schwierig, aber Ideen entstehen aus Fantasie und Routine.

Unbedingt verschiedenartige Materialien anbieten

Die Schulbücherei, die öffentliche Bibliothek, die Internet-Recherche, das Heimatmuseum, die kommunalen Behörden, die Handwerkskammer, der Kunstverein, die Drogenberatungsstelle, das Altenheim usw. können hier sehr sinnvoll für die Vorbereitung genutzt werden.

Durchführung

Wir möchten Ihnen hier anhand eines Vorhabens zum Thema „Bremer Häfen" die Vielfalt der Einsatzmöglichkeiten des Angebotstisches vorstellen.

Zur Vorbereitung des Einstiegs bitte ich mehrere Kollegen, mir alles zu nennen, was ihnen zum Thema „Bremer Häfen" einfällt. So entsteht eine reichhaltige Ideensammlung, die ich für die weitere Arbeit nutzen kann. Auf ihrer Grundlage formuliere ich konkrete Angebote, die die traditionellen Zugangsweisen verschiedener Fächer und deren fachspezifische Methoden integrieren.

Die Angebote auf den einzelnen Tischen sind so konzipiert, dass der Zeitaufwand zur Bearbeitung ungefähr gleich ist.

Bremer Häfen
1. Tisch
Auf diesem Tisch befindet sich ein Einstiegsspiel in das Thema mit entsprechenden Spielkarten. Das Spiel verdeutlicht die Transport- und Handelsströme der Welt und liefert Hintergrundinformationen.
2. Tisch
Die historische Entwicklung des Bremer Hafens wird hier durch Quellentexte und unterschiedliches Bildmaterial dargestellt. Die Schüler entwickeln und gestalten eine Zeitleiste.
3. Tisch
Schwerpunktthema an diesem Tisch ist der Bremer Hafen als Drehscheibe des Welthandels; die unterschiedlichen Hafenterminals werden hier in Texten (Zeitungsausschnitte, Internetseiten, Sachbuchartikel usw.) und in Bildern nach Güterarten vorgestellt. Die Schülerinnen und Schüler sollen die Funktion für die regionale und internationale Wirtschaft analysieren.
4. Tisch
Hier stehen eigene Internetrecherchen an zum Thema „Güterverkehrszentrum (GVZ) Bremen – Bremen als Logistikzentrum". Die Aufgabe lautet, einen Steckbrief vom GVZ Bremen zu schreiben. Weiterhin soll durch individuelle Beispiele die Bedeutung der Logistik und ihre Relevanz für die Wirtschaft erörtert werden.
5. Tisch
Die historische Entwicklung des Bremer Hafens vom Umschlagplatz zum Logistikzentrum und sein Strukturwandel werden hier untersucht. Auf diesem Tisch befinden sich zahlreiche Aussagen von Zeitzeugen und Bilder/Fotos aus unterschiedlichen Epochen.
6. Tisch
Containermodelle unterschiedlicher Art und Größe stehen auf diesem Tisch. Die Schülerinnen und Schüler sollen Informationen zum Containerschiffverkehr zusammentragen und einen Text über die Erfindung einer Kiste, die die Welt erobert, schreiben.

> *7. Tisch*
> Ein kurzer Film zeigt die Veränderungen der Hafenarbeit und stellt neue Berufe vor. Thema sind die veränderten Arbeitsbedingungen und Abläufe im Bremer Hafen und ihre Auswirkungen auf die Beschäftigten.
> *8. Tisch*
> Wie könnte die Zukunft der Seeschifffahrt in Bremen aussehen? Die Schülerinnen und Schüler stellen Prognosen an und begründen sie. Anhand unterschiedlicher Grafiken kann zunächst die momentane Situation im internationalen Vergleich beschrieben, dann die Bedeutung des Bremer Hafens in zehn, zwanzig oder hundert Jahren prognostiziert werden.

Jede Schülerin und jeder Schüler kann frei wählen, an welchem Angebotstisch und mit wem er oder sie zusammenarbeiten möchte; diese Wahl ist dann aber verbindlich. Nach etwa zehn bis fünfzehn Minuten haben sich alle Schülerinnen und Schüler für einen Tisch entschieden.

Wo es gewünscht wird, gebe ich Hilfestellung, greife aber von mir aus nicht in den Arbeitsablauf ein. Die Präsentation der Arbeitsergebnisse erfolgt im Plenum.

Didaktischer Kommentar
Welche Kompetenzen können Schülerinnen und Schüler beim Einsatz des Angebotstisches erwerben?

Durch die von der Lehrerin oder dem Lehrer vorstrukturierten Lernangebote haben die Schülerinnen und Schüler sehr viel mehr Möglichkeiten, die Entscheidungen über ihre Lerninhalte selbst zu bestimmen. Durch die verschiedenen Angebote wird aber auch der Rahmen für ein Thema oder für einen Bereich abgesteckt und festgelegt.

Angebotstische fördern die Selbstständigkeit der Schülerinnen und Schüler und deren Methodenkompetenz. Voraussetzung ist ein gewisses Maß an Grundfertigkeiten im Umgang mit Lernangeboten und die zumindest ansatzweise Erkenntnis, dass jeder für seinen Lernerfolg selbst verantwortlich ist. Nur wenn ich meine Arbeit selbstverantwortlich organisieren kann, bin ich in der Lage, die Lernangebote für mich zu nutzen und mir Wissen und Fertigkeiten anzueignen. Wer über diese Kompetenzen verfügt, ist auch später in der Lage, sich jeden neuen Bereich selbstständig zu erschließen und zu bearbeiten. Zudem erhöht der handlungsauffordernde Charakter der Angebote die Motivation der Schülerinnen und Schüler. Sie gehen mit Begeisterung an ihre Aufgaben heran, haben Spaß an der Sache und behalten von den Inhalten mehr als in anderen üblichen Unterrichtsformen.

Der Angebotstisch entlastet Sie von der traditionellen Vermittlerrolle, sodass Sie während des Unterrichts mehr Zeit für die Schülerinnen und Schüler haben.

Nachteile und Schwächen
Ein Nachteil dieses Einstiegs ist der erhöhte Zeitaufwand insbesondere bei der erstmaligen Vorbereitung, wenn Sie noch schwer abschätzen können, welche Themen Schülerinnen und Schüler besonders interessieren, wie die Angebote aufbereitet sein müssen und welche unterschiedlichen Zugangsmöglichkeiten sich anbieten. Bei häufigerem Einsatz dieses Einstiegs entwickeln Sie aber ein Gespür hierfür.

Ungeübte Schülerinnen und Schüler haben anfänglich oft noch keine Kriterien entwickelt, nach denen sie sich ein Thema bzw. ein Angebot auswählen. Hier sollten Sie als Lehrkraft Hilfestellung geben, im Zweifelsfall dem einen oder anderen auch einmal ein Thema vorgeben, an dem er probieren kann, ob es ihm Spaß macht und ob er damit zurechtkommt.

Einerseits besteht hier für die Schülerinnen und Schüler ein Entscheidungsfreiraum, indem sie selbstständig ein Angebot auswählen können, andererseits wird dieser aber durch den von der Lehrerin oder dem Lehrer vorgegebenen Angebotsrahmen eingeschränkt.

Einsatzmöglichkeiten
Angebotstische lassen sich in jedem Fach und zu fast jedem Thema einsetzen, da eben fast jeder Stoff unabhängig von Schulstufen und Fächern mehrere Aspekte aufweist. Für alle geschichtlichen, erdkundlichen und gesellschaftlichen Themen ist das sicherlich unmittelbar einleuchtend. Im sprachlichen und im naturwissenschaftlichen Bereich erfordert die Vorbereitung etwas mehr Zeit, ist aber sachlogisch fast immer ohne allzu große Mühe zu leisten, z. B. haben wir Angebotstische zum Thema Flächen- und Volumenberechnung und Dezimalbruchrechnung erstellt.

10.2 Themenbörse

Grundüberlegungen zur Didaktik

Selbstständige Erarbeitung eines Themas durch die Schüler

Zentral beim Unterrichtseinstieg „Themenbörse" ist die weitgehend selbstständige Erarbeitung eines Themas. Der Lerntypus und die Leistungsstärke der einzelnen Schülerinnen und Schüler werden berücksichtigt. Alle arbeiten an den gleichen Inhalten, aber auf der ihrem Lerntyp entsprechenden Ebene. Die Themenbörse bildet oft den Einstieg in die Themenplanarbeit.

Voraussetzungen und Vorbereitung

Das Arbeiten in unterschiedlichen Sozialformen (Einzel-, Partner- oder Gruppenarbeit) sollte den Schülerinnen und Schülern bekannt sein. Die einzelnen Arbeitsgruppen dürfen nicht zu groß sein, damit effektives Arbeiten möglich ist.

Daneben ist eine Lerntypenbestimmung der einzelnen Schülerinnen und Schüler sehr hilfreich. Dies kann z. B. durch einen einfachen Test erfolgen, wie das Klippert (1994, S. 61) demonstriert. Nur so ist es möglich, schüleradäquates Arbeitsmaterial zu erstellen, mit dem selbstständig gearbeitet werden kann.

Sprechen Sie sich für die Vorbereitungen möglichst mit den Fachkollegen oder den ebenfalls an diesem Thema arbeitenden Kollegen ab. Vor Beginn der Einheit sollte die Feinplanung weitestgehend abgeschlossen sein. Das erleichtert ganz erheblich den Arbeitsaufwand für die Materialerstellung.

Durchführung

Volumenberechnung ist ein Thema in der sechsten Klasse, in das wir durch eine „Themenbörse" eingestiegen sind. Die Lerntypenbestimmung in meiner Klasse zu Beginn des Schuljahres hatte fünf „Hauptlerntypen" ergeben. Ich gestaltete fünf verschiedene Arbeitsblätter mit Anregungen zur Bearbeitung des Themas, die ich in einer Themenbörse als Zugang zur Volumenberechnung anbieten konnte. Das Ziel des Unterrichts sollte sein, dass alle Schülerinnen und Schüler am Ende dieser Einheit das Volumen verschiedener Körper bestimmen konnten. Die Auswahl des Arbeitsblattes und damit die Festlegung auf eine bestimmte Herangehensweise sowie die Sozialform blieben den Schülerinnen und Schülern überlassen. Folgende, durch die Arbeitsblätter vorstrukturierte Varianten ergaben sich:

- Eine Möglichkeit der Volumenbestimmung bestand darin, die Körper in Flüssigkeit zu tauchen und die Wasserverdrängung abzulesen. Daraus entwickelte sich bald die Frage nach den Messeinheiten zur Volumenbestimmung. Dieses Problem wurde von den Schülerinnen und Schülern durch gezielte Informationsbeschaffung aus Büchern, die ich zur Verfügung gestellt hatte, weitgehend selbstständig gelöst *(Lerntyp: Lesen, Sehen, Tasten)*.
- Die nächste Herangehensweise war, mit Messbechern Wasser in verschiedene Gefäße zu schütten und zu überprüfen, wie viele Becher Wasser das Gefäß fasste *(Lerntyp: Hören, Sehen, Tasten)*.
- Es war weiterhin möglich, sich mit dem Bau verschiedener Körper und deren Volumenberechnung anhand einer Formel zu beschäftigen, zu de-

Verschiedene Lerntypen berücksichtigen

ren mathematischer Herleitung sich auf dem Arbeitsblatt gezielte Hilfen fanden *(Lerntyp: Lesen, Sehen)*.
- Das vierte Angebot bestand darin, hohle vorgefertigte Körper mit ein Kubikzentimeter großen Quadraten zu füllen und deren Anzahl zu bestimmen *(Lerntyp: Hören, Lesen, Sehen, Tasten)*.
- Die letzte Möglichkeit ergab sich aus der Arbeit mit einem vorgegebenen Text zur Volumenberechnung, den die Schülerinnen und Schüler sich selbstständig aneignen und verstehen sollten *(Lerntyp: Lesen)*.

Jede Schülerin und jeder Schüler wählte eine Möglichkeit des Einstiegs aus (differenziert, individuell). Diejenigen, die die gleiche Zugangsweise gewählt hatten, setzten sich an Gruppentischen zusammen und bearbeiteten ihren Bereich. Nach diesem Einstieg, in dem die Schülerinnen und Schüler eine Vorstellung über das Volumen eines Körpers entwickeln konnten, wurde dann in Fachthemenplanarbeit an diesem Thema weitergearbeitet. Möglich wären sicher auch andere Formen der Weiterarbeit – vom lehrerzentrierten bis zum individualisierenden Unterricht.

Didaktischer Kommentar
Welche Kompetenzen können Schülerinnen und Schüler beim Einsatz der Themenbörse erwerben?

Da bei dieser Art des Einstiegs von den Vorlieben der Schülerinnen und Schüler und ihren individuellen Fähigkeiten und Fertigkeiten sowie ihrem Lerntempo und ihren Lernkompetenzen ausgegangen wird, hat jede und jeder die Möglichkeit, optimal zu lernen. Alle suchen sich den Zugang aus, mit dem sie die besten Erfahrungen gemacht haben.

Sicherlich kann man nicht immer alle Lerntypen in der Klasse berücksichtigen, aber eine entsprechende Anzahl an unterschiedlichen Zugangsmöglichkeiten sollte stets Voraussetzung für diesen Einstieg sein. Die Einsatzbereitschaft der Schülerinnen und Schüler ist sehr hoch, daher sind die einzelnen durchaus bereit, auch mit denjenigen zusammenzuarbeiten, denen sie sonst reserviert oder ablehnend gegenüberstehen. Die Methode wirkt also sozial integrierend.

Die Wahl des eigenen Lerntempos ist ausschlaggebend dafür, dass sich keiner überfordert fühlt und abschaltet.

Nachteile und Schwächen
Ein Nachteil dieser Methode besteht, ähnlich wie bei dem Angebotstisch, in einer gewissen Unsicherheit in Bezug auf die Attraktivität der einzelnen

Angebote und deren zeitlicher Dauer. Dieses Manko ist letztlich nur durch Routinebildung zu beseitigen oder zumindest abzumildern.

Da die Schülerinnen und Schüler aber gerade in den „exakten" Fächern recht intensiv die präzise Begriffsbildung trainieren, können die weiteren Stunden viel straffer konzipiert werden.

Einsatzmöglichkeiten

Diese Art des Einstiegs wählen wir bei vielen mathematischen und naturwissenschaftlichen Themen insbesondere dann, wenn die Entwicklung konkreter Modelle und Vorstellungen eine große Rolle spielt und wir Hilfestellung zur eigenständigen Weiterentwicklung geben wollen.

Jede Schülerin und jeder Schüler kann aber ohne großes Vorwissen mithilfe der Themenbörse auch in jedes weitere Thema einsteigen, das, wie beim Angebotstisch, unterschiedliche Zugangsweisen ermöglicht und verschiedene Aspekte aufweist.

Auch in Bezug auf die Themenbörse gilt der Vorteil, dass die Lehrerin oder der Lehrer während der selbstständigen Arbeit der Klasse Zeit hat, entsprechende Hilfestellungen zu geben. In der Grundschule und den unteren Jahrgängen der Sekundarstufe I gibt es dann Schwierigkeiten, wenn die Schülerinnen und Schüler bisher wenig selbstständig gearbeitet haben. Die Themenbörse ist aber eine gute Möglichkeit, kleinschrittig und konkret diese Art des Arbeitens zu lernen.

10.3 Lernlandschaft

Grundüberlegungen zur Didaktik

Eine Lernlandschaft soll in optisch ansprechender und übersichtlicher Form für alle Schülerinnen und Schüler verschiedene Arbeitsangebote zu einem Thema ausbreiten. Die optische Präsentation erlaubt eine rasche und problemlose Orientierung, sie ist daher eine wichtige Entscheidungshilfe für alle, um das für sie jeweils interessante Sachgebiet und die ihren Neigungen und Fähigkeiten entsprechende Methode herauszufinden. Zudem können Hinweise zur Strukturierung und zur Sachlogik grafisch so gestaltet werden, dass die Lernlandschaft den Schülerinnen und Schülern das Thema schon teilweise erschließt und gleichzeitig einen zeitlichen Rahmen vorgibt.

Voraussetzungen und Vorbereitung

Die Lernlandschaft muss von Ihnen zu Hause in überlegten Detailschritten aufgebaut und komponiert werden. Nur in Ausnahmefällen wird sie mit den Schülerinnen und Schülern gemeinsam erstellt werden können, da Sachkompetenz und Überblick über sämtliche Strukturen des neuen Themas notwendige Voraussetzungen sind.

Die verschiedenen Sachaspekte, die für den neuen Stoff wichtig sind, müssen in Stichworten festgehalten und optisch ansprechend und originell auf einem großen Blatt Papier oder einer Wandzeitung dargestellt werden.

In den unteren Jahrgängen sollten Sie die notwendigen Arbeitsmaterialien für die Untergruppen selber vor Beginn der Einheit zusammenstellen oder den Schülerinnen und Schülern ganz gezielte Hinweise zur Materialbeschaffung geben.

Durchführung

12 Schritte für die Entwicklung einer Lernlandschaft

Wir haben für die Entwicklung einer Lernlandschaft zwölf Schritte erarbeitet, die Sie für die meisten Themen verwenden können:

1. Thema festlegen,
2. Brainstorming (alleine, im Team, mit der Klasse),
3. Mindmap erstellen, die die wesentlichen Punkte umfasst,
4. Abgleich mit dem Schulcurriculum (Bildungsstandards, Kerncurricula, Bildungspläne),
5. Lernvoraussetzungen der Schülerinnen und Schüler berücksichtigen (pädagogische Diagnostik),
6. inhaltliche Schwerpunkte setzen (clustern),
7. Materialien und Medien sichten und ihre Einsatzmöglichkeiten prüfen,
8. Methoden und Arbeitstechniken klären,
9. grafische Gestaltung und angemessene sprachliche Formulierung der Aufgaben und Arbeitsaufträge überlegen,
10. Lernarrangements planen,
11. organisatorische Modalitäten verabreden,
12. den zeitlichen Rahmen festlegen.

Auf den Seiten 58/59 finden Sie als Beispiel eine Lernlandschaft zum Thema „Industrialisierung".

Didaktischer Kommentar
Welche Kompetenzen können Schülerinnen und Schüler beim Einsatz einer Lernlandschaft erwerben?

Die Lernlandschaft hält die Schülerinnen und Schüler zunächst dazu an, das eigene Vorwissen zu aktivieren und darüber nachzudenken, welche Wissenslücken sie in Bezug auf das neue Thema unbedingt auffüllen wollen und was ihnen besonders wichtig oder interessant erscheint. Die Auswahl des Unterthemas erfolgt also nach Interessen und Neigungen.

Die Methode führt direkt „in medias res", die Schülerinnen und Schüler sind nicht gezwungen, zu Beginn umfangreiche Texte oder sonstige Materialien durchzuarbeiten, sondern erhalten gleich einen Gesamteindruck davon, was das neue Thema umfasst und welche Kompetenzen sie am Ende der Einheit entwickelt haben könnten. Nicht zuletzt wird die Methoden- und Lernkompetenz gefördert, da alle zu einer Entscheidung über die Zuordnung von Inhalten, Methoden und Kompetenzen (siehe Schaltkasten) gelangen müssen und damit selbstverantwortlich für den eigenen Lernprozess sind.

Vermittelt Gesamteindruck über das neue Thema

Nachteile und Schwächen
Die Methode ist nur dort einsetzbar, wo das Thema mehrere gleichrangige Aspekte aufweist, die deutlich voneinander unterschieden und parallel bearbeitet werden können. Falls es einige Details gibt, deren Kenntnis Voraussetzung für die Bearbeitung aller anderen Aspekte ist, kann man auf der Landschaft einen oder mehrere Pflichtbereiche kenntlich machen oder abgrenzen, die/den alle bearbeiten müssen.

Nicht geeignet ist die Methode für all jene Themen, bei denen streng aufeinanderfolgende Lernschritte notwendig sind und der Wegfall eines Bausteins das Ganze zum Einsturz bringen würde, also beispielsweise in streng logisch aufgebauten Unterrichtssequenzen im mathematisch-naturwissenschaftlichen Aufgabenfeld.

Einsatzmöglichkeiten
Einsatzmöglichkeiten sehen wir in allen Alters- und Schulstufen und in den Fächern, in denen die thematische Struktur die oben beschriebene Parallelität erlaubt. Je besser die Schülerinnen und Schüler in der Lage sind, ihr eigenes Lernen selbstständig zu planen und zu organisieren, desto erfolgreicher kann die Lernlandschaft eingesetzt werden.

Kampf mit Wörtern: gebräuchliche
Formulierungen damals und heute

Erziehung und Ausbildung eines
Kindes damals und heute

Vergleich der
Arbeitsbedin-
gungen einer
Fabrikarbeite-
rin, Heimarbei-
terin und Haus-
haltshilfe durch
szenische Dar-
stellung und
Befragung

Von der Industrie-
zur Informations- und
Computergesellschaft

Umweltveränderungen durch den
Menschen
→ „Das sind dumpfige Dämpfe
von der Sonne": Entwicklung der
Hygiene und Medizin.
→ Wozu Mist auf die Felder, es gibt
doch die Chemieindustrie? – die
Intensivierung der Landwirtschaft.
→ Den Räubern keine Chance:
endlich sicher und bequemere
Verkehrswege.
→ Das Zeug stinkt zum Himmel:
Umweltverschmutzung.

Das soziale
Netz früher und
heute – Erkun-
dungen bei
Krankenkassen,
Sozialamt,
Gewerkschaft,
Wohlfahrts-
verbänden,
kirchlichen
Organisationen.

„Wir geh'n in

Technische Erfindungen und ihre
Auswirkungen
→ Der Hammer: Die Dampfmaschin
macht die Industrialisierung erst
möglich.
→ Zu neuen Ufern: Die Weltmeere
werden erobert.
→ Die Arbeit wird neu organisiert:
Entstehung der Manufakturen.
→ Vorsicht Spannung: Strom und
Benzinmotor geben der Entwick-
lung neuen „drive".

**Aufbruch zur
Industrialisierung
1800 – 1835**

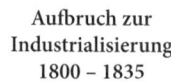

Zusammenarbeit mit Museen, Archiven,
Büchereien u. a. am Ort

Stadien der Entwicklung optisch verdeutlichen, z. B. anhand von Stadtplänen

Abbildung: Johannes Greving

Die Speisepläne der Menschen damals und heute

Rollenspiel, Pro-Kontra-Diskussion, Talkshow oder Ähnliches zur Kinderarbeit

Vorstellungen zur Lösung der „sozialen Frage" in zeitgenössischen Karikaturen und Texten interpretieren und eigene anfertigen

Veränderungen in den Köpfen der Menschen
- „Gott ist tot!" (Friedrich Nietzsche): Ist Gott wirklich tot?
- Alle Macht dem Volke: Abschaffung der Königs- und Adelsherrschaft.
- Bahn frei dem Fortschritt: Naturwissenschaften werden immer wichtiger.
- Eine neue Heilslehre – nur für Arbeiter: der Marxismus.

Der Ausbau der Industrie
1873 – 1914

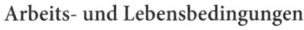

Arbeits- und Lebensbedingungen
→ Nimmt denn diese Schufterei kein Ende? Die Arbeiter stöhnen über den langen Arbeitstag.
→ Im düsteren Auge keine Träne: das Elend all derjenigen, die von der Industrialisierung überrollt werden.
→ Überall ist es besser als hier: die Auswanderungswellen.
→ Komm, wir gehen in die Disko: Freizeitverhalten.

Zeitgenössische Produktionsstätten (Industrie, Landwirtschaft, Handwerk, Dienstleistungen ...) mit damaligen vergleichen: Lage, Größe, Aussehen, Gestaltung, Beschäftigungszahl, Maschinen, Zukunftsaussichten usw.

Die erste Industrialisierungsphase
1835 – 1873

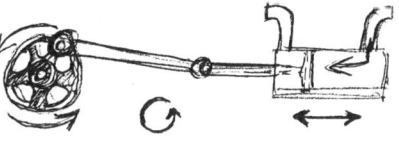

Wünsche einer Arbeiterin mit einem Lied, Gedicht, Brief oder Traum nachempfinden

Hörspiel zur Arbeits- und Lebenssituation zur Zeit der Industrialisierung produzieren

Lernlandschaft 59

10.4 Arbeitspläne

Grundüberlegungen zur Didaktik

Arbeitspläne enthalten Aufgaben aus den Unterrichtsfächern und Impulse zur Durchführung kleiner Vorhaben. Sie sind gegliedert in Pflicht- und Wahlbereich. Die Schüler bestimmen die Sozialform, das Lerntempo und die Reihenfolge der Bearbeitung. Der Lehrer stellt die Pläne zusammen (mit zunehmendem Alter wird dies zur Aufgabe der Schüler), beobachtet den Lernprozess, zieht Schlussfolgerungen für die künftige Gestaltung der Pläne, fördert und fordert einzelne Schüler, unterstützt und hilft.

Durch die Festlegung von Wahl- und Pflichtaufgaben sind die Arbeitsbereiche klar eingegrenzt. Zum Einstieg in die Arbeitsplanarbeit empfiehlt es sich, geschlossene Pläne mit hohem Verbindlichkeitsgrad einzusetzen. Die Schülerinnen und Schüler können die Reihenfolge der Bearbeitung und die Sozialform selbst bestimmen. Dazu gibt es die Möglichkeit, individuelle Aufgaben für Einzelne zur Unterstützung des Lernfortschritts zu stellen.

Offene Arbeitspläne geben die Fachbereiche, die Fächer oder auch fächerübergreifende Themen an. Die Schülerinnen und Schüler können frei wählen, welche Aufgaben sie bearbeiten, mit wem sie zusammenarbeiten wollen und wie sie ihre Zeit einteilen.

Arbeitspläne bilden die Nahtstelle zu offenen Unterrichtskonzepten. Arbeitsplanarbeit ist daher nicht nur eine Einstiegsmethode, sondern findet ihren systematischen Ort eher in Erarbeitungs- und Vertiefungsphasen des Unterrichts. Dennoch halten wir die oben skizzierten Vorteile für so wichtig, dass wir Ihnen an einem Beispiel demonstrieren wollen, wie Arbeitsplanarbeit als Methode des Einstiegs in ein neues Thema sinnvoll eingesetzt werden kann.

Starke Individualisierung des Lernprozesses

In der Arbeitsplanarbeit findet durch die Aufgabengestaltung eine starke Individualisierung des Lernprozesses statt, bei dem ein zwischen dem Lehrer und den Schülern vereinbartes, zum Teil fakultatives Lernpensum in einem abgesteckten Zeitrahmen selbstständig erarbeitet werden muss. Die Stärke der Arbeitsplanarbeit besteht darin, die Schüler zum selbstständigen Arbeiten anzuleiten und ihnen zu helfen, die dafür erforderlichen Kompetenzen aufzubauen.

Die Erstellung (individueller) Arbeitspläne setzt voraus, dass der Lehrer seine Schüler sehr gut kennt bzw. die Lernvoraussetzungen der Schüler abgefragt hat oder einordnen kann.

Der Lehrer entscheidet (gemeinsam mit dem Schüler), welche Form der Differenzierung für den einzelnen Schüler sinnvoll ist und welche Kompetenzen bzw. welche Fähigkeiten gefördert/gefordert werden sollen. Der Lehrer wird dabei zum systematischen Beobachter und Berater.

Arbeitsplanarbeit setzt zumindest dann, wenn die Schüler noch keine Erfahrungen mit diesem Instrument haben und die Frontalsituation sowie die unmittelbare Kontrolle durch den Lehrer gewöhnt sind, ein nicht unbeträchtliches Maß an innerer Disziplin bei den Schülern voraus. Nach unseren Erfahrungen gewöhnen sich die Schüler aber relativ schnell an diese Form der Arbeit und merken spätestens nach den ersten fehlgeschlagenen Präsentationen, dass Arbeitsplanarbeit keine Form des schulischen Müßigganges ist.

Durch motivierende Lernangebote mit hohem Aufforderungscharakter und durch eine entsprechend mit Materialien und Büchern ausgestattete Lernumgebung lassen sich solche Disziplinprobleme noch effektiver in den Griff bekommen und die Lernmotivation der Schüler fördern.

Insbesondere im Wahlbereich sollten die Aufgaben so formuliert sein, dass sie Lebensbereiche und Probleme betreffen, die den Schülern wichtig sind, denn sie sollen Erfahrungslernen ermöglichen, sind Mittel für das kognitive Lernen und ermöglichen praktisches Tun.

Voraussetzungen und Vorbereitung

Der Arbeitsplan wird von der Lehrerin, dem Lehrer oder bei fächerübergreifenden Themen vom Team nach folgenden Kriterien erstellt:

Kriterien für die Erstellung eines Arbeitsplans

- Welche Aspekte muss ich als Lehrer berücksichtigen, wenn ich einen Arbeitsplan für meine Schüler entwickle?
- Welche Kompetenzen soll der Schüler mithilfe des Arbeitsplans entwickeln?
- Welche Voraussetzungen und Fähigkeiten muss ein Schüler haben, um mithilfe der erstellten Arbeitsaufträge selbstständig lernen zu können? (Diagnose)
- Wie müssen Arbeitsaufträge/Aufgaben formuliert werden, um individuelles, selbstverantwortliches Lernen zu ermöglichen? (Förderung, Forderung)
- Sind die einzelnen Aufgaben für die Entwicklung der oben genannten Kompetenzen geeignet?
- Sind die Aufgaben für den Schüler verständlich formuliert, sodass er sie selbstständig bearbeiten kann?
- Gibt es eine Trennung in einen Pflicht- und einen Wahlteil?
- Gibt es Möglichkeiten zur Selbst- und Fremdkontrolle?
- In welchem Zeitraum soll der Arbeitsplan bearbeitet werden?

In den unteren Klassen ist es sinnvoll, eine Liste mit den Namen der Schülerinnen und Schüler auszuhängen, in die sie eintragen können, wann sie welche Aufgabe bearbeitet haben und wie viel Zeit sie dafür benötigten. Dieser Plan schafft Transparenz für die Klasse und erleichtert die gegenseitige Hilfestellung.

Durchführung
Die folgenden Fragen unterstützen Sie bei der Erstellung eines Arbeitsplans:
- Welche Standards stehen im Bildungsplan? **Basis**
- Welche Kompetenzen kann/muss der Schüler erwerben? **Schulcurriculum**
- Welche Lernvoraussetzungen muss der Schüler mitbringen und welche Fähigkeiten und Fertigkeiten sind erforderlich, um erfolgreich lernen zu können? **Diagnose**
- Wie können Arbeitsaufträge formuliert werden, mit denen der Schüler seine Kompetenzen selbstständig entwickeln kann? **Aufgabenkonstruktionen**
- Wie und welche Förder- und Forderaufgaben eignen sich zum selbstständigen Kompetenzerwerb? **individuelle Förderung/Forderung**
- Wie sieht ein möglicher Arbeitsplan für einen begrenzten Zeitraum aus? **differenzierte Arbeitsplanerstellung**
- Wie sieht eine Checkliste aus, die den Lernprozess des Schülers begleitet? **eigenverantwortliche Kompetenzfeststellung**
- Wie lässt sich eine Leistungsfeststellung entwickeln, die die Kompetenzen der Schüler ermittelt? **Leistungs-/Lernstandsrückmeldung**

Auf der folgenden Seite finden Sie als Beispiel einen Arbeitsplan zum Thema „elektrische Energie nutzen" für einen Zeitraum von drei Wochen.

Für die Erstellung eines kompetenzorientierten Arbeitsplans kann eine Checkliste, wie sie auf S. 65 zu sehen ist, sehr hilfreich sein.

Arbeitsplan I

(Zeitraum: 3 Wochen)
Thema: elektrische Energie nutzen (Stromverbrauch/Energieverbrauch)

	Aufgabe / Thema	Niveau	Sozialform	Material	√
Pflichtaufgaben	Effizienz der Haushaltsgeräte → Stromverbrauch vergleichen	G	EA/PA	Geräte	
	Früher und heute: Strom ermöglicht Komfort	G	PA	Ei, Mixer, Schneebesen AB	
	Einen Tag dokumentieren: mein Stromverbrauch	G	EA	HA	
	Schaltplansymbole kennen	G	EA/PA	Memory	
	Maßeinheiten in der Elektrotechnik kennen lernen	G+E	EA7PA/GA		
	Leiter/Nichtleiter ermitteln	G+E		AB	
	Stromkreise bauen nach Anleitung	G	PA/GA		
	Stromkreise selbstständig erstellen	E	PA		
	Möglichkeiten der Stromerzeugung nennen	G	EA	Buch	
	Elektrische Energie umwandeln zur Nutzung im Alltag (Energieformen)	G	EA	AB	
Wahlaufgaben	Ein Tag ohne Strom: Geschichte schreiben	G	EA	Hilfe (AB)	
	Rechnen mit Maßeinheiten	E	EA		
	Klingelschaltung nach Vorgabe	G	EA/PA/GA		
	Energien zuordnen (erneuerbar oder nicht)		PA	Buch/Internet	
	Fahrradbeleuchtung erläutern	E	PA/GA	Buch	
Zusatzaufgaben	Biografie von James Watt oder Allessandro Volta lesen	E	EA/PA		
	Lernplakat „Gefahren durch Strom" gestalten	E	GA		
	Lichtschranke entwickeln	E	PA		
	Stromerzeuger bewerten	E	PA/EA	Buch/Internet	

G = Grundanforderungen; E = erweiterte Anforderungen
EA = Einzelarbeit; PA = Partnerarbeit; GA = Gruppenarbeit
AB = Arbeitsblatt; HA = Hausaufgabe

Didaktischer Kommentar

Welche Kompetenzen können Schülerinnen und Schüler bei der Arbeit mit Arbeitsplänen erwerben?

Sie haben die Möglichkeit, ihre Arbeit individuell zu planen, zu strukturieren und zu ordnen. Sie können sich die Zeit entsprechend der Vorgaben selbst einteilen und sich – falls erforderlich – zusätzliche Hilfen und Informationen von „außen" holen. Der Einstieg in ein neues Thema wird weitgehend selbstständig oder im Team gestaltet, die Aufgaben des Lehrers oder der Lehrerin betreffen die Gestaltung, Beratung und Hilfestellung.

Nachteile und Schwächen

Probleme treten auf, wenn die Aufgabenstellung zu komplex ist und dem Lernniveau der Schülerinnen und Schüler nicht gerecht wird. Diese Schwierigkeit stellt sich vor allem am Anfang der Arbeitsplanarbeit. Sie werden aber mit zunehmender Routine ein Gespür dafür entwickeln, wie die Konzeption der Pläne aussehen soll und wie genau und ausführlich Sie sie einführen müssen.

Die zeitliche Einteilung fällt den Schülerinnen und Schülern zu Beginn sehr schwer. Sie haben dann am Ende der Woche die Pflichtaufgaben nicht alle erledigen können und müssen nacharbeiten. Das ist eine lästige Pflichterfüllung, aber unbedingt notwendig, da sonst die Arbeitsmoral leidet. Kommt es häufiger vor, sollte dies für Sie ein deutliches Signal zur Kürzung des Aufgabenpensums sein.

Das angestrebte Prinzip der Selbstständigkeit und Selbstverantwortlichkeit wird unterlaufen, wenn Sie zu schnell Hilfestellungen geben. Die Schülerinnen und Schüler gewöhnen sich in dem Fall daran, dass sie bei jeder – auch der kleinsten – Schwierigkeit die Lösung von der Lehrerin oder dem Lehrer fertig präsentiert bekommen.

Einsatzmöglichkeiten

Arbeitspläne als Einführung in ein neues Thema sind in jeder Altersstufe, in jedem Fach und bei entsprechender gemeinsamer Planung mit den Kollegen auch fächerübergreifend einsetzbar.

Kompetenzorientiert unterrichten
Fach NW – Jahrgang 5/6
Thema: elektrische Energie nutzen

1. Wählen Sie bitte einen oder mehrere Bildungsstandards aus einem Rahmenthema Ihrer Wahl aus: Die Schülerinnen und Schüler können …
- ☐ symbolische Darstellungen benutzen und interpretieren.
- ☐ Sicherheitsvorkehrungen beachten.
- ☐ _____
- ☐ _____
- ☐ _____

2. Kreuzen Sie an bzw. beantworten Sie mit eigenen Worten die Frage:
Was kann ein(e) Schüler(in), wenn er/sie über diese (von Ihnen ausgewählte) Kompetenz verfügt?

- ☐ Schüler können gemäß einer symbolhaften Darstellung (Schaltplan) eine Schaltung aufbauen.
- ☐ Sie können sich im Umgang mit Elektrizität sachgemäß verhalten.
- ☐ _____
- ☐ _____

3. Kreuzen Sie bitte an, über welche Kenntnisse/Fähigkeiten/Fertigkeiten/Haltungen ein(e) Schüler(in) im Blick auf diese Kompetenz mindestens verfügen sollte.

Mindeststandard
- ☐ S kann die Symbole eines Schaltplans erkennen und diese elektrischen Geräten (Glühbirne, Kabel, Steckdose …) zuordnen.
- ☐ S kann die Verhaltensweisen bei Stromunfällen benennen.

Regelstandard
- ☐ S kann Schaltungen nach Skizze aufbauen.
- ☐ S kann Parallel- und Reihenschaltungen unterscheiden.
- ☐ S kennt die Gefahren des Stroms.
- ☐ S kann Verhaltensregeln bei Stromunfällen ableiten.

Expertenstandard
- ☐ S baut funktionsfähige Schaltungen selbstständig auf und fertigt dazu Schaltpläne an (und umgekehrt).
- ☐ S kann Fehlfunktionen in Schaltungen und Schaltskizzen identifizieren.
- ☐ S kann Anwendungen im Alltag nennen.

11 Simulationsspiele

Vorbemerkungen

Die folgenden Kapitel beschäftigen sich hauptsächlich mit Spielen im Unterricht. Wir möchten daher zunächst einmal deutlich machen, welche Funktionen Spiele im Unterricht haben können bzw. sollen und welche Ansprüche an eine Didaktik des Spielens wir stellen.

In einer Fortbildungsveranstaltung warf ein Oldenburger Psychologe kürzlich den Lehrern pauschal vor: „Lehrer können doch überhaupt nicht spielen!" Auf unsere erstaunte und leicht pikierte Nachfrage erklärte er: „Na ja, ihr verfolgt doch immer irgendwelche Ziele oder Zwecke, die außerhalb des Spiels liegen!" Nach seiner Definition ist Spielen etwas vollkommen Wert- und Zweckfreies, das ausschließlich um seiner selbst wegen getan wird. Dies ist insoweit richtig: Wir spielen, weil es uns Spaß macht.

Spielen im Unterricht müssen wir jedoch anders definieren: Schulisches Spielen dient immer einem ganz bestimmten Zweck. Das folgt schon allein aus der Tatsache, dass jede pädagogische Aktivität in der ganz und gar künstlichen Situation Unterricht immer ein klares Ziel verfolgt. Das spricht weder gegen das Spielen noch gegen das Unterrichten, nur sollten wir uns über diese Grundbedingung, die wir als Lehrer nicht aufheben können, im Klaren sein.

Daraus ergibt sich zwangsläufig: Wir Lehrer müssen Ziele und Zwecke für Spielphasen im Voraus bestimmen und die Zielerreichung überprüfen. Wir versuchen daher eine knappe didaktische Definition.

Didaktische Definition

Spielen ist zweckgerichtetes Handeln in vorgestellten Situationen, hierbei sind grundsätzlich folgende Dimensionen realisierbar:

- Das Spielen kann eine Intensivierung des Lernprozesses durch dessen Verlangsamung bewirken. Das Spiel schafft ein anderes Lerntempo als z. B. der Lehrervortrag. Muße und Konzentration, Spannung und Lösung, Spaß und Ärger sind die Pole, die man der Flüchtigkeit anderer, vordergründig effektiverer Aneignungsmethoden entgegensetzen kann.
- Im Spiel wird das Methoden- und Regelbewusstsein gestärkt. Spielen erfordert die Einhaltung klarer Regeln, die ihrerseits die Bearbeitung eines Themas erst ermöglichen.

- Spielen ist eine zielgerichtete Tätigkeit und daher handlungs- und produktorientiert. Am Ende einer spielerischen Einstiegsphase gibt es ein Ergebnis, etwa eine Aufführung, ein Planspielprotokoll, Fotos von Standbildern usw. oder auch nur schlicht einen Gewinner. Dies bedeutet im Zusammenhang mit der vorigen These, dass die in der Schule üblicherweise herrschende Fremdkontrolle durch Selbstdisziplin abgelöst wird, das Spiel produziert seine eigene Dynamik, die die Spieler vorwärts treibt.
- Spiele erziehen zum sozialen Lernen. Die an einem Spiel Beteiligten müssen im Regelfall die Balance halten zwischen Egoismus und Solidarität. Schülerinnen und Schüler lernen so mehr als nur die bloße Beherrschung des Stoffes.
- Spiele sind – allerdings in sehr verschiedenem Grade – mehrdeutig und offen. Der Verlauf und das Ergebnis können in den meisten Fällen nicht genau vorhergesagt werden, aber gerade das macht die Spannung und den Reiz des Spielens aus.

Gemeinsam ist allen Spielformen das grundlegende Prinzip der Darstellung von Realität durch die Schülerinnen und Schüler. Die hinter den Simulationsspielen stehenden didaktischen Grundüberlegungen sind daher so formulierbar:
- Die Schülerinnen und Schüler übernehmen Rollen aus der sie umgebenden Wirklichkeit und lernen dadurch ihre Wirklichkeit näher kennen.
- Das Probehandeln in einer spielerischen Situation ermöglicht den Schülerinnen und Schülern eigene Handlungsspielräume auszutesten, sich selbst neu zu erleben und menschliche Beziehungen besser zu durchschauen.
- Durch die Übernahme von Erwachsenenrollen können die Schülerinnen und Schüler erste Schritte im Aufbau von später alltagsrelevanten Handlungskompetenzen vollziehen.

11.1 Standbildbauen

Grundüberlegungen zur Didaktik

Offene Spielformen und Simulationsspiele unterscheiden sich als Einstiegsmethode durch den unterschiedlichen Grad von Regelungen und inhaltlichen Vorgaben sowie durch den unterschiedlichen Grad von Lehrerlenkung einerseits und Schülerselbsttätigkeit andererseits. Im Folgenden beschreiben wir zunächst die Methode des „Standbildbauens" durch den Lehrer und geben dann eine Reihe von möglichen Alternativen an, die das Maß der Lehrerdominanz graduell zurücknehmen. Die Übergänge zur offenen Gestaltung des Standbildbauens sind fließend, alle Formen werden in diesem Kapitel erläutert.

Gemeinsam ist allen Varianten des Standbildbauens, dass ein Regisseur – die Lehrerin oder der Lehrer, eine Schülerin oder ein Schüler – versucht, aus lebenden Personen Schritt für Schritt ein Bild aufzubauen, das seine persönliche Interpretation des zu bearbeitenden Themas darstellt. Er muss dabei Vorstellungen in innere Bilder umwandeln und diese dann durch die Körperhaltungen der von ihm ausgewählten Mitspieler auszudrücken versuchen. Er muss also ihre Körperhaltungen regelrecht formen.

Die Mitspieler haben die Gelegenheit, sich in die ihnen vom Regisseur zugedachte Rolle einzufühlen und dabei eventuell ihr Körpergedächtnis (dazu weiter unten) „aufzufrischen".

Voraussetzungen und Vorbereitung

Besondere Vorbereitungen sind nicht erforderlich. Falls es sich vom Thema her anbietet, können einige Requisiten eingesetzt werden – aber es geht auch ohne!

Durchführung im Unterricht

Wir haben im Unterricht in unterschiedlichen Jahrgängen Standbilder bauen lassen zum Thema „Wie sieht für dich eine typische Situation in einer guten bzw. schlechten Unterrichtsstunde aus?" Als Grundlage dienten die „Merkmale guten Unterrichts" von Hilbert Meyer (2004). Die Ergebnisse waren recht erstaunlich: In allen Gruppen wurde schlechter Unterricht assoziiert mit einer deutlichen Frontalsituation, in der der Lehrer vorne an der Tafel steht, die Schüler schlafen oder Unsinn machen. Guter Unterricht wurde dagegen als gleichberechtigte Arbeitssituation in Kleingruppen, im Kreis usw. ohne erkennbare Lehrerdominanz dargestellt.

Zur Spieltechnik

Wenn ein Thema gefunden oder vorgegeben ist, beginnt die eigentliche Bauphase, dazu haben wir folgende Spielregeln vereinbart:

Der Erbauer des Standbildes (Regisseur) sucht sich diejenigen Personen aus, die er für die jeweilige Rolle in Bezug auf Geschlecht, Körperhaltung, Mimik usw. für geeignet hält.

Der Regisseur baut mit den ausgewählten Mitspielern Schritt für Schritt das Bild auf, indem er die Haltung der Mitspieler so lange mit seinen Händen formt oder sie ihnen vormacht, bis sie die richtige Position eingenommen, die richtige Mimik gefunden haben. Die Mitspieler müssen sich dabei völlig passiv verhalten, sie dürfen sich nicht gegen bestimmte Haltungen sperren.

Während der gesamten Bau- und Betrachtungsphase wird kein Wort gesprochen! Der völlige Verzicht auf jede verbale Äußerung ist wichtig und sollte wirklich konsequent durchgesetzt werden, weil er ganz entscheidend zum Gelingen dieser Methode beiträgt.

Da wir Menschen ja in beinahe jeder Situation daran gewöhnt sind, unsere Wünsche und Vorstellungen mithilfe unserer Sprache zu formulieren, widmen wir dem gesamten körpersprachlichen Kommunikationssystem normalerweise wenig Aufmerksamkeit. Erst durch die Verfremdung (vgl. Kapitel 7) und Verlangsamung, die durch die künstliche Ausschaltung der Verbalsprache gegeben sind, erhalten die Schülerinnen und Schüler die Möglichkeit der sukzessiven Einfühlung in die darzustellende Situation.

Wenn das Standbild fertig ist, erstarren alle Spieler für etwa eine Minute, um sich selbst meditativ in die eingenommene Haltung einzufühlen und den Beobachtern Gelegenheit zu geben, das entstandene Bild auf sich wirken zu lassen.

Dann wird das Standbild beschrieben und interpretiert, hierbei kommen sowohl die Beobachter als auch die Spieler und selbstverständlich auch der Regisseur zu Wort.

Beispiele für Standbilder aus dem Unterricht findet man zu verschiedenen Themen auch im Internet, wenn man den Begriff bei einer Suchmaschine eingibt.

Mögliche Variationen

Sie können diese Spielanweisungen beinahe unendlich variieren und damit den Grad der Lehrerlenkung bzw. der Schülerselbsttätigkeit ausweiten oder einengen; der Fantasie sind keine Grenzen gesetzt. Übergänge etwa zum Rollenspiel oder zum Texttheater sind fließend. Hier nur einige Ideen:
- Das Thema kann gemeinsam erarbeitet werden.
- Das Thema kann geheim gehalten oder völlig frei dem Regisseur überlassen werden, die Beobachter müssen dann anschließend raten.
- Sie können die Erarbeitung des Standbildes in Kleingruppen vorbereiten lassen.
- Sie können selber Rollenkarten vorbereiten oder von einzelnen Schülerinnen und Schülern bzw. Kleingruppen entwickeln lassen, auf denen die jeweilige Haltung, die der Spieler einnehmen soll, beschrieben wird.
- Die einzelnen Personen können in verschiedenen Phasen ausgetauscht werden.
- Die Beobachter können in Bilder hinein- oder aus Bildern herausgehen und sie damit modifizieren.

Einsatz von „Hilfs-Ichs"
- Eine Variante möchten wir als besonders ergiebig herausheben, die Einführung von sogenannten „Hilfs-Ichs": Ein Beobachter tritt hinter einen Spieler, legt ihm die Hand auf die Schulter und drückt aus, was dieser denken oder fühlen könnte.

Didaktischer Kommentar

Welche Kompetenzen können die Schülerinnen und Schüler beim Standbildbauen erwerben?

Der Bau von Standbildern in der Einstiegsphase in ein neues Thema ermöglicht es, die Vorstellungen der Schülerinnen und Schüler von bestimmten sozialen Situationen und den damit verbundenen Gefühlen wie beispielsweise Abhängigkeit, Konkurrenz, Neid, Zufriedenheit, Umgang mit Ausländern, mit Behinderten, mit dem anderen Geschlecht usw. zu klären.

Der Vorteil dieser Methode besteht darin, dass keine vorschnellen verbalen Scheinlösungen sozialer Konflikte produziert werden. Viele Schülerinnen und Schüler sind mit Lippenbekenntnissen schnell zur Hand: „Ich bin doch nicht auf den und den neidisch!" Oder: „Ich hab' doch keine Probleme im Umgang mit Behinderten!" Beim Standbildbauen ist es sehr viel schwieriger zu mogeln, da die im Körpergedächtnis gespeicherte wirkliche Einstellung eher zum Vorschein kommt, wie ja überhaupt die meist unbewusst ausgeführte Körpersprache häufig viel verräterischer und ehrlicher ist als die Verbalsprache.

Standbilder liefern also eine körperlich-sinnliche Darstellung von eigenen Erfahrungen, Ängsten, Fantasien usw. Diese erwachsen aus den Bildern, die wir seit früher Kindheit aufgebaut und stets weiterentwickelt haben. Jeder Mensch hat nicht nur ein kognitives Gedächtnis, sondern auch ein Gefühls-, Geruchs-, Raum- und Körpergedächtnis. Diese Körpergeschichte kann bei der Arbeit mit Standbildern wieder lebendig werden.

Nachteile und Schwächen
Das Standbildbauen beansprucht weder besonders viel Vorbereitungs- noch viel Durchführungszeit. Es verlangt von den Schülerinnen und Schülern keine großen Anstrengungen oder Überwindungen. Die einzige Schwäche dieser Methode liegt in der Gefahr, dass sie von den Schülerinnen und Schülern nicht ernst genommen wird. In den Schulen wird – mit Ausnahme der Grundschule – der Unterrichtsstoff überwiegend im gelenkten Unterrichtsgespräch und in verwandten Methoden kognitiv gelehrt. Das führt nach unseren Erfahrungen dazu, dass Schülerinnen und Schüler nur dann das Gefühl haben, wirklich zu arbeiten oder etwas Wichtiges zu lernen, wenn dieser gewohnte Unterricht stattfindet. Dass man auch spielerisch tatsächlich etwas lernen kann, müssen viele erst einmal erkennen.

Die Ernsthaftigkeit der Methode betonen

Einsatzmöglichkeiten
Die entstandenen Bilder von sozialen Situationen sind niemals vorurteilsfrei, sie spiegeln vielmehr die höchst subjektive Sicht des jeweiligen Standbildbauers. Gerade deshalb ist diese Methode gut als Einstieg für all jene Themen und Probleme geeignet, bei denen es um Einstellungen von Menschen geht. Dagegen ist in allen Unterrichtssituationen, die um den Erwerb reinen Faktenwissens kreisen, der Bau eines Standbildes nur schwer vorstellbar.

Einzusetzen ist das Standbildbauen im gesamten Sekundarbereich in allen Schulformen. In den unteren Klassen gerät man allerdings leicht in die Gefahr, dass die Schülerinnen und Schüler das Ganze als Posse betrachten und dass so die Ernsthaftigkeit dieser Methode in unverbindlichen Klamauk abgleitet.

Da diese Methode wenig Zeit und Aufwand erfordert, ist sie im Gegensatz zum Rollen- und Planspiel auch als Einstieg in eine einzelne Stunde möglich.

11.2 Rollenspiel

Grundüberlegungen zur Didaktik

Wie das Standbildbauen ist auch die Methode des Rollenspiels weit gefächert in Bezug auf das Verhältnis von Lehrerdominanz und Schülerselbsttätigkeit. Daher gelten die im letzten Abschnitt formulierten Aussagen zur Bandbreite ebenso für dieses Kapitel. Auch hier werden wir zunächst die gelenkte Form dieser Methode vorstellen und dann offenere Alternativen aufzeigen.

Die Schülerinnen und Schüler sollen sich im Rollenspiel in die Rolle eines anderen hineinversetzen, für ihn stellvertretend agieren und so die Position des anderen und damit nicht zuletzt auch die eigene besser verstehen lernen. Es handelt sich also um eine spielerische und ganzheitliche Methode zur Aneignung von und zur Auseinandersetzung mit gesellschaftlicher Wirklichkeit. Darüber hinaus ist das Rollenspiel geeignet, den Unterricht lebendig und anschaulich zu machen. Es kann zur Erprobung alternativer Lösungen von Konflikten jedweder Art genutzt werden und zu mehr Körperbewusstsein führen.

Wir werden im Folgenden zunächst das übliche Ablaufschema des gelenkten Rollenspiels vorstellen. Es zeigt die nach unseren Erfahrungen am häufigsten gebrauchte, aber eben keineswegs einzig mögliche Durchführung des Rollenspiels. Wir werden daher anschließend eine Reihe von Variationsmöglichkeiten skizzieren, die das Spiel offener gestalten.

Voraussetzungen und Vorbereitung

Ein konkretes, mehrere Handlungsmöglichkeiten eröffnendes Thema bildet den Anlass des Rollenspiels. Der Spielleiter (das muss bei damit erfahrenen Klassen keineswegs immer die Lehrerin oder der Lehrer sein) legt die Rollen fest und entscheidet, wer welche Rolle spielt. Die restlichen Schülerinnen und Schüler sind Beobachter.

Die Spieler erhalten die Gelegenheit, sich ihre Rolle zu erarbeiten. Dies kann so ablaufen, dass der Spielleiter Rollenkarten mit kurzen, grundsätzlichen Charakterisierungen vorbereitet hat und verteilt. Die Schülerinnen und Schüler erarbeiten dann entweder allein oder in kleinen Gruppen, wie sie ihre Rolle gestalten möchten.

Der Beobachtungsauftrag wird sorgfältig formuliert, damit diejenigen Schülerinnen und Schüler, die nicht spielen, eine ebenso sinnvolle Aufgabe bekommen. Für Neulinge sind Beobachtungsbögen mit genauen Vorgaben unbedingt erforderlich, für Routiniers ebenfalls hilfreich.

Es werden die äußeren Bedingungen im Raum geschaffen und bei Bedarf Requisiten bereitgestellt (z. B. Aktenkoffer und Handy für Berufstätige, Fitness-Outfit für Freizeitsportler, MP3-Player mit Ohrstöpsel für Jugendliche). Gerade für Anfänger kann es eine große Hilfe sein, sich an Requisiten „festzuhalten" – diese sollten aber nicht zu sehr ablenken. Wir haben einen ausrangierten Koffer zum „Requisitokasten" umfunktioniert, der in der Schule für Rollenspiele ständig bereitsteht.

Durchführung im Unterricht
Im Sprachbuch für die siebte Klasse gibt es ein Kapitel mit dem Titel „Wer bin ich? – Rollen beherrschen". Die Lehrerin beschließt, das Thema mit einem Rollenspiel zu beginnen, das verschiedene Sichtweisen auf die Mitschüler behandelt. Dazu stellt sie eine Reihe von Aussagen über ein Mädchen und einen Jungen vor:

- Anna lässt mich immer die Hausaufgaben abschreiben; sie leiht mir auch oft etwas. Sie ist total nett!
- Wenn Anna im Unterricht etwas sagt, setzt sie sich so richtig in Positur und gibt mit ihrem Wissen an. Ich kann sie nicht leiden, weil sie so eingebildet ist.
- Es ist garantiert Anna, die morgens zu spät kommt. Und dann sieht sie noch ganz verschlafen aus. Kein Wunder: Sie treibt sich abends auch lange rum. Ich dürfte das nicht.
- Anna ist unsere Klassensprecherin und hat überhaupt keine Angst, sich mit den Lehrern anzulegen. Sie kann sich unheimlich gut durchsetzen.
- …
- Leo sieht supergut aus, alle Mädchen schwärmen für ihn. Er ist ziemlich eitel und eingebildet.
- Im Unterricht hockt Leo meist stumm in der hinteren Bank und sagt fast nie was. Wenn er aufgerufen wird, sind seine Antworten oft gar nicht so schlecht.
- Leo bekommt am meisten Taschengeld von allen und kann sich viel leisten. Er trägt die coolsten Klamotten.
- Leo ist mein bester Freund. Auf ihn kann ich mich voll verlassen.
- …

Die Schülerinnen und Schüler erhalten folgenden Arbeitsauftrag: Entwickelt und spielt Szenen, in denen ihr eine typische Rolle einnehmt. Lasst die Klasse raten.

Auswertung und Wiederholung

Die Klasse beobachtet, beschreibt und interpretiert den Spielverlauf (eventuell schriftlich und mit konkreten Beobachtungsaufgaben). Vor allem für Anfänger ist es wichtig zu betonen, dass nicht die Kritik an den schauspielerischen Leistungen im Vordergrund steht. Die folgenden Beobachtungskriterien müssen vorher eindeutig formuliert worden sein:

Beobachtungskriterien

- Wie einleuchtend ist die im Spiel dargestellte Rolle?
- Was genau hat überzeugt und was nicht?
- Welche Alternativen hätte es gegeben?
- Sind diese Alternativen realistisch?
- Wie sind eure eigenen Erfahrungen?
- Welche Rolle würdet ihr gerne einnehmen?

Gerade die letzten Fragen verweisen auf die Möglichkeit eines zweiten Spieldurchlaufs!

Mögliche Alternativen bei der Vorbereitung

Das Thema wird gemeinsam formuliert oder entwickelt sich aus früheren Unterrichtsphasen als ein die Schülerinnen und Schüler interessierendes Problem. Auf diese Weise sind alle schon am Planungsprozess beteiligt, können ihre eigenen Ideen und Vorstellungen einbringen und die Rollen zunächst im Unterricht diskutieren. Möglich ist die Erarbeitung im Plenum, sinnvoller ist aber die Kleingruppenarbeit, in der die Schülerinnen und Schüler selbstständig arbeiten und für die restliche Klasse ein Überraschungseffekt während des Spiels erhalten bleibt.

Wenn es einen Spielanlass gibt, in dem die Spontaneität und das unmittelbare Agieren in einer Konfliktsituation sehr wichtig sind, können die Rollen vollkommen offen bleiben, jeder Spieler kann sie dann völlig frei ausfüllen. Ein offenes Rollenspiel ist sehr reizvoll, stellt aber auch hohe Ansprüche an Spieler wie Beobachter: Die Spieler müssen ohne jeden vorab formulierten Leitfaden die gewählte Rolle ausfüllen und werden in der Stresssituation des Spiels sicherlich unbeabsichtigt mehr von sich selber preisgeben als in der gelenkten Form. Die Beobachter müssen, wenn sie die Rollengestaltung auswerten, noch behutsamer vorgehen und die sachliche von der persönlichen Ebene trennen.

Wir haben als Beobachter in einem solchen offenen Rollenspiel zum Thema „Darf der Vater seinem siebzehnjährigen Sohn verbieten, am Samstagabend auszugehen?" selber erlebt, dass die Identifikation mit der eingenommenen Rolle so groß wurde, dass der „Vater" dem „Sohn" eine Ohrfeige gegeben hat. Die beteiligte Lehrerin hatte hinterher viel Mühe, das Verhältnis der zwei Schüler zueinander wieder zu ordnen.

In der geschilderten Situation wäre ein rechtzeitiger Rollentausch angebracht gewesen: Gerade, wenn zwei Spieler aneinandergeraten, kann ein Tausch der Positionen ausgesprochen sinnvoll sein. Selbstverständlich können auch die Beobachter und die Spieler ihre Funktionen tauschen.

Mögliche Alternativen bei der Durchführung

„Beiseite-Reden": Bei diesem aus dem Theater bekannten Hilfsmittel spricht der Spieler etwas, das zwar vom Publikum, aber scheinbar nicht von den übrigen Personen auf der Bühne gehört wird. Dies hat den Vorteil, dass der Spieler dem Publikum Gefühle oder Gedanken, die mit schauspielerischen Mitteln nur sehr schwer oder gar nicht darzustellen wären, direkt mitteilen kann.

Einfrieren und Auftauen der Handlung: Das Spiel kann auf ein Signal des Spielleiters hin eingefroren werden (zu einem Standbild). Die Beobachter können sich so durch eingehende Betrachtung besser in die Szene einfühlen. Auch die Diskussion alternativer Verhaltensweisen oder die Offenlegung der Fantasien und Gedanken der Spieler kann an dieser Stelle stattfinden.

Didaktischer Kommentar

Welche Kompetenzen können Schülerinnen und Schüler beim Rollenspiel erwerben?

Das Rollenspiel als Einstieg in ein neues Thema fördert die Entwicklung der Fähigkeit zur Empathie (Einfühlungsvermögen). Unabhängig davon, ob es um die Analyse eines komplexen Konfliktes, den Einstieg in ein literarisches Werk, das Nacherleben einer geschichtlichen Situation oder einen konkreten Streitfall in der Klasse geht, soll das Spiel rollengebundene Einsichten ermöglichen. Eine Sachlage aus der Sicht eines anderen Menschen zu sehen, quasi mit dessen Augen, öffnet den eigenen Blick für die Bedürfnisse und Interessen des anderen, für seine Ängste und Vorlieben. Schülerinnen und Schüler erkennen, welche Erwartungen an sie herangetragen werden und welche Konsequenzen für das eigene Denken daraus resultieren können.

Fördert das Einfühlungsvermögen

Zudem können sie Ich-Stärke und Rollendistanz in ein ausgewogenes Verhältnis zueinander bringen. Eigene Bedürfnisse und Interessen dürfen nicht unkenntlich, aber auch nicht ausschließlich betont werden. Nur wenn sich die Spieler von der eigenen und der Rolle der Mitspieler durch Reflexion distanzieren, wird eine begründete Auseinandersetzung mit Rollenerwartungen möglich.

Kommunikative Kompetenz als Fähigkeit, faire Kompromisse zu schließen und gegenseitige Rücksichtnahme zu üben, ist ein weiteres wichtiges Ziel. Schließlich wäre noch die Ambiguitätstoleranz zu nennen, d. h. die Fähigkeit, zwiespältige oder widersprüchliche Situationen sowie einen befristeten Dissens in der Spielgruppe zu ertragen.

Unabhängig davon, ob das Rollenspiel den Einstieg in ein literarisches Werk oder die Grundlage zur Bewältigung eines Konflikts bildet, erzeugt es Betroffenheit und Engagement und ermöglicht eine differenzierte Sichtweise.

Nachteile und Schwächen

Ein gewisses Problem ergibt sich sicherlich durch die in der Auswertungsphase notwendige Distanz zwischen sachlicher und persönlicher Ebene (vgl. das Ohrfeigen-Beispiel oben). Spieler, die sich eben noch vor der Klasse exponiert haben, fühlen sich schnell verletzt oder angegriffen. Nach unseren Erfahrungen sind Schülerinnen und Schüler aber schon in der Primarstufe in der Lage, den Mut ihrer spielenden Mitschüler zu honorieren, gehen daher sehr sparsam mit persönlicher Kritik um und können die sachliche Ebene von der schauspielerischen Leistung trennen.

Einsatzmöglichkeiten

Einsatzmöglichkeiten für das Rollenspiel sehen wir in allen Alters- und Schulstufen. Je eher die Schülerinnen und Schüler in diesem Bereich Spielpraxis bekommen, desto mehr bauen sich Hemmungen ab, desto größer ist die Bereitschaft, sich erneut auf ein Rollenspiel einzulassen.

Im Fächerkanon hat das Rollenspiel zunächst seinen Platz im Deutschunterricht und in den gesellschaftlich orientierten Fächern, da sein Einsatz nur dort sinnvoll ist, wo soziale Konflikte, die in Erfahrungen, Einstellungen und Überzeugungen wurzeln, entstehen oder entstanden sind. Dabei spielt es keine Rolle, ob es sich um Konflikte aus der unmittelbaren Lebensumwelt der Schülerinnen und Schüler handelt, also um selbst erfahrene Probleme, oder um Konflikte, die z. B. im Literaturunterricht in einer Lektüre dargestellt werden.

11.3 Planspiel

Didaktische Eingrenzung und grundsätzliche Definition

Zwischen Rollen- und Planspiel gibt es viele Überschneidungen, die Übergänge zwischen beiden Spielformen sind fließend. Beide Unterrichtsmethoden arbeiten mit Rollen sowie entsprechenden Festlegungen und Aufträgen, beide verlangen den Einsatz szenischer, schauspielerischer Elemente, in beiden geht es um die Simulation eines zentralen Konfliktes.

Dennoch gibt es eine Reihe von klar benennbaren Unterschieden:
- Das Planspiel erfolgt nach mehr Regeln als das Rollenspiel, es ist daher weniger spontan, erlaubt nicht die völlig freie Ausgestaltung einer Rolle, sondern muss mit engeren Vorgaben arbeiten.
- Das Planspiel ist deutlich komplexer und zeitaufwändiger, nur im Ausnahmefall wird eine Unterrichtsstunde ausreichen. Große Planspiele können sich durchaus über mehrere Stunden erstrecken und bilden dann nicht nur den Einstieg, sondern auch einen guten Teil der Erarbeitungs- bzw. Vertiefungsphase der jeweiligen Unterrichtseinheit.
- Der wichtigste Unterschied zum Rollenspiel besteht in der Intention und im Ziel: Planspiele sind weniger auf die Bewältigung gegenwärtiger Konflikte, sondern mehr auf die fiktiv-modellhafte Regelung zukünftiger Probleme gerichtet. (Nebenbei: Sie entstanden im militärstrategischen Bereich, im Sandkasten wurden zukünftige Schlachten antizipiert.) Ein erfolgreich abgeschlossenes Planspiel soll eine akzeptable Konfliktlösung für möglichst alle am Spiel beteiligten Interessenparteien liefern.

Unterschiede zum Rollenspiel

Voraussetzungen und Vorbereitung

Grundsätzlich sind die zum Rollenspiel dargelegten Vorbereitungs-, Durchführungs- und Auswertungstipps auch für das Planspiel geeignet. Es gelten jedoch einige Modifikationen und zusätzliche Bedingungen, die den Vorbereitungsaufwand deutlich erhöhen, wie wir an einem Beispiel zeigen wollen: Im Fach Geografie ist das Thema „Gefährdungen des Wattenmeers" an der Reihe. Die Lehrerin entschließt sich, mit einem Planspiel in diese Einheit einzusteigen. Notwendig ist eine eigene gründliche Vorbereitung nicht nur auf der fachlichen Ebene:

Die zu besetzenden Rollen müssen realistisch sein. In diesem Beispiel sind folgende Gruppen an dem Planspiel beteiligt: die Fischer, die Bauern der Umgebung, die vom Tourismus lebenden Küstenbewohner, die Umweltschützer, die öl- und gasfördernde Industrie, die Touristen, der Bürgermeister und ein Vertreter der Landesregierung.

Diese Gruppen haben wir mit je drei bis fünf Schülerinnen und Schülern besetzt und auf weitere Binnendifferenzierung verzichtet, um das Spiel nicht weiter zu komplizieren. Mehr Parteien mit partiell unterschiedlichen und teilweise identischen Interessen verhindern die notwendige Übersichtlichkeit eines solchen Spiels.

Diese Rollen müssen jetzt entweder gemeinsam erarbeitet oder sorgfältig erläutert werden, da im Planspiel deutlich voneinander getrennte und kontrovers zueinander gerichtete Interessengruppen aufeinandertreffen.

Eine ausführliche Einarbeitung der Spieler in ihre jeweilige Rolle im inhaltlichen Bereich ist unbedingt vonnöten, und der jeweilige Spieler oder die Gruppe muss sich sachkundig machen! Das im Planspiel sicherlich notwendige empathische Vermögen ist von vornherein eng verknüpft mit den jeweiligen sachlichen Gegebenheiten und Möglichkeiten. Die Lehrerin oder der Lehrer muss also für die einzelnen Gruppen vergleichsweise ausführliches Material bereitstellen, in dem die spezielle Interessenlage der jeweiligen Gruppe ebenso beschrieben wird wie bestimmte Besonderheiten (beispielsweise die aktuelle Finanznot der Gemeinde). Daher sollten Sie sich bei der Vorbereitung eines Planspiels dieser Art an den folgenden Faustregeln orientieren:
- Die Interessen der grundsätzlich Beteiligten und Betroffenen sollte man ebenso kennen wie die möglichen Konflikte.
- Lokale Besonderheiten und die Mentalität der Einheimischen sind unbedingt mit einzubeziehen.
- Die entsprechenden staatlichen Entscheidungsstellen und deren Pläne sind zu eruieren.
- Die gesetzlichen Möglichkeiten der verschiedenen Gruppen sollten ausgelotet sein.

Wir hoffen, Sie mit diesem Katalog nicht abzuschrecken. Das alles lässt sich relativ einfach in Erfahrung bringen, und fehlende Informationen können bei Bedarf auch noch nachgetragen werden (Näheres dazu weiter unten). Außerdem ist die einmal geleistete Vorbereitungsarbeit nicht verloren; das Planspiel kann – mit kleineren oder größeren Modifikationen – in späteren Klassen wiederholt werden.

Das Planspiel kann durchaus auch die Öffnung des schulischen Lernraums nach außen ermöglichen, indem man etwa als Beispiel zur Berufswahl Experten des örtlichen Arbeitsamtes, der Handwerkskammer und der ortsansässigen Betriebe zur sachlichen Vorbereitung der Rollen heranzieht.

Durchführung im Unterricht

Der stark an Regeln gebundene Verlauf des Planspiels macht es nötig, dass der Spielleiter vor Beginn des Spieles mit den Spielern Verfahrensregeln abspricht. In dem hier vorgestellten Beispiel sieht das folgendermaßen aus: Am Beginn steht eine offene Diskussion z. B. in Anlehnung an einen in der Tageszeitung veröffentlichten Artikel, in der alle Beteiligten ihre Interessen und Ziele äußern. Dann beraten die Gruppen zunächst einzeln ihre Wünsche und deren Realisierungschancen. In einem nächsten Schritt können „Kundschafter" zu anderen Gruppen ausgesendet werden, um mögliche Koalitionen zu erkunden. Es findet anschließend ein zweites Plenum statt, in dem die Gruppen ihre bisher erarbeiteten Vorschläge deutlich machen. In der letzten Gruppenphase können alle gemeinsam oder einzeln in den gefundenen Koalitionen tagen. Jede Gruppe muss dem Spielleiter schriftlich die eigenen Vorstellungen zur Konfliktlösung und deren Begründung einreichen. In der Abschlussdiskussion wird dieses Material für alle kopiert, es bildet die Grundlage für den endgültigen Beschluss.

Gerade in komplexen Planspielen kann das eigentliche Spiel durch eine entsprechende Eingabe beim Spielleiter einmal oder auch mehrfach unterbrochen werden, um neue Sachinformationen zu erarbeiten. Es ist sogar wünschenswert und ein wichtiges Lernziel, wenn die Beteiligten sachliche Defizite selber bemerken und sich Gedanken über mögliche Strategien zu deren Behebung machen.

Das eben genannte Kriterium ist aber nicht so zu verstehen, dass Rollen nicht konsequent eingehalten werden müssen. Aus dem ökonomisch denkenden und handelnden Tourismusmanager kann nicht bruchlos ein ökologischer Robbenschützer werden! Planspiele beziehen sich auf Realsituationen, die Rollen sind gekennzeichnet durch klare Interessengegensätze, und das Spiel findet unter hohem Entscheidungsdruck statt.

Planspiele beziehen sich auf Realsituationen

Der komplexe und zeitaufwändige Charakter des Planspiels verbietet in der Regel eine Spielwiederholung.

Zuschauer sind im Gegensatz zum Rollenspiel nicht unbedingt notwendig, weil alle Spieler selber unmittelbar den Charakter des Spiels und seinen Verlauf beobachtend verfolgen. Da der Spielleiter durchaus verlangen kann, dass z. B. Beschlussvorlagen für Entscheidungen, Statements, Expertisen u. a. schriftlich fixiert werden, ist die vom Spielverlauf deutlich getrennte Beobachtung nicht zwingend notwendig.

Das Spiel kann mit einer abschließenden Diskussion der erarbeiteten Lösung beendet und das Thema mithilfe anderer Methoden und Materialien weiterverfolgt werden.

Falls doch eine formelle Auswertungsphase beabsichtigt ist, können folgende Punkte erörtert werden:
- Beurteilung der erzielten Entscheidungs- bzw. Verhandlungsergebnisse,
- Beschreibung der Erfahrungen, die die einzelnen Spieler gemacht haben,
- Beurteilung des inhaltlichen Realitätsgehalts des Spiels.

Didaktischer Kommentar
Welche Kompetenzen können die Schülerinnen und Schüler beim Planspiel erwerben?

Auch in Bezug auf die Ziele, die mit dem Planspiel verbunden sind, können wir auf den Abschnitt zum Rollenspiel verweisen, denn die dort formulierten Ziele gelten prinzipiell ebenso für das Planspiel, allerdings mit teilweise anderen Akzentuierungen und Erweiterungen:

Die speziell in den Formen des offenen Rollenspiels mögliche Spontaneität und Emotionalität ist im Planspiel nur bedingt erfahrbar.

Die Schülerinnen und Schüler können allein oder in ihrer Gruppe lernen, Strategien zu entwickeln, Einzel- oder Gruppeninteressen zu verteidigen und sich sprachlich auf angemessenem Sachniveau zu bewegen. Der Unterschied von Rollen- und Planspiel lässt sich mit zwei Schlagwörtern umreißen: Statt der Arbeit an Haltungen wie im Rollenspiel steht im Planspiel das Entscheidungstraining im Vordergrund.

Außerdem können die Schülerinnen und Schüler lernen zu taktieren, zu verhandeln, zu paktieren, andere Gruppen gegeneinander auszuspielen und sogar zu intrigieren. Gerade deshalb macht das Planspiel nach unseren Beobachtungen den Schülerinnen und Schülern häufig so viel Spaß.

Sie haben die Chance, organisatorische Zusammenhänge, Organisationsstrukturen, Verwaltungsapparate, behördliche Entscheidungsmodalitäten usw. kennenzulernen, vor allem, wenn der enge Schulrahmen verlassen wird und Experten von außerhalb eingebunden werden.

Nachteile und Schwächen
Einen Nachteil dieser Methode sehen wir nur in dem verhältnismäßig großen Vorbereitungs- und Zeitaufwand und den relativ engen Einsatzmöglichkeiten, auf die wir abschließend eingehen.

Einsatzmöglichkeiten
Wichtig bei der Durchführung eines Planspiels ist die realistische Gestaltung und Darstellung des Konflikts. Die Gruppen dürfen sich nicht in irgendwelche Omnipotenzfantasien flüchten, sondern müssen schon eine recht genaue Vorstellung von unserer gesellschaftlichen Wirklichkeit haben, um die realistischen Handlungs- und Einflussmöglichkeiten der von ihnen gespielten Bevölkerungsgruppen einschätzen zu können. Ein Gemeindevertreter, der im obigen Beispiel die Finanzmisere seiner Kommune durch Lottospiel beheben will, ist in einem Planspiel nicht tragbar, denn das Planspiel ist eben keine Utopie.

Planspiele sind also erst von einem gewissen Alter an spielbar, nämlich erst, wenn die Schülerinnen und Schüler einen genügend großen Einblick in den Realitätsausschnitt, den das Spiel erfasst, haben. Je mehr das Planspiel Konflikte aus der unmittelbaren Lebenswelt der Kinder aufgreift, indem es z. B. Konflikte mit den Eltern, den Geschwistern oder den Lehrern thematisiert, desto früher ist es einsetzbar. Denkbar ist ein relativ kurzes, vielleicht einstündiges Planspiel zum Thema „Änderung der Schulordnung" sicher schon am Ende der Primarstufe oder Anfang der Sekundarstufe.

Je größer die „Vernetzung" mit der Wirklichkeit und je komplexer das Spiel, desto älter sollten die Schülerinnen und Schüler sein. Planspiele, die politische Konflikte thematisieren, wie das ja auch im Wattenmeer-Beispiel der Fall war, sind nach unseren Erfahrungen erst etwa ab Klasse neun realisierbar. Dies gilt auch deshalb, weil das Einhalten der Regeln während des Planspiels ein recht hohes Maß an Disziplin erfordert.

Nur für ältere Klassen geeignet

Im Planspiel geht es um eine hoch rationale Durchdringung interessenabhängiger Konflikte, sein Einsatz ist daher in allen Schulformen in den Themengebieten denkbar, die sich mit den Regeln unseres Zusammenlebens beschäftigen, also nicht nur in Fächern wie Sozialkunde, Geografie oder Religion, sondern auch dort in den naturwissenschaftlichen Fächern, wo durch die Auswirkungen naturwissenschaftlichen Handelns auf das Leben der Menschen Probleme und Konflikte entstehen.

Szenische Spiele

Vorbemerkungen
Die Literaturwissenschaft definiert die Szene als „innerlich geschlossenes Stück dramatischen Lebens" und als „geschlossenen Handlungsabschnitt", und die Psychoanalyse begreift das „szenische Reagieren" als zwanghaftes Verhalten, das automatisch bei dem Arrangement einer bestimmten Situation (einer „Szene") eintritt. Beide Bedeutungsebenen sind im Begriff „szenische Spielformen" enthalten: Ein Spieler oder mehrere stellen mit schauspielerischen und anderen Mitteln eine in sich geschlossene Handlung (oder einen Handlungsabschnitt) dar, und die Zuschauerreaktionen sind durch die Art dieser Darstellung (in gewissen Grenzen) voraussehbar und steuerbar.

12.1 Stegreifspiele und -pantomimen

Grundüberlegungen zur Didaktik
Stegreifspiele und -pantomimen sind nicht nur als Vorübung und Training für die anspruchsvollere Form der szenischen Interpretation einsetzbar, sondern stellen auch ohne großen Aufwand zu realisierende Einstiegsmethoden in die Interpretation oder Analyse fiktionaler, biografischer und anderer Texte dar.

Verlangt spontanes Handeln

Im Unterschied zum Rollenspiel und zur szenischen Interpretation wird grundsätzlich aus dem Stegreif gespielt, die Schülerinnen und Schüler müssen also spontan und ohne jede inhaltliche Vorbereitung eine darstellerische Aufgabe lösen und können sich hierbei nur auf ihre Vorkenntnisse und Vorurteile stützen. Daher ist diese Spielform entsprechend offen, wenig planbar und variationsreich, sie verlangt von den Beteiligten ein gewisses Maß an Flexibilität und Spontaneität sowie die Fähigkeit, auch unvorhergesehene Situationen auszuhalten und sie produktiv zu nutzen.

Wegen dieser Offenheit schildern wir im Folgenden nur knapp den Verlauf eines Beispiels, um dann einige Anregungen für weitere Stegreifspiele und -pantomimen zu geben.

Voraussetzungen und Vorbereitung
Je mehr die Klasse in darstellerisch-schauspielerischen Spielformen geübt ist, desto größer werden die Bereitschaft zum Mitmachen und die Lust an

der Ausführung sein. Sie sollten aber keine Befürchtungen haben, auch ungeübten Schülerinnen und Schülern Stegreifspiele abzuverlangen, denn gerade ihr spontaner und allein deswegen schon nicht auf Perfektion gerichteter Charakter und das Fehlen jeder längeren Bedenkzeit wirken sich positiv auf die Motivation aller Teilnehmer aus.

Sie können Stegreifspiele auf zwei grundsätzlich verschiedene Arten durchführen:

1. Den Schülerinnen und Schülern ist der neue Text noch unbekannt und das Spiel soll sie für die handelnden Personen oder Figuren im Vorfeld sensibilisieren. In diesem Fall sollten Sie die inhaltliche Vorbereitung zu Hause sorgfältig planen und sich zu dem Text, in dessen Bearbeitung Sie mit diesem Spiel einsteigen wollen, entsprechende Spielanlässe überlegen.
2. In der noch offeneren Variante haben die Schülerinnen und Schüler den Text bereits gelesen, und das Stegreifspiel soll das Einfühlungsvermögen in die Personen oder Figuren stärken und tieferes Verständnis für deren Handlungen ermöglichen. In diesem Fall sind weitere Vorbereitungen Ihrerseits nicht notwendig, denn alle können spontan selber Spielanlässe kreieren.

Durchführung

Im Englischunterricht einer neunten Klasse soll das Thema „Fabeln" behandelt werden. Der Lehrer entschließt sich, die Schülerinnen und Schüler auf pantomimische Weise Tiere und deren Charakteristika darstellen zu lassen: den „schlauen Fuchs", den „listigen Raben" oder das „naive Schaf". Eine Schülerin oder ein Schüler spielt auf freiwilliger Basis spontan das entsprechende Tier pantomimisch vor, die anderen versuchen, die entsprechende Figur zu erraten.

Diese Grundidee lässt sich vielfach variieren:

- Derjenige, der das Tier als Erster geraten hat, darf die nächste Pantomime vorspielen.
- Sie können die Klasse in Gruppen aufteilen und dem Spiel Wettkampfcharakter verleihen. In jeder Gruppe spielt jeweils einer vor, die anderen müssen raten. Die Gruppe, die zuerst alle Tiere erraten hat, ist der Gewinner.
- Zwei oder mehr Spieler sollen gemeinsam die physischen Eigenarten eines Tieres pantomimisch verkörpern oder sprachlich verdeutlichen. Auch die seinem Charakter zugeschriebenen Eigenschaften können so dargestellt werden.

- Wenn es sich um eine kurze, einfach strukturierte Geschichte wie bei den meisten Fabeln handelt, kann auch die gesamte Handlung pantomimisch vorgespielt werden.
- Um die im Englischunterricht wichtigen Sprechanlässe zu schaffen, kann diese spielerische Darstellung auch mit dem Gebrauch sprachlicher Mittel verbunden werden.
- Wenn die Klasse zu Hause mehrere Fabeln vorbereitet hat, können Sie einen kleinen Gruppenwettbewerb inszenieren: Jede Gruppe entscheidet sich für die Darstellung einer Fabel, eine Jury entscheidet über das beste Stegreifspiel.
- Die ganze Klasse kann in eine „Kettengeschichte" eingebunden werden, die mit der ursprünglichen Handlung der Fabel nicht unbedingt mehr etwas zu tun haben muss: Ein Schüler beginnt nach einer Vorgabe zu spielen, z. B. den „propren Ganter", der sich vor einem Spiegel spreizt, der nächste führt die Handlung weiter, indem er in eine Pfütze fällt, der nächste rappelt sich jammernd auf usw.

Didaktischer Kommentar

Welche Kompetenzen können Schülerinnen und Schüler beim Einsatz von Stegreifspielen erwerben?

Im Vergleich zur aufwändigen szenischen Interpretation ist das Stegreifspiel schnell und ohne große Vorbereitung inszenierbar. Die Schülerinnen und Schüler werden auf ebenso spielerische wie spontane Art mit einem Text und dessen handelnden Gestalten sowie der eigenen unmittelbaren Interpretation konfrontiert. Sie haben direkt die Möglichkeit, mit ihm handelnd umzugehen. Alle Stegreifspiele haben daher drei grundsätzliche Ziele:

Drei Ziele

1. Sensibilisierung für die im Text agierenden Personen oder Figuren,
2. produktiver und kreativer Einsatz des eigenen Vorwissens und der eigenen Vorurteile,
3. Spaß am darstellerischen Agieren, verbunden mit der Einsicht, dass das Lesen von Texten nicht die einzige Möglichkeit des Umgangs mit ihnen ist, sondern diese Texte auch eine handelnde und Handlungen ermöglichende Dimension haben.

Im muttersprachlichen Unterricht der unteren Klassen und im Fremdsprachenunterricht kommt hinzu, dass die Schülerinnen und Schüler ihrem Sprachvermögen entsprechend die Rolle ausgestalten können. Überforderungen durch hochsprachlich korrekte Vorgaben treten zumindest während des Spiels nicht auf.

Nachteile und Schwächen
Stegreifspiele und -pantomimen sind in vielen Fällen Einzelleistungen vor versammelter Klasse und verlangen daher von den Schülerinnen und Schülern ein nicht unbeträchtliches Maß an Spontaneität sowie die Bereitschaft, sich zu exponieren. Dies kann gerade bei Ungeübten zu Ängsten oder zu dem Gefühl der Überforderung führen. Sie können diese Ängste abmildern, indem Sie mit gutem Beispiel vorangehen und bei ungeübten Klassen auf das Prinzip der Freiwilligkeit setzen. Zudem haben wir die Erfahrung gemacht, dass die zuschauenden Schülerinnen und Schüler schon nach kurzer Zeit durch die deutlich sichtbare Spielfreude ebenfalls zum Spiel animiert werden.

Geben Sie selbst ein Beispiel vor

Dies hat den Nachteil, dass sich solche Spiele oft sehr viel länger ausdehnen als geplant. Dann kann man nur die ursprüngliche Stundenplanung umwerfen oder muss das Stegreifspiel sehr rigide beenden. Bei uns bleibt es meistens bei der ersten Möglichkeit.

Einsatzmöglichkeiten
In allen Schulstufen, -formen und -fächern, in denen Texte analysiert oder interpretiert werden, die im weitesten Sinne des Wortes eine „Handlung" haben, können Stegreifspiele und -pantomimen der hier vorgestellten Art den Einstieg bilden.

12.2 Szenische Interpretationen

Grundüberlegungen zur Didaktik
Das szenische Interpretieren als methodische „Großform" innerhalb und außerhalb von Schule und Unterricht hat INGO SCHELLER, Hochschullehrer an der Universität Oldenburg, entwickelt. Wir wollen dieses anspruchsvolle Projekt, das als grundsätzliche Alternative zu allen anderen Formen des Umgangs mit Texten gedacht ist, auf unsere Möglichkeiten als „normale" Lehrer und die schulischen Rahmenbedingungen reduzieren und als reizvollen Unterrichtseinstieg nicht nur im Fach Deutsch hier präsentieren.

Das oberste Ziel dieser Methode ist die Entwicklung von Empathie, d. h., die Schülerinnen und Schüler können am eigenen Leib sinnlich erfahren, wie eine literarische oder sonstige Figur aus einem Text fühlt und denkt, welche Wünsche, Sehnsüchte und Ängste sie hat. Sie sehen an diesen Formulierungen die Nähe zu den Simulationsspielen, und man könnte insbesondere das Standbildbauen durchaus als eine Möglichkeit des szenischen Interpretierens begreifen.

Ebenso einfach wie das didaktische ist das methodische Hauptprinzip des szenischen Interpretierens zu beschreiben: Die Schülerinnen und Schüler sollen die Situation, in der sich eine Figur befindet, mit dem eigenen Körper nachstellen. Dafür reicht ein Einfühlen über den Kopf nicht aus, sondern diese Situation soll mit (schau-)spielerischen Mitteln rekonstruiert werden. Die Schülerinnen und Schüler können durch das Nachspielen einzelner Szenen einen ganzheitlichen Eindruck davon bekommen, was die zu interpretierende Figur im Augenblick erlebt. Dieses kann in Klassen, denen das Prinzip der szenischen Interpretation noch völlig fremd ist, durch eine entsprechende Einstimmungsphase erleichtert werden, wie das folgende, einfache Beispiel zeigt: Eine Lehrerin, die mit ihrer zehnten Klasse Patrick Süskinds Roman „Das Parfum" bespricht, hat einen Einstieg über die Nase gewählt. Sie hat zur ersten Stunde dieser Einheit möglichst viele Parfümproben mitgebracht (Reklamepackungen) und an die Klasse verteilt. Mit verbundenen Augen sollen sie sich und die Lehrerin nun gegenseitig beriechen. Das Medium Parfüm sorgt für einen sinnlichen und schüleraktivierenden Einstieg in das Unterrichtsthema. Die Schülerinnen und Schüler bekommen Lust, den Roman zu lesen, und entwickeln Verständnis für den Romanhelden, der die Welt ausschließlich mit der Nase wahrnimmt. Schließlich macht auch die Lehrerin, da sie sich selbst nicht ausnimmt, die gleichen Erfahrungen wie die Klasse und hat zumindest in dieser Einstiegsphase den gleichen Status wie sie.

Voraussetzungen und Vorbereitung

Das Prinzip der szenischen Interpretation lässt sich am leichtesten und mit dem geringsten Aufwand umsetzen, wenn im deutschen oder fremdsprachlichen Literaturunterricht Dramen gelesen werden, denn diese Texte sind ja bekanntlich für die schauspielerische Realisierung auf der Bühne geschrieben worden. Das szenische Interpretieren versteht sich aber nicht einfach als Verlagerung der schulischen Theater-AG in den Unterricht, seine Ansprüche an das Einfühlungsvermögen der Schülerinnen und Schüler sind weitergehend. Der Text ist deshalb immer nur die Folie oder der Untergrund, um Spielanlässe zu schaffen.

Vieles von dem, was in einem dramatischen Text ausgeblendet wird, muss durch Arbeitsaufträge erst geschaffen werden. Man versucht beispielsweise die Vorgeschichte dessen, was dramatisch gestaltet wird, zu rekonstruieren oder erfindet wichtige Nebenfiguren, die auf der Bühne nicht auftauchen. Die Gedanken und Gefühle der handelnden Personen, die im Text nicht direkt ausgesprochen werden, können szenisch präsentiert werden.

Auch hier bemerken Sie sicherlich wieder die Nähe zum Standbildbauen, die „Hilfs-Ichs" könnten ebenso bei der szenischen Interpretation sinnvoll eingesetzt werden.

Diese Methode beschränkt sich nicht auf Dramen allein, denn alle Texte, in denen handelnde Personen vorkommen, können mit der szenischen Interpretation bearbeitet werden. Aus Romanen lassen sich ebenso geeignete Situationen herauslösen wie aus Reportagen, Korrespondentenberichten, Reisetagebüchern, historischen Berichten oder Autobiografien, und auch hier können szenische Interpretationen zu größerer Transparenz und zum besseren Nacherleben führen.

Wir meinen, dass dieses handlungsorientierte Vorgehen gerade in der Einstiegssituation besonders sinnvoll ist, also dann, wenn es gilt, einem neuen Text und den in ihm vorkommenden Personen gegenüber Neugier und Interesse zu wecken.

Wenn ich als Schülerin oder Schüler schon die Anfangssituation eines neuen Romans zum Gähnen finde, werde ich mich im weiteren Verlauf des Unterrichts schwerlich zur aktiven und interessierten Mitarbeit bewegen lassen.

Neugier und Interesse aber entstehen durch Nähe zu den (hier fiktiven) Personen, und diese Nähe kann das szenische Interpretieren sicherlich eher herstellen als ein rein kognitives und „verkopftes" Vorgehen.

Leider ist der Vorbereitungsaufwand auf Seiten der Lehrerin oder des Lehrers nicht unbeträchtlich. Der Text muss zu Hause für die szenische Interpretation aufbereitet werden, d. h., Sie müssen die Situationen heraussuchen, die für einen Einstieg in die Handlung und das Innenleben der Personen besonders geeignet sind. Selbstverständlich können Sie auch selber Handlungen und Situationen erfinden oder so verändern, dass Ihr jeweiliges Ziel besser erreicht wird.

Relativ großer Vorbereitungsaufwand nötig

Dann müssen Arbeitsblätter hergestellt werden (ein Beispiel finden Sie im nächsten Abschnitt), mit deren Hilfe die Schülerinnen und Schüler das geforderte Nacherleben oder Nachempfinden leichter szenisch umsetzen können. Das alles macht eine Menge Arbeit, lässt sich aber später in einer anderen Klasse wieder verwenden.

Durchführung im Unterricht
Im gegenwärtigen Lehrplan für die Klasse 10 (Deutsch, Gymnasium) ist Dürrenmatts „Die Physiker" Pflichtlektüre. Ich entschließe mich, den Einstieg in diese „Komödie", die im Irrenhaus spielt und die mehrmals überraschende Wendungen nimmt, mithilfe einer szenischen Interpretation zu gestalten.

Da die Schülerinnen und Schüler sich den Text wie bei einer Theateraufführung Schritt für Schritt aneignen sollen, wird er vorher nicht gelesen. Ich möchte ihnen die Gelegenheit geben, sich dem szenischen Geschehen und den Figuren von den Lebenszusammenhängen und dem Alltag innerhalb und außerhalb des Irrenhauses her zu nähern. Weil sich im Stück ein erster deutlicher Sinnabschnitt nach dem Gespräch Newtons mit dem Inspektor befindet, soll die Handlung bis zu diesem Punkt szenisch dargestellt werden.

Das Unerhörte an diesem Drama ist der Schauplatz: ein Irrenhaus – hier hatte vor fünfzig Jahren, zur Zeit der Entstehung des Dramas, nach herkömmlichen Vorstellungen kein Theaterstück stattzufinden. „Irrenhäuser" wie zur damaligen Zeit gibt es heute selbstredend nicht mehr. Aber ob heute oder damals: Die meisten Menschen kennen entsprechende Anstalten nicht von innen und haben von dem, was dort passiert, auch nur eine vage Vorstellung. Daher habe ich beschlossen, diesen Schauplatz zum Zentrum des szenischen Spiels zu machen.

Ich kreiere fünf „Irre", die im Text nicht auftauchen. Sie sollen sich einfühlen in die Situation eines psychisch Kranken in einer solchen Klinik und den Zuschauern anschließend diese Gefühle durch die Art ihrer Darstellung sinnlich vermitteln.

Zwei bekommen den Auftrag, „wie irre" Tischtennis zu spielen, zwei weitere sollen ebenso essen, der Fünfte trägt eine provisorische Zwangsjacke, in der er sich bewegt. Die didaktische Absicht hinter diesen Hilfspersonen ist, der gesamten Klasse oder dem Kurs den Schauplatz sinnlich vor Augen zu führen. Die fünf sollen möglichst ausdrucksstark spielen, wie man sich als Insasse fühlt, welche emotionalen Auswirkungen auf das eigene Innere diese Statuszuweisung hat und wie man sich z.B. durch das Tragen einer Zwangsjacke innerlich ändert

Die nächste Szene betrifft Inspektor Voß. Er erhält ein Arbeitsblatt mit folgenden Anweisungen:

> „Du bist Inspektor Voß von der Kripo der benachbarten Kleinstadt und auf dem Weg ins Irrenhaus, weil einer der dort befindlichen Patienten eine Krankenschwester erdrosselt hat. Du bist ca. 50 Jahre alt und siehst auch so aus, du bist verheiratet und verbringst deine Abende zu Hause in Pantoffeln vor dem Fernseher. Du rauchst Zigarren und trinkst gerne mal einen Schnaps. Du bist ein bisschen in Eile, weil noch andere Fälle auf dich warten. Außerdem ärgerst du dich, weil der Fall anders ist als deine sonstigen Kriminalfälle.
> Dem Irrenhaus und den Patienten begegnest du mit dem Misstrauen und der Unsicherheit eines Normalen. Einerseits bist du der Vertreter von Recht, Ordnung und Gesetz, andererseits ahnst du, dass dir das hier nicht viel weiterhilft.
> Berichte uns, welche Gedanken dir auf der Fahrt in die Klinik durch den Kopf gehen."

Der Gerichtsmediziner, Oberschwester Martha Boll und Newton erhalten ähnliche Arbeitsblätter, auch sie sollen ihre Gedanken während der Fahrt bzw. des Wartens auf die Kripo laut äußern. Die neun Schülerinnen und Schüler, die sich bereiterklärt haben, die Rollen zu übernehmen, erhalten am Tag vor der Unterrichtsstunde die Arbeitsaufträge, damit sie sich vorbereiten können. Am Beginn der Stunde spielen dann zunächst die fünf Irren ihren Part vor, dann setzen sich Voß, der Mediziner, Martha Boll und Newton vor die Klasse und äußern ihre Gedanken.

Didaktischer Kommentar

Welche Kompetenzen können Schülerinnen und Schüler beim szenischen Interpretieren erwerben?

Wir sind der Meinung, dass kaum eine andere der hier präsentierten Einstiegsmethoden der Forderung nach Rückverwandlung eines toten Sachverhalts in lebendige Handlungen so ideal nachkommt wie die szenische Interpretation. Tote Gegenstände, und das sind Texte ja zunächst einmal, werden durch das Nachspielen lebendig. Die Personen, die nur auf den Seiten des Buches handeln, werden plötzlich Wesen aus Fleisch und Blut, die man sehen und hören und deren Gefühle man nachempfinden kann. Die Fähigkeiten zur Empathie werden so am eigenen Leib nacherlebt.

Der Umgang mit Texten wird für die Schülerinnen und Schüler interessant gemacht. Sie können an ihren eigenen Bedürfnissen und Erfahrungen anknüpfen. Zudem können die Schülerinnen und Schüler beim szenischen Interpretieren Sprachgefühl und -sicherheit trainieren und die Bedeutung von Formulierungen sinnlich erspüren. Darum ist diese Methode auch im Fremdsprachenunterricht von einer gewissen Stufe der Sprachkompetenz an außerordentlich fruchtbar.

Sehr sinnvoll im Fremdsprachenunterricht

Das szenische Nachspielen stärkt darüber hinaus das Selbstbewusstsein und das Gefühl für die eigene Körpersprache und die sozialen Fähigkeiten.

Nachteile und Schwächen

Die Methode ist recht aufwändig und ausgefallen, daher sollten Sie sie sparsam einsetzen und nicht jede neue Lektüre mit einer szenischen Interpretation beginnen. Nach unseren Erfahrungen baut sich bei zu häufiger Verwendung dieses Einstiegs, der von Schülerseite grundsätzlich positiv aufgenommen wird, in der Lerngruppe relativ schnell Unmut auf, der bis zur offenen Verweigerung führen kann. Typische Schüleräußerungen reichen von „Na ja, das war ja ganz schön, aber auch ganz schön anstrengend, und jetzt wollen wir mal wieder einfach nur lesen!" bis hin zum gestöhnten „Oh nein, nicht schon wieder!".

Auch für diese Methode gilt wie für viele andere handlungsorientierte, dass die Verlangsamung des Lernprozesses und die Möglichkeiten des handelnden Umgangs den Lernprozess intensivieren und den Zeitverlust unseres Erachtens mehr als ausgleichen.

Einsatzmöglichkeiten

Die szenische Interpretation stellt verhältnismäßig hohe Anforderungen an die Schülerinnen und Schüler. Im Gegensatz zum Rollenspiel kommt es hier ja nicht darauf an, einen Alltagskonflikt spontan nachzuspielen, sondern die Vorgaben sind komplexer:

Die Schülerinnen und Schüler müssen aus der Kenntnis des Originaltextes und den Arbeitsaufträgen, die sie erhalten haben, die zu spielende Situation zunächst nachvollziehen und hierfür entsprechende sprachliche Fähigkeiten entwickeln. Dazu ist eine gewisse innere Reife notwendig, um sich in die nicht einmal realen oder lebendigen Personen einzufühlen.

Innere Reife notwendig

Daher ist der Einsatz dieser Methode frühestens in der Sekundarstufe denkbar, eventuell erst ab Klasse 7 oder 8. Interpretation ist zunächst einmal Sache des Deutschunterrichts bzw. der Fremdsprachen in den höheren Klassen, aber wie wir zu Anfang schon angedeutet haben, ist die Methode nicht auf diese Fächer beschränkt. Biografien beispielsweise sind in allen Fächern einsetzbar – auch in Physik oder Mathematik. Reiseberichte, Reportagen usw. werden in Fächern wie Erd- und Sozialkunde oder Religion behandelt, historische Berichte und Dokumente im Geschichtsunterricht.

12.3 Texttheater

Grundüberlegungen zur Didaktik

Das Texttheater orientiert sich am Prinzip der szenischen Interpretation, erfordert aber im Gegensatz zum Rollenspiel oder zum freien Theaterspiel weit weniger Aufwand in Vorbereitung und Durchführung. Durch das szenische Vorspielen herausgesuchter Zitate (Wortfetzen, halbe oder ganze Sätze) aus vorliegenden Texten oder Zeitungsausschnitten sollen diese lustvoll betont und/oder kritisch kommentiert werden, um so die eigene Einstellung zu den Textaussagen zu verdeutlichen.

Ausgangspunkt des Texttheaters ist meist ein von der Lehrerin oder dem Lehrer ausgewählter Text, der den Hintergrund und das Material für die folgende Bearbeitung ergibt. Die Aufgabe der Schüler ist es jetzt, alle für sie wichtigen Formulierungen herauszusuchen und diese gemeinsam in einer Kleingruppe zu einem dramatischen Text umzuarbeiten. Auf dieser Grundlage sollen sie ihren Mitschülern den Text in Form eines kurzen Theaterstücks präsentieren.

Das Arbeitsprinzip des Texttheaters ist am ehesten vergleichbar mit dem der Collage. So wie in der Collage mit der Schere Sinnzusammenhänge aufgelöst und neue Kontexte geschaffen werden, geschieht dies beim Texttheater durch die Neuzusammenfügung einzelner Zitate, die Veränderung der Betonung, durch Wiederholungen usw. – der Fantasie sind keine Grenzen gesetzt, einige Anregungen finden Sie im nächsten Abschnitt.

Voraussetzungen und Vorbereitung

Zu Beginn des Texttheaters verteilt die Lehrkraft einen Text und erläutert die grundlegende Vorgehensweise. Der Arbeitsauftrag umfasst folgende drei Schritte: Lesen des Textes, Markieren aller wichtigen, auffälligen Formulierungen oder ganzer Passagen, gemeinsamer Umbau der herausgesuchten Stellen zu der geplanten Aufführung. Die Zitate werden so montiert, wie die Gruppe dies gemeinsam erarbeitet.

Spielregeln fürs Texttheater

Die wichtigsten Spielregeln lauten:
- Der Wortlaut der Zitate darf nicht verändert, wohl jedoch durch die Art und Weise des Vortrags variiert und dadurch in der Aussage bekräftigt, verfremdet oder karikiert werden.
- Die Zitate können monoton oder gehetzt, im Singsang oder unterschiedlich betonend vorgetragen werden. Sie können im Befehlston, in Frageform, ironisch, sarkastisch oder naiv vorgetragen werden.
- Die gewünschte Bedeutung kann durch Körpersprache, Pantomime, durch Sprechpausen, rhythmisches Klopfen usw. verdeutlicht werden.
- Die Sprecher können bekannte Personen imitieren.
- Der Vortrag kann zu einer kleinen Revue ausgestaltet werden, ein Vorsprecher steht auf einem Tisch, ein Chor tanzt oder schreitet um den Tisch herum usw.
- Das Zitat kann variierend wiederholt werden.
- Polarisierung kann durch Gegenüberstellung einander widersprechender Zitate erreicht werden.

Im Gegensatz etwa zum Schreiben eigener, freier Texte oder zur Ausgestaltung eines Rollenspiels müssen die Schülerinnen und Schüler hier nicht selber Texte produzieren, Rollen ausgestalten oder Situationen erfinden, sondern können unmittelbar mit der Bearbeitung des vorliegenden Materials beginnen. Eine grundsätzliche Überlegung muss die Lehrerin oder der Lehrer vorher anstellen: Soll jeder denselben Text bekommen oder wird gruppenweise ein jeweils anderer verteilt? Beide Varianten sind möglich und sinnvoll, die Wahl hängt vom konkreten Einzelfall ab.

Die Lerngruppen sollten nicht zu klein und nicht zu groß werden. Nach unseren Erfahrungen sind sechs bis acht Schüler ideal. Das vielleicht größte Problem ist jetzt, eine entsprechende Anzahl von Räumen zu finden, denn wegen des Überraschungseffekts am Schluss ist es nicht sinnvoll, alle Gruppen in einem Raum arbeiten zu lassen.

Die Gruppen erhalten den Text und die obigen Arbeitsanweisungen (mündlich oder schriftlich), und dann geht es an die Arbeit – je nach Länge und Schwierigkeitsgrad des Textes steht eine entsprechende Zeitdauer zur Verfügung.

Nach unseren Erfahrungen – gerade mit Neulingen bei dieser Methode – weicht anfängliche Ratlosigkeit sehr schnell einer gespannten und teilweise auch recht lebhaften Arbeitsatmosphäre. Ein für uns keineswegs unwichtiger Nebeneffekt dieser Methode ist, dass Schülerinnen und Schüler handlungsorientiert und auf ein konkretes Ergebnis hin miteinander kooperativ arbeiten müssen. Sie können dabei Kreativität, schauspielerische Fähigkeiten, Ideenreichtum, aber auch Kooperationsfähigkeit, Kompromissbildung, Überwindung von Animositäten entwickeln und einüben.

Am Schluss werden die verschiedenen Aufführungen präsentiert und gebührend gewürdigt. Ein gewisses Problem besteht in der potenziellen Wettbewerbssituation um die beste Aufführung. Hier ist es Aufgabe der Lehrerin oder des Lehrers, so etwas möglichst gar nicht aufkommen zu lassen, sondern den unterschiedlichen Charakter der Aufführungen positiv zu kommentieren.

Kein Wettkampf um die beste Aufführung

Nach Abschluss des Texttheaters kann das Thema entweder mit dem bisherigen Text oder mit anderen Materialien weiterverfolgt werden.

Durchführung

Im Deutschunterricht der Klasse 9 geht es um Medienkompetenz. Um den Wissensstand der Schüler möglichst genau zu evaluieren, hat die Lehrkraft den folgenden Text, der die Selbstverantwortlichkeit des Fernsehkonsumenten thematisiert, ausgewählt:

Das gefährliche Raunen

Sag mir, was du von den Öffentlich-Rechtlichen hältst, und ich sage dir, wer du bist: Die Medienkritik ist zum ideologischen Grabenkampf geworden.

Von Bernhard Pörksen

Es war ein Experiment in Sachen Ironie, das ziemlich schiefging. Claus Kleber stand in einem bis auf den letzten Platz besetzten Hörsaal der Heidelberger Universität, hielt einen Vortrag und parodierte im Verlauf der anschließenden Diskussion den Vorwurf, man lasse sich von der Politik bevormunden. Natürlich gebe es keine direkten Anweisungen, fing er an. Aber es sei doch völlig klar, sich mit der Kanzlerin oder eben ihrem Sprecher abzustimmen, sich auch mal beibiegen zu lassen, wann ein paar kritischere Töne in der Flüchtlingspolitik nötig seien; und wann man die Dauerkritik an Erdogan und Putin ein wenig zurückzufahren habe. Denn schließlich würde Putin für den Frieden gebraucht und Erdogan für die Lösung des Flüchtlingsproblems. Für die Öffentlich-Rechtlichen im Besonderen und für die Presse insgesamt sei es nur selbstverständlich, auf vitale Interessen des Staates Rücksicht zu nehmen; das sei einfach ihr Job, so Kleber. Und wartete ab.

Kein Protest aus dem Publikum, keine Kritik, nicht mal Rückfragen, stattdessen diffuse Zustimmung. Der eigentliche Schock, sagte Kleber, sei für ihn gewesen, dass die versammelten Bürgerinnen und Bürger selbstverständlich davon ausgingen, dass Journalismus nun mal als von Politikern gelenkte Meinungsmache funktioniere. Er bezeichnet die achselzuckende Akzeptanz des Manipulationsgeredes als den bislang „schlimmsten Angriff" auf seine Journalistenehre. Das Erlebnis war Anlass und Auslöser seines aktuellen Buches, einer Streitschrift mit dem Titel *Rettet die Wahrheit*.

> Vermutlich hat die Heidelberger Hörsaalszene tatsächlich eine zeitdiagnostische Brisanz. Denn der Verdacht, von den öffentlich-rechtlichen Medien und vermeintlich übermächtigen Journalisten manipuliert zu werden, ist gewandert – vom rechten Rand bis in die Mitte der Gesellschaft. Natürlich, ARD und ZDF stehen schon lange in der Kritik. Sie seien zu teuer, zu intransparent, zu reformunwillig, zu nahe am Programm der Privaten, insgesamt zu profillos und allzu aktiv im Netz und dies alles ohne eigenes unternehmerisches Risiko, abgefedert durch satte Gebührenzahlungen. Zuletzt war es vor allem die Art und Weise, wie Angela Merkel die Bedingungen des Kanzler-Duells zu diktieren vermochte, die für Empörung sorgte. Es wäre falsch, all diese Vorwürfe einfach nur pauschal zurückzuweisen.
>
> Über das Programm und die Marktmacht der Öffentlich-Rechtlichen muss debattiert und gestritten werden genauso wie über Fehler und Fehlleistungen einzelner Zeitungen oder Netzportale. Denn Medienkritik und Medienskepsis machen, gerade in einer Zeit, in der Falschmeldungen durch die sozialen Netzwerke wirbeln und Desinformation mächtiger wird, idealerweise alle Beteiligten ein Stück mündiger, klüger und wacher. Aber gegenwärtig werden die Debatten über Gegenwart und Zukunft von ARD und ZDF und des Journalismus zunehmend zu ideologischen Grabenkämpfen und zum Spielfeld für populistische Forderungen; dies eben nicht, wie traditionell üblich und historisch verwertbar, am äußersten rechten oder linken Rand, sondern auch in der Mitte der Gesellschaft. (...)
>
> (http://www.zeit.de/kultur/2017-10/medienkritik-ideologie-journalismus-gesellschaft 1.11.2017)

Die Vorführungen zu Beginn der nächsten Stunde dauern zusammen gut zwanzig Minuten und sind recht unterschiedlich geraten, deutlich wird aber, dass alle Gruppen die Zielrichtung des Textes – es kommt darauf an, wie man selber die Medien nutzt – verstanden haben.

Didaktischer Kommentar

Welche Kompetenzen können Schülerinnen und Schüler beim Texttheater erwerben?

Ein Vorzug dieser Methode ist, dass auch Schülerinnen und Schüler mit geringen Vorkenntnissen einen zugleich spielerischen und aktiv fragenden Umgang mit Texten üben.

Viele Schüler nehmen zunächst per se die Objektivität eines geschriebenen Satzes als gegeben an. Die Methode des Texttheaters macht es möglich, diese Objektivität zu hinterfragen, die scheinbar so allgemeingültigen Aussagen allein durch unterschiedliche Betonung, durch Montage oder andere gestalterische Mittel in ein neues, ungewohntes Licht zu stellen und sie damit kritisierbar zu machen. Das Texttheater erfordert wie jedes Theater Zuschauer, denen die Ergebnisse der eigenen Arbeit präsentiert werden. Dieser scheinbar banale Aspekt ist im Sinne des handlungsorientierten Unterrichts von großer Bedeutung, denn er schafft quasi automatisch eine produktive Arbeitsatmosphäre während der Vorbereitungsphase, befördert Motivation, Konzentration auf den Arbeitsprozess und Vorfreude. Hinzu kommt, dass die verlangten Fähigkeiten im Vergleich zum „richtigen" Theaterspielen gering und daher wenig angstbesetzt sind: Es muss nichts auswendig gelernt werden, sondern jeder kann seine Zitate vom Blatt ablesen.

Nachteile und Schwächen

Nachteilig ist sicher, dass bei ernsten oder schwierigen Themen eine unangemessene spielerische Leichtfertigkeit im Umgang mit dem Textmaterial entstehen kann. Daher sollte jede Lehrerin und jeder Lehrer vor Einsatz der Methode den ausgewählten Text daraufhin prüfen,
- welchen Schwierigkeitsgrad er für die Altersstufe aufweist,
- zu welchen kontroversen Interpretationsmöglichkeiten er einlädt,
- welche Missverständnisse möglich sind,
- welche Fragen oder Problemkomplexe er offenlässt und
- ob sachliche Fehler in ihm enthalten sind.

Da die Schülerinnen und Schüler während der Arbeitsphase allein mit dem Text arbeiten, ist eine Reflexions- oder Distanzphase notwendig, um Fehler bei der Interpretation zu vermeiden. Dies ist vor allem dann wichtig, wenn arbeitsteilig verschiedene Texte inszeniert werden oder kontroverse Texte das Material bilden. Selbstredend kann dazu Sekundärmaterial oder weiteres Primärmaterial herangezogen werden, so wie der Übergang von dieser reinen Reflexionsphase zu weiterführenden Themen fließend sein kann.

Einsatzmöglichkeiten

Einsatzmöglichkeiten gibt es überall dort, wo die Schülerinnen und Schüler mit Texten arbeiten, also nicht nur im Deutschunterricht. Wir haben das Texttheater in allen Jahrgangs- und Schulstufen der Sekundarstufe eingesetzt, ab Klasse 5 aufwärts, wobei selbstredend der Schwierigkeitsgrad der Texte altersangemessen sein muss.

13 Lernspiele

Vorbemerkungen

Grundsätzliche Ansprüche an eine Didaktik des Spielens haben wir zu Beginn des 10. Kapitels formuliert; hier möchten wir diese Ansprüche für den Bereich „Lernspiele" konkretisieren.

Die Kapitelüberschrift „Lernspiele" könnte den Eindruck entstehen lassen, bei den Spielen der vorigen Kapitel werde nichts gelernt! Dass dem nicht so ist, wird in den jeweiligen didaktischen Kommentaren deutlich.

Wir haben den Begriff „Lernspiele" gewählt, weil es einige wichtige Unterschiede zu den anderen hier vorgestellten Spielen gibt:

- Die Mehrzahl dieser Spiele findet zwar mit der gesamten Klasse statt, aber parallel in kleineren Spielgruppen.
- Schauspielerische oder szenische Elemente spielen gar keine oder nur eine untergeordnete Rolle.
- Dementsprechend haben interaktionelle und soziale Lernziele keinen so hohen Stellenwert.
- Die Spielprinzipien sind auf Wettkampf und Konkurrenz aufgebaut, man kann beim Spielen gewinnen oder verlieren. Man mag dies bedauern oder nicht, fest steht aber auf jeden Fall, dass die Leistungsorientierung hier ganz klar und auch für die Schülerinnen und Schüler ersichtlich im Dienst der Lerneffektivität steht.
- Viele dieser Spiele folgen einer ganzen Reihe von genauen Regeln, haben also einen geschlossenen Charakter. Die Arbeitsanforderungen an die Spieler sind durchweg sehr viel kleinschrittiger als z. B. bei Rollenspielen oder szenischen Interpretationen, die der selbstständigen, kreativen Ausgestaltung der Spielvorlagen breiten Raum lassen.

Entwickeln Sie eigene Lernspiele

Wir möchten Sie in diesem Kapitel dazu ermuntern, eigene Lernspiele zu entwickeln, die als thematische Einstiege von der gesamten Klasse genutzt werden können. Die Spiele und spielerischen Lernformen lassen sich grob in zwei Kategorien einteilen:

1. die Kommunikations- und Gesellschaftsspiele, die zur Gruppenbildung innerhalb der Klasse wichtig sind, aber keinen Bezug zum Inhalt der traditionellen Schulfächer haben,
2. die fachlichen Lernspiele, für die es meist ganz präzise Angaben in Bezug auf Fach-, Alters- und Schulstufen gibt. Diese Spiele sind aber fast ausschließlich für Stillarbeit, Freiarbeit, Arbeits- und Übungsstunden und

Wochenplanarbeit geeignet – also für Phasen oder ganze Stunden, in denen die Schülerinnen und Schüler allein oder in Gruppen schon bekannten Stoff einüben, wiederholen, vertiefen und die eigenen Fähigkeiten und Fertigkeiten vervollkommnen.

Grundüberlegungen zur Didaktik
Wenn der Einstieg in ein neues Thema mithilfe eines Lernspiels erfolgt, muss sich dieses Spiel auf eine ganz spezifische Weise auf das neue Unterrichtsthema beziehen.

Voraussetzungen und Vorbereitung
Da alle Schülerinnen und Schüler Spaß am Spielen haben und die Spielregeln fast immer einfach sind, gibt es keine nennenswerten Voraussetzungen. Der zeitliche Aufwand bewegt sich im Rahmen von ein bis zwei Schulstunden. Die Herstellung eines Spiels kostet viel Zeit und Energie, aber die vielen fertigen Lernspiele, die in den letzten Jahren explosionsartig bei den Verlagen erscheinen, nehmen Ihnen einen großen Teil der Arbeit ab.

13.1 Spielvariationen

Ratespiele
Um zu einem neuen Thema die Vorkenntnisse und das Alltagswissen der Schülerinnen und Schüler herauszufinden, eignet sich fast jede Form von Ratespielen. Wenn z. B. im Geschichtsunterricht das Thema „große Revolutionen" ansteht, kann der Einstieg über ein Quiz nach den Regeln des Fernsehratespiels „Wer wird Millionär?" erfolgen. Es gibt einen Zuschauerjoker und einen Telefonjoker, sodass die ganze Lerngruppe am Spiel beteiligt ist. Wichtig ist hier die Vorbereitung von geeigneten Fragen, jeweils mit mehreren Antworten zur Auswahl.

Assoziationsspiele
Die Lerngruppe stellt sich in zwei oder drei Reihen hintereinander auf. Jeder Schüler hat einen Stift in der Hand. Der Reihenletzte erhält einen Zettel, auf dem das neue Thema oder jeweils ein Schwerpunkt des neuen Themas steht. Der Schüler schreibt (möglichst schnell) einen Begriff auf das Blatt, der ihm zum Thema gerade einfällt, und reicht dieses an seinen Vordermann weiter. Alle Blätter werden dann an das Whiteboard geheftet und können so diskutiert oder zu einer Mindmap weiterentwickelt werden.

Stadt-Land-Fluss

Als Einstieg in ein neues Thema im Fremdsprachenunterricht wird das klassische Urlaubsfahrtenspiel „Stadt-Land-Fluss" abgeändert. Die Rubriken beziehen sich dann auf bekannte Vokabeln, sprachliche Redewendungen, Grammatik, unregelmäßige Verben, Landeskunde, berühmte Personen und Besonderheiten, je nachdem, was zu dem neuen Thema passt. Das Spiel eignet sich für die ganze Klasse, für Partner- und Gruppenarbeit. Die Vorbereitung für die Lehrerin besteht in der Auswahl der Rubriken.

Brettspiele

Bei Brettspielen geht es meist darum, als Erster mit seiner Spielfigur das Ziel zu erreichen. Die Figur wird nach bestimmten Regeln gesetzt und folgt einer vorgegebenen Route. Gespielt wird meist in Gruppen zu vier bis sechs Mitspielern. Im Unterricht ist ein Einsatz z. B. im Fach Geografie denkbar: Als Einstieg in das neue Thema Globalisierung teilt sich die Klasse in vier bis sechs Gruppen auf und jede Gruppe erhält ein Spielbrett mit einer grob skizzierten Weltkarte, auf der Transport- und Handelsströme in Felder aufgeteilt zu sehen sind. Reihum ziehen die Spieler von einem vorbereiteten Stapel eine Spielkarte zu einem Transportgut (z. B. Rosen, Wasser, Bauxit). Wer die dort gestellte Frage beantworten kann, darf mit einem Positionssteinchen auf der entsprechenden Route weiterziehen. Ziel ist es, so viele Produkte wie möglich zu transportieren. So werden die Transportströme verdeutlicht und in einer anschließenden Diskussion weiter erörtert. (Fertige Spielkarten und eine Vorlage für ein Spielfeld finden Sie im Heft „Praxis Geographie" 7-8/2010, Westermann Verlag, Braunschweig.)

Strategiespiele

Vor allem für den Politik-/Wirtschafts-/Deutsch- oder Sozialkundeunterricht gibt es etliche Strategiespiele zu verschiedenen Themenbereichen. Man findet entsprechendes Material im Internet, in Fachzeitschriften oder Büchern. Als Beispiel sei hier das Fischerspiel genannt, bei dem die Schüler spielerisch den Zusammenhang zwischen ökonomischen und ökologischen Gesetzmäßigkeiten lernen und erkennen, dass Gemeinschaften gerechte Regeln brauchen. (Weitere Infos siehe DRASCH-ZITZELSBERGER, URSULA/LUBOWSKY, CHRISTIAN in: Die berufsbildende Schule, Heft 59/2007, dbb verlag, Berlin)

Erzählspiele

Ein Holzkasten enthält eine Reihe von Karten, auf denen Fragen mit Aufforderungscharakter gestellt werden:

- Wie sähe dein Alltag (der deines Vaters/deiner Mutter/deiner Familie) wohl aus, wenn du vor 50 Jahren gelebt hättest?
- Wenn du ein Aufklärer der Geschichte wärst, was würdest du sagen?
- Du lebst zur Zeit der Französischen Revolution – welche Person würdest du gerne sein?

Diese Art der Fragen lässt sich auf viele Fachbereiche übertragen. Durch das Einfühlen in bestimmte Rollen können erste produktive Auseinandersetzungen mit dem Thema ermöglicht werden.

13.2 Das „Vorstadtkrokodile-Activity"

Für das „Vorstadtkrokodile-Activity" haben wir die Spielidee und die Spielregeln von den im Handel erhältlichen „Activity"-Spielen übernommen und für den Einsatz als Unterrichtseinstieg verändert.

Grundlage für das hier präsentierte Beispiel ist die möglichst gründliche Kenntnis der Handlung des Jugendbuchs „Vorstadtkrokodile" von MAX VON DER GRÜN; das Buch muss also vorher von den Schülerinnen und Schülern gelesen werden. Wenn Sie bekanntgeben, dass die Einheit mit einem Spiel begonnen wird, das nur dann erfolgreich funktioniert, wenn jeder die Handlung genau kennt, erhöht diese Ankündigung nach unseren Erfahrungen die Lesemotivation.

Gelesen wird die Lektüre im Deutschunterricht der Klassen 5 oder 6, und die Aufgaben sind auf diese Altersstufe abgestimmt.

Das Spiel wird mit Gruppen von sechs bis zwölf Schülerinnen und Schülern gespielt, die in zwei bis drei Parteien aufgeteilt werden.

Das Grundprinzip ist, dass jeweils ein Mitglied einer Gruppe etwas vormachen muss, was die anderen innerhalb einer Minute erraten sollen. Die Aufgaben wechseln jeweils zwischen Beschreiben, Zeichnen und Pantomime. An technischen Hilfsmitteln braucht man zwei bis drei Spielfiguren, eine Sanduhr (eine Stoppuhr tut es auch), Materialien zum Malen und ein Spielbrett. Man kann dies einfach einem gekauften Activity-Spiel entnehmen.

Besonders attraktiv, aber sehr arbeitsaufwändig ist es, wenn Sie speziell auf das Buch zugeschnittene Utensilien verwenden, also etwa ein großes Holzbrett als Spielfeld, auf das einige Szenen des Romans gezeichnet sind, und verschiedenfarbige laubgesägte Krokodile als Spielfiguren – und das Ganze je nach Klassengröße zwei- bis dreimal. Auf Seite 99 sehen Sie ein Beispiel für ein selbstgestaltetes Spielfeld.

Besonders attraktiv: selbstgestaltetes Spielfeld

Abbildung: Johannes Greving

Selbstverständlich können Sie auch in dieses Spiel Wissensfragen integrieren. Die Gruppe hat dann eine Minute Zeit und muss sich auf eine Antwort einigen, einen zweiten Versuch gibt es nicht.

Alle Aufgaben des Spiels beziehen sich auf den Inhalt des Romans, hier gibt es ein paar Beispiele:

> *Wissen:*
> Warum erklärt sich Hannes bereit, mit Kurt zu spielen?
> Wessen Vater fährt einen Porsche und warum?
> Welche ist die peinlichste Situation für Kurt und die Krokodiler?
> *Beschreiben:*
> die Mutprobe, die Milchstraße, die Papageiensiedlung, die Szene auf dem Minigolfplatz.
> *Zeichnen:*
> den VW-Kastenwagen, Kurts Spezialfahrrad, die Sprengung des Ziegeleischornsteins, Egons Moped.
> *Pantomime:*
> Stellt diese Szenen dar: Kurt robbt sich durch das Haus; Kurt fällt aus dem Rollstuhl; die Krokodiler geben die Anzeige auf; Kurt schießt Egon ins Bein.

Mit diesem Beispiel wollen wir Sie anregen, eigene Lernspiele zu kreieren. Die Spielprinzipien der Spiele sind ziemlich variabel. Spiele dieser Art können in vielen Einstiegssituationen eingesetzt werden und die üblichen Verfahren zur Überprüfung der Textkenntnisse wie schriftliche Inhaltsangaben oder die Anfertigung von „Szenenspiegeln" ersetzen. Der Einstieg über das Spiel motiviert die Schülerinnen und Schüler, sich ausführlicher mit dem Thema zu befassen, was für die Planung des weiteren Unterrichts ebenso genutzt werden kann wie die erarbeiteten Kenntnisse.

Es gibt außerdem eine Menge weiterer möglicher Spiele: Puzzles und Memoryspiele (lassen sich blanko kaufen und in fast jedem Fach nutzen), Anlegespiele wie Domino oder Trimino, Lernscheiben (z. B. zweisprachig beschrieben für das Vokabellernen in den Fremdsprachen), Kartenspiele wie Quartette oder Quiz – der Fantasie sei freier Lauf gelassen.

Didaktischer Kommentar

Welche Kompetenzen können die Schülerinnen und Schüler beim Einsatz von Lernspielen erwerben?

In all den Einstiegssituationen, in denen die Schülerinnen und Schüler zur Vorbereitung des neuen Themas einen längeren Text lesen sollen, können Lernspiele der gerade vorgestellten Arten die Überprüfung dieser Vorbereitungsarbeit auf ebenso spielerische wie effektive Weise gewährleisten. Spätestens nachdem die Schülerinnen und Schüler die Methode das erste

Mal kennengelernt haben, wissen sie, dass ihr eigener Spielerfolg unmittelbar abhängt von der Sorgfalt, mit der sie die Vorbereitung erledigt haben. Da nach unserer Erfahrung alle Schülerinnen und Schüler Spaß an dieser Art Spiele haben und sie zudem gerne gewinnen möchten, sind sie allein durch die Sache motiviert.

Zu einem Thema wie dem Roman „Vorstadtkrokodile" lassen sich auch verschiedene Spiele gruppenweise in der Klasse einsetzen, die unterschiedliche Schwierigkeitsgrade haben und verschieden komplexe Anforderungen an die Schülerinnen und Schüler stellen. Lernspiele können sehr gut zum differenzierten Arbeiten eingesetzt werden.

Nachteile und Schwächen

Spielpuristen können uns sicherlich vorwerfen, dass wir das Spielen in der hier vorgestellten Form ziemlich hemmungslos im Sinne des Leistungsprinzips instrumentalisieren und damit die ursprünglich zweckfreie Aktivität der Spieler in ein didaktisches Korsett zwängen. Wir können dem nur zwei Argumente entgegensetzen:

- Pädagogisches Handeln in der Schule ist an keiner Stelle zweckfrei! Unterricht ist etwas ganz und gar Künstliches und Zweckgerichtetes. Wer an der grundsätzlichen Zweckfreiheit des Spielens festhält (vgl. Einleitung zu Kapitel 10), der sollte die Finger von Unterrichtsspielen lassen.
- Die Instrumentalisierung im Sinne der Lerneffektivität ist für alle Schülerinnen und Schüler deutlich sichtbar, es passiert nichts hinter ihrem Rücken.

Ein zweiter Einwand bezieht sich auf die umfangreiche Vorbereitung. Ein solches Spiel, beispielsweise zu einem Roman, herzustellen kostet enorm viel Zeit! Auch dazu drei Aspekte, die nicht unbedingt Gegenargumente darstellen, aber Sie vielleicht doch zur Herstellung dieser Spiele ermutigen könnten:

- Die Arbeit an solch einem Spiel hat uns bisher immer Spaß gemacht. Das gilt für den handwerklichen Bereich, also die Herstellung der Spielbretter und -figuren, ebenso wie für das Ausknobeln von Fragen, Aufgaben, Ereigniskarten usw. Es ist eine kreative Tätigkeit, die sich wohltuend von unserer sonstigen Vorbereitungsarbeit unterscheidet.
- Den größten Spaß macht das Herstellen der Lernspiele im Team mit anderen Kollegen. So entsteht nicht nur ein Spiel, sondern die Kooperationsbereitschaft wird zusätzlich gefördert.

- Drittens kann die Herstellung solcher Spiele selbst zum Unterrichtsthema gemacht werden. Klassen, die das jeweilige Thema schon im Unterricht behandelt haben und daher inhaltlich fit sind, können Lernspiele für jüngere Jahrgänge herstellen, und das kann ein ausgesprochen sinnvoller Ausstieg aus einem Unterrichtsthema sein! Dazu bietet sich die Möglichkeit des fächerübergreifenden Arbeitens an, etwa mit den Fächern Werken und Kunst, und des jahrgangsübergreifenden Unterrichts, wenn die älteren Schülerinnen und Schüler mit den selbst hergestellten Spielen als Tutoren bei den jüngeren Jahrgängen agieren.

Mit den Schülern ein Lernspiel erstellen

Als Letztes bleibt schließlich der Hinweis darauf, dass ein einmal gefertigtes Spiel in anderen Klassen wieder verwendet werden kann.

Einsatzmöglichkeiten

Einsatzmöglichkeiten für Lernspiele der hier beschriebenen Art gibt es quer durch alle Alters- und Schulstufen und alle Fächer. Wir wollen das anhand einiger Anregungen verdeutlichen:

Im Fach Deutsch können von derjenigen Altersstufe an, in der längere Lektüretexte gelesen werden, Lernspiele als jeweiliger Einstieg genutzt werden, und Gleiches gilt für den Fremdsprachenunterricht in höheren Jahrgängen. Ob Sie reine Wissensspiele oder kreativere Varianten bevorzugen, hängt nicht nur vom persönlichen Geschmack, sondern auch von der Altersstufe ab, denn das pantomimische Nachspielen von Romanszenen erfordert ein gewisses Geschick und eine innere Reife, die in den unteren Klassen noch nicht vorhanden sind.

Auch in den erdkundlichen, den heimat- und landeskundlichen, den geschichtlichen und den sozialen Themenbereichen, in den Naturwissenschaften und im bilingualen Unterricht sind die Herstellung und der Einsatz von Lernspielen, die nach den oben beschriebenen Spielregeln und Prinzipien gestaltet werden, gut möglich.

14 Offene Spielform – der Freiflug

Vorbemerkungen
Von den offenen Spielalternativen sind im zehnten Kapitel bereits das freie Standbildbauen und das offene Rollenspiel vorgestellt worden, da sich bei diesen Spielen weder die grundsätzlichen didaktischen Prinzipien noch das spielerische „Fundament" von den gelenkten Formen unterscheiden.

„Offen" bedeutet die Reduktion der Lehrerdominanz, wie dies in jedem individualisierenden Unterricht der Fall ist. Dies wollen wir am Beispiel des „Freiflugs" zeigen, der zwar eine ziemlich genau geregelte und von der Lehrkraft arrangierte Einstiegsmethode ist, aber offen in Bezug auf die Unterrichtsergebnisse und auf die Handlungsmöglichkeiten der Schülerinnen und Schüler bleibt.

Grundüberlegungen zur Didaktik
Der Freiflug ist eine experimentelle Einstiegsmethode. In spielerischer Form kann man hier die eigene Kreativität ausprobieren und das Ergebnis anderen vorspielen. Dabei gibt es keine didaktisch unbefriedigende „Leere-Blatt-Situation", die die Schülerinnen und Schüler oft überfordert. Darin liegt die Stärke dieser offen-spielerischen Einstiegsvariante. Niemandem wird zugemutet, auf Anhieb kreativ sein zu müssen, sondern der stufenförmige Aufbau, den wir auf den nächsten Seiten genau beschreiben, lässt Zeit für eine langsame und schrittweise Entwicklung, Entfaltung und Umsetzung von Ideen.

Schrittweise Umsetzung von kreativen Ideen

Häufig sind Lehrer in Unterrichtssituationen, in denen die Schüler aktiv und kreativ sein sollen, auf Appelle an den guten Willen angewiesen, die dann leicht einen verzweifelt-resignierten Unterton bekommen, da kaum jemand auf Kommando schöpferische Begabungen entwickeln kann.

Beim Einsatz der Methode des Freiflugs ist allenfalls leichtes Erstaunen auf Schülerseite zu beobachten („Nanu, was soll denn das werden?"), aber bis jetzt hat sich noch keine Schülerin und kein Schüler uns gegenüber wegen Überforderung beklagt.

Voraussetzungen und Vorbereitung
Vorbereitende Maßnahmen sind nicht zu treffen, Sie sollten lediglich buntes DIN-A3-Papier besorgen und die Schülerinnen und Schüler bitten, Malstifte mitzubringen, falls diese nicht ohnehin in der Klasse vorhanden sind.

Als Zeitrahmen ist eine Doppelstunde oder weniger ausreichend, Sie können aber problemlos Pausen zwischen den einzelnen Phasen einschieben.

Durchführung
Zu Beginn der Stunde werden die Papierbögen verteilt, und jede Schülerin und jeder Schüler nimmt einen Stift zur Hand. Die Lehrerin wartet einige Zeit, bis alle ruhig und konzentriert sind, dann werden alle gebeten, die Augen zu schließen. Nach einer kurzen Pause soll nun jeder schnell und ohne zu überlegen mit geschlossenen Augen das aufs Papier zeichnen, was ihm oder ihr gerade einfällt.

Danach dürfen alle bei geöffneten Augen etwa 10 bis 15 Minuten lang versuchen, aus dem „Gekrakel" ein Bild zu malen.

Das fertige Bild sollen sie betiteln und vier weitere Begriffe (Nomen, Adjektive oder Verben), die zu dem Bild passen, auf einer Bildseite notieren. Am Ende dieser Phase können dann alle ihr „Kunstwerk" vorstellen. Wenn die Zeit knapp wird, kann dies wegfallen – es erhöht aber die Motivation und macht den Schülerinnen und Schülern viel Spaß.

Zu Beginn der nächsten Phase werden (nach beliebigen Regeln) Gruppen von drei bis fünf Schülerinnen und Schülern gebildet. Diese erhalten den Auftrag, aus sämtlichen Begriffen, die sich auf ihren Bildern befinden, eine Geschichte oder ein Gedicht zu schreiben. (Bei vierköpfigen Gruppen wären das dann z. B. 20 Wortvorgaben.)

Nachdem die Gruppen ihre Geschichten vollendet haben, erfolgt schließlich die letzte Arbeitsanweisung: Die Gruppen sollen ihre Geschichte bzw. ihr Gedicht mit szenischen Mitteln einstudieren und eine entsprechende Präsentation ihres Kurzschauspiels vor dem Rest der Lerngruppe vorbereiten.

Diese Präsentation ist der Höhepunkt der Methode und macht in der Regel sowohl den Akteuren wie den Zuschauern Spaß. Je nach Zielsetzung kann man den Freiflug an dieser Stelle abbrechen (z. B. wenn es „nur" um das Kennenlernen ging) oder aber eine Diskussion über die Präsentation bzw. die ihr zugrunde liegenden Texte anzetteln, eine Jury bilden und dem Ganzen einen Wettbewerbscharakter verleihen. Grundsätzlich gibt es auch die Möglichkeit, mit dem schriftlichen Material weiterzuarbeiten.

Da Ihnen diese Methode vielleicht zu abenteuerlich oder zu vage erscheint, wollen wir das Ganze mit einem konkreten Beispiel verdeutlichen:

Im Deutschunterricht einer zehnten Klasse ist eine längere Einheit über Lyrik vorgesehen, hierbei sollen neben den inhaltlichen Gattungskriterien auch die formalen Mittel der Lyrik wie Reim und Metrum sowie die stilistischen Mittel und rhetorischen Figuren in ihrer Bedeutung für die inhaltlichen Aussagen eines Gedichtes untersucht werden – das ist ein durchaus anspruchsvolles Programm. Der Lehrer entschließt sich, den „Freiflug" in der oben beschriebenen Art einzusetzen, dies allerdings mit der Vorgabe an die Gruppen, ein Gedicht zu verfassen. Die Klasse hat 20 Schülerinnen und Schüler, es können also genau fünf Gruppen gebildet werden. Als Zeitrahmen erweist sich eine Doppelstunde als genau ausreichend. Wir stellen Ihnen das Gedicht einer Gruppe exemplarisch für alle vor.

Die jeweiligen Titel und weiteren vier Begriffe lauteten:

„Zukunft"	„Roboter"	„Schnecke"	„das Leben"
Sven	Technik	Leben	Hass
Umwelt	Auto	Monster	nachdenken
Zerstörung	Schiffe	Welt	Zweck
rot	mechanisch	schwimmen	Vorbilder

Beispiel für ein Gedicht als Ergebnis

Daraus wurde folgendes Gedicht:

Sven denkt über die Zukunft nach.
Bald wird die Umwelt rot und sehr
mechanisch sein.
Voller Hass regieren Roboter die Welt
und haben Monster als Vorbild.

Sie beobachten die ängstlichen Schnecken
und fangen sie ein, wollen sie töten
zu ihren Zwecken.

Technik ist schön,
bringt Schiffe zum Schwimmen
und Autos zum Fahren.

Doch zerstört sie das Leben,
nur das kann sie geben.

Nachdem sich alle Schülerinnen und Schüler gegenseitig ihre Gedichte vorgespielt und dabei erstaunlichen Ideenreichtum entwickelt haben, war zunächst einmal ein „positiver reziproker Affekt" (vgl. GRELL 2000, S.105) ausgelöst, die Klasse steht dem traditionell eher mit Abneigung begegneten Unterrichtsthema „Lyrik" nicht mehr ablehnend gegenüber, und damit ist schon eine wichtige Funktion eines jeden Einstiegs erfüllt. Die fünf Gedichte werden eingesammelt, abgetippt und in der nächsten Stunde verteilt.

In den folgenden drei Unterrichtsstunden wird ausschließlich mit diesen Schülergedichten weitergearbeitet, dabei macht die Klasse einige erstaunliche Entdeckungen über den Zusammenhang von Form und Inhalt. Die vier Verfasser des obigen Gedichts hatten bisher noch nie etwas von einem Sonett gehört und jetzt beinahe selber eines gedichtet. Sie erfahren auf diese Weise in für sie eindringlich-überraschender Weise, dass der Wechsel der Strophenform vom Quartett zum Terzett, der Wechsel von einem in ein anderes Metrum, die inhaltliche Aussage eines Gedichtes strukturiert und beeinflusst.

Beispiel für eine zeichnerische Lösung

Didaktischer Kommentar

Welche Kompetenzen können Schülerinnen und Schüler mit dem Freiflug erwerben?

Der Freiflug kann zunächst dazu genutzt werden, Schülerinnen und Schüler handlungsorientiert miteinander ins Gespräch zu bringen und sie zur Herstellung eines gemeinsamen Produkts und damit zur Kooperation zu veranlassen. Dies ist z. B. zu Beginn eines Schuljahres sinnvoll und hat gegenüber den reinen Kennenlernspielen den nicht unbeträchtlichen Vorteil, von Anfang an handlungs- und produktorientiert zu sein.

Der Einsatz dieser Methode hat nach unseren Erfahrungen häufig die für Schülerinnen und Schüler verblüffende Erkenntnis zur Folge, was man so alles aus dem anfänglichen „Gekrakel" entstehen lassen kann! Mit anderen Worten: Die eigene Kreativität wird auf spielerische Weise geweckt und gefördert. Die Schülerinnen und Schüler erhalten die im Schulalltag außerhalb der musischen Fächer recht seltene Gelegenheit, ihre verborgenen Fähigkeiten im Bereich der Fantasie, der zeichnerischen, der gestalterischen und der schauspielerischen Begabungen auszuleben.

In den sprachlichen Fächern kommt die Entwicklung und Förderung des eigenen Schreibens hinzu. Die Schülerinnen und Schüler können an dieser ja durchaus verzwickten Aufgabe sprachliche Sensibilität entwickeln und Ausdruckssicherheit üben.

Nachteile und Schwächen

Mit dem Freiflug präsentieren wir Ihnen innerhalb dieses Buches die offenste Einstiegsvariante, und kritische Geister können zu Recht fragen, ob es sich überhaupt noch um einen thematischen Einstieg handelt.

Bei dieser Methode sollten die inhaltlichen Vorgaben möglichst weit gefasst sein, um die ohnehin anspruchsvolle Aufgabenstellung nicht zu komplizieren. Wir haben dies einige Male probiert und den Schülerinnen und Schülern den Auftrag gegeben, fünf Begriffe aus dem avisierten Themengebiet zu wählen, also z. B. zum Thema „Fremd in unserem Land", aber das wirkte aufgesetzt und künstlich und hat die Klasse ziemlich gehemmt und verunsichert, was dann an den teilweise „mit der Brechstange" geschriebenen Geschichten auch deutlich wurde. Wir raten daher von dieser Möglichkeit ab.

Nur dann, wenn das Thema ein lustvolles Fantasieren erlaubt, ist die Anbindung an eine inhaltliche Aufgabe sinnvoll. Es bleibt also, wenn Sie den Freiflug nicht einfach als Erholungsphase oder Kooperationsübung einsetzen wollen, ein verhältnismäßig schmales inhaltlich-fachliches Spektrum.

Einsatzmöglichkeiten

Einsetzbar ist die Methode hauptsächlich im Deutschunterricht, bei entsprechender Sprachkompetenz ebenso in den Fremdsprachen, und zwar am sinnvollsten, wenn das Thema nicht vom Inhalt, sondern von der Form (Gattung) bestimmt wird, wie das im obigen Beispiel der Fall war.

In Fächern wie Religion, Sozialkunde oder Werte und Normen gibt es diese formale Themenbestimmung nicht oder nur in Ausnahmefällen, der Einsatz des Freiflugs ist dort eher unter dem interaktionellen Aspekt denkbar.

Eingesetzt haben wir den Freiflug bis jetzt in den Klassen 5 bis 13, in der Grundschule dürften die Schülerinnen und Schüler noch nicht die geeigneten Kompetenzen mitbringen.

Erkundungen in der Schule und vor Ort

Vorbemerkungen
Die Erkundung ist ein methodisches Vorgehen, das auch im Lernort Schule primäre und originäre Erfahrungen ermöglicht und damit die Trennung von Schule und Lebensraum aufhebt. Die gemeinsame Basis aller in diesem Kapitel vorgestellten Methoden ist das Verlassen des Unterrichtsraumes, um sinnlich-anschauliche Begegnungen mit anderen Menschen, Institutionen oder mit der Natur herbeizuführen. Wir sind der Meinung, dass Erkundungen in der Schule und vor Ort den Handlungsbezug des Lernens herstellen, die traditionelle Verkopfung des von der Umwelt abgeschotteten Unterrichts aufheben und die Schülerinnen und Schüler zu Lernprozessen, die selbst geplant und durchgeführt werden, befähigen. Zudem bringen sie Abwechslung in den grauen Schulalltag.

Dass Erkundungen dennoch im schulischen Alltag (auch unserem eigenen) eine wenig eingesetzte Methode sind, hat folgende Gründe: *Bisher selten eingesetzte Methode*

- Sie erfordern eine klare didaktische und inhaltliche Zielformulierung, die auch die Frage der Auswertung einschließt.
- Sie kosten verhältnismäßig viel Vorbereitungsaufwand und sind kaum spontan organisierbar.
- Sie lassen sich nur schwer in unseren normalen „Fetzenstundenplan" (P. Petersen) integrieren, d. h. in den üblichen 45-Minuten-Rhythmus.
- Sie erfordern auf Schülerseite häufig Methodenkompetenz, da die Situation, dass eine Lehrerin oder ein Lehrer mit der gesamten Klasse eine Erkundung vornimmt und als methodenkompetenter Ansprechpartner zur Verfügung steht, eher die Ausnahme ist. Im Regelfall sind die Schülerinnen und Schüler in kleinen Gruppen unterwegs und daher auf sich allein gestellt.

15.1 Erkundungsgänge und Rallyes

Grundüberlegungen zur Didaktik
Schülerinnen und Schüler mit speziellen Arbeitsanweisungen zu beauftragen und sie dann innerhalb oder außerhalb der Schule auf Informationssuche zu schicken, ist die einfachste und am wenigsten aufwändige Form der Erkundung. Die Übergänge zu dem moderneren Begriff „Rallye" sind fließend, und wir haben trotz längeren Suchens in der Literatur keine exakte

Abgrenzung dieser Begriffe voneinander gefunden. In der pädagogischen Praxis hat sich die Rallye in den letzten Jahren als Methode allmählich eingebürgert und unterscheidet sich vor allem quantitativ von dem Erkundungsgang: Bei einer Rallye müssen zu einem bestimmten Oberthema eine ganze Reihe von Aufgaben, die unterschiedliches Anforderungsprofil haben, bearbeitet und gelöst werden. Der Erkundungsgang kann auch mit einer einzigen Aufgabe durchgeführt werden.

Ein zweites wichtiges Merkmal ist die Wettkampfsituation, die normalerweise zur Rallye gehört (der Begriff stammt nicht zufällig aus dem Sport), während Erkundungsgänge meist keine Sieger und Verlierer kennen. Die Rallye hat also einen gewissen Spielcharakter und hätte auch im Kapitel Lernspiele vorgestellt werden können, aber das Verlassen des traditionellen Lernraums scheint uns der wichtigere Aspekt zu sein.

Voraussetzungen und Vorbereitung

Wenn Erkundungen und Rallyes innerhalb des Schulgeländes stattfinden und die Aufgaben keine ausführliche Befragung von Dritten erfordern, gibt es keinerlei Voraussetzungen auf Schülerseite. Falls aber während einer Rallye Personen außerhalb der Schule befragt werden müssen, sollte sich die Lehrerin oder der Lehrer vorher genau überlegen,
- welches Maß an Takt bei den Schülerinnen und Schülern angebracht ist,
- in welcher (Stress-)Situation die Befragten gerade sind oder sein könnten,
- wie lange die Beantwortung dauern darf und
- wie persönlich oder konfrontativ die Fragen sein können.

Auch an die Befragten denken

Als traditionelle Herbsturlauber auf den ostfriesischen Nordseeinseln haben wir in den letzten Jahren häufig beobachtet, dass die vielen Schulklassen aus anderen Bundesländern, die gleichzeitig mit uns auf der Insel waren, wohl so ziemlich ohne Ausnahme mindestens eine Inselrallye absolvieren mussten. Wir haben ja Verständnis für die geplagten Kollegen, die auf diese Weise einen Nachmittag lang Ruhe haben, aber die Inselbewohner und auch uns hat das ewige Gefrage nach den immer gleichen Sachen („Wie hoch ist der Leuchtturm?") doch manchmal ganz schön gestört. Je jünger die Schülerinnen und Schüler sind, desto weniger können sie diese von ihnen verursachte Störung selber einschätzen. Notfalls sollten Sie mit den potenziellen „Frageopfern" vorher kurz sprechen und ihr Einverständnis einholen. Die inhaltliche Vorbereitung liegt in der Regel ganz bei der Lehrerin oder dem Lehrer, es sei denn, eine Rallye wird von einer Schülergruppe vorbereitet, die dann selbstverständlich nicht selber teilnehmen darf, sondern als Jury tätig werden kann. Man muss also zu dem Sachgebiet, mit dem man in das neue Unterrichtsthema einsteigen will, einen Fragen- und Aufgabenkatalog entwickeln und sollte auch selber die richtigen Lösungen recherchieren.

Durchführung
Nach der entsprechenden häuslichen Vorbereitung braucht die Lehrerin oder der Lehrer zu Beginn des Unterrichts nur noch das Thema des Erkundungsganges oder der Rallye zu nennen, die Gruppen zu bilden und die Arbeitsaufträge zu verteilen. In der Regel ist dies ein Beobachtungs- oder Aufgabenbogen, auf dem die entsprechenden Antworten oder Lösungen notiert werden.

Wir haben ein Beispiel aus der Geografie in einer fünften Klasse ausgewählt. Hier trägt die erste thematische Einheit den Titel „Erkundung der Schule und des Nahraums", und es bietet sich an, dieses Thema mit einer Rallye zu beginnen.

> Bewegt euch leise und rücksichtsvoll auf dem Schulgelände; andere Klassen haben dort Unterricht! Ihr könnt an jeder beliebigen Station beginnen. Die Antworten schreibt ihr mit der Aufgabennummer auf die Rückseite des Arbeitsblatts; hier vorn hakt ihr die erledigten Aufgaben ab. Ihr habt 40 Minuten Zeit.
>
> Sucht das Sekretariat und befragt die Sekretärin:
> 1. Wie viele Schülerinnen und Schüler gehen auf diese Schule?
> 2. Wie viele Lehrerinnen und Lehrer gibt es hier?
> 3. Wie viele Klassen hat die Schule?
>
> Fragt den Hausmeister:
> 4. Wie viele Reinigungskräfte säubern die Schule täglich?
> 5. Um wie viel Uhr schließen Sie die Schule auf?
> 6. Wie viele Stunden arbeiten Sie in einer Woche?
> 7. Sucht in der Schule nach einem Feuerlöscher und schreibt auf, wo ihr einen gefunden habt.
> 8. Wie viele Papierkörbe gibt es auf dem Schulhof?
> 9. Sucht den Computerraum: Wie viele Computer stehen dort?
> 10. Bringt vier Gegenstände mit, die ihr draußen auf dem Schulhof gefunden habt.
> 11. Wie viele Eingänge hat die Schule?

Wenn die Gruppen wieder zurück sind, werden die Bögen eingesammelt, sie bilden die Grundlage für die weitere Bearbeitung des Themas. Falls es sich – wie in unserem Beispiel – um eine Rallye handelte, wird die Siegergruppe ermittelt und entsprechend geehrt.

Müssen die Schülerinnen und Schüler das Schulgebäude verlassen, achten Sie auf die Einhaltung der entsprechenden Sicherheitsvorschriften (Belehrung über Verkehrs- und sonstige Gefährdungen).

Didaktischer Kommentar
Welche Kompetenzen können Schülerinnen und Schüler während eines Erkundungsgangs oder einer Rallye erwerben?

In den meisten Schülerköpfen herrscht die Vorstellung, dass Lernen eine eher langweilige Tätigkeit ist, die sich grundsätzlich im Klassenzimmer abspielt.

Alle in diesem Kapitel vorgestellten Erkundungen zeigen den Schülerinnen und Schülern, dass dies nicht immer so ist, dass sich neue Kenntnisse auch außerhalb des Unterrichtsraumes gewinnen lassen können.

Die Aufgaben einer Rallye sind sehr unterschiedlich und erfordern ganz verschiedene Fähigkeiten und Fertigkeiten zu ihrer Bewältigung. Die Palette reicht von Befragungstechniken über physikalische Kenntnisse bis zu sportlichen Fähigkeiten. Gemeinsam sind allen der Handlungsbezug, die sinnliche Anschaulichkeit und die Produktorientierung.

Nachteile und Schwächen
Neben den schon oben angesprochenen „Peinlichkeiten" Dritten gegenüber sind zwei weitere Nachteile zu nennen: die mangelnden Kontrollmöglichkeiten und die verhältnismäßig eingeschränkten inhaltlichen Einsatzmöglichkeiten.

Die Schülerinnen und Schüler während einer Erkundung oder einer Rallye zu beaufsichtigen, ist fast unmöglich und auch nicht sinnvoll, denn Eigenständigkeit während der Recherche ist ein wichtiger Bestandteil der Methode. Daher haben die Gruppen natürlich die Möglichkeit, sich zu drücken und beispielsweise Ergebnisse von anderen abzuschreiben, die dann als eigene ausgegeben werden. Andererseits sollte man den Schülerinnen und Schülern Vertrauen entgegenbringen, was in der Regel auch belohnt wird.

Man sollte dafür sorgen, dass nicht alle Gruppen an derselben ersten Station mit der Rallye beginnen, sonst bildet sich dort ein Stau. Ideal ist ein Rundweg, den die Gruppen an verschiedenen Stationen beginnen können.

Erkundungen können nur dort sinnvoll durchgeführt werden, wo im Bereich der Schule und der schulischen Umgebung Informationen in altersangemessener Form zu beschaffen sind. Ebenfalls angemessen muss der Aufwand sein, den die Schülerinnen und Schüler für das Einholen der Informationen investieren müssen. Es ist also sinnlos, zu leichte Aufgaben zu stellen, die ohne jeden Aufwand sofort gelöst werden können, oder zu komplexe Thematiken auszuwählen, die alle überfordern.

Hinzu kommt eine weitere Einschränkung, zumindest in Bezug auf die Rallye: Die Themengebiete und die entsprechenden Fragen müssen eindeutig richtige Antworten erlauben, und das ist nur in reinen Wissensgebieten der Fall. Meinungen, Ansichten, Urteile und Vorurteile dagegen taugen als „Erkundungsobjekt" innerhalb einer Rallye nichts.

Einsatzmöglichkeiten

Schulinterne Erkundungsgänge und Rallyes sind selbstverständlich schon in der Grundschule möglich und sinnvoll, um die Schülerinnen und Schüler frühzeitig an eigene Aktivitäten bei der Informationsbeschaffung zu gewöhnen. Je älter die Schülerinnen und Schüler sind, desto komplexer und (räumlich) ausgedehnter kann die Erkundung oder die Rallye sein, allerdings nimmt nach unseren Erfahrungen auch die Begeisterung für diese Methode ab, und die oben angesprochene Gefahr der Drückebergerei wird größer, wenn die Schülerinnen und Schüler nicht von der Thematik gefesselt sind.

Erkundungen und Rallyes eignen sich besonders gut für die Fächer Sachkunde (in der Grundschule), Sozialkunde, Geografie und Geschichte sowie für die naturwissenschaftlichen Fächer.

15.2 Experiment

Grundüberlegungen zur Didaktik

Das Wort Experiment kommt aus dem Lateinischen und bedeutet „Versuch, Erprobung". Wohl jeder von uns hat schon naturwissenschaftliche Experimente beobachtet oder selber durchgeführt, sei es als Schüler oder als Lehrer in einem der Experimentalfächer.

Wir möchten uns aber als Fachfremde nicht erdreisten, berufserfahrenen Lehrern naturwissenschaftlicher Fächer hier Ratschläge für ihren experimentellen Unterricht zu erteilen, und das ist auch nicht der Sinn dieses Abschnitts.

Wir wollen das Experiment als eine mögliche methodische Form der Erkundung vorstellen, und es geht hier nicht um fachlich aufwändige, teure oder gefährliche Experimente. Dennoch gibt es einige strukturelle Gemeinsamkeiten, die allen Experimenten zu eigen sind, gleichgültig ob hochspezialisierte Wissenschaftler ein millionenschweres Forschungsprogramm experimentell bearbeiten oder ob Friedrich an der Regenpfütze die Schwimmfähigkeit verschiedener Gegenstände überprüft:

- Das Experiment ist *die* induktive Methode schlechthin – plötzlich stellt sich eine Frage, etwas, das man nicht erklären kann, taucht auf, und man greift nicht zum Lehrbuch, um sich die wohlfeile Erläuterung fertig vorsetzen zu lassen, sondern man will es selber ausprobieren, will durch die eigene Tätigkeit am konkreten Einzelfall zu umfassenden Erkenntnissen gelangen.
- Das Experiment ist handlungsorientiert. Vermutungen werden formuliert; ein Versuchsaufbau, der diese Hypothesen bestätigen (oder widerlegen) kann, wird erdacht und erbaut; schließlich wird das Experiment durchgeführt.
- Das Experiment ist methodisch kontrollierte Tätigkeit. Jeder andere, der das gleiche Experiment unter den gleichen Bedingungen durchführt, muss zu identischen Ergebnissen gelangen.
- Es ist – last, but not least – streng regelgeleitet: Die Ergebnisse müssen genau mit den vorher formulierten Hypothesen verglichen werden, um sie ganz oder teilweise (oder gar nicht) zu verifizieren. Störende Faktoren, die das Ergebnis verfälschen können oder verfälscht haben, müssen beseitigt und das Experiment muss wiederholt werden.

Gegenstand des Experiments sind nicht Menschen oder andere Lebewesen, sondern Dinge im weitesten Sinne. Es spielt in unserem Zusammenhang keine Rolle, ob diese Dinge von Menschen geschaffen oder natürlich sind.

Was also kann Aufgabe und Sinn von Schülerexperimenten im Rahmen von mehr oder weniger selbstständig durchgeführten Erkundungen sein?

Der „Milchbüchsenversuch"

Das wohl berühmteste Beispiel für ein spontanes Schülerexperiment ist FRIEDRICH COPEIS „Milchbüchsenversuch": Ein Schüler hat auf eine Wanderung eine Milchbüchse mitgenommen und bohrt, um an die Milch zu kommen, ein kleines Loch hinein – aber es kommt keine Milch. Die Mitschüler stellen Hypothesen auf, überprüfen diese sinnlich-anschaulich und gelangen weitgehend selbstständig zu der richtigen Lösung (COPEI 1955) – dies ist der didaktisch fruchtbarste Moment jeden Experiments.

Voraussetzungen und Vorbereitung

Experimente ergeben sich meist nicht wie im obigen Beispiel spontan auf Wanderungen oder ähnlichen Veranstaltungen, sondern müssen von der Lehrerin oder dem Lehrer entsprechend vorbereitet werden. Da Experimente am wirkungsvollsten sind, wenn sie ein Überraschungsmoment in sich bergen, setzt die Inszenierung einer geplanten Experimentalsituation ein gewisses Maß an Geheimhaltung voraus – allenfalls einzelne Schülerinnen und Schüler können eingeweiht werden, wenn dies zur Durchführung des Experiments notwendig ist.

Durchführung

Ein möglicher Themenkomplex für die fünfte oder sechste Klasse ist eine Einführung in die Arbeit mit Kompass und Karte. In dem hier ausgewählten Beispiel hat sich die Lehrerin den alljährlichen Schulausflug zunutze gemacht, um in diese Unterrichtseinheit einzusteigen. Als „normales" Stundenthema formuliert könnte die Eingangsfrage lauten: „Was ist und wie funktioniert ein Kompass?"

Der Schulausflug hat Sternmarschcharakter, d. h., jede Klasse wird an einer anderen Stelle ausgesetzt, und alle sollen sich nach etwa zweieinhalbstündiger Wanderung durch den Wald an einer verabredeten Stelle treffen. Jede Klasse erhält einen kopierten Kartenausschnitt. Die Lehrerin nimmt zusätzlich eine Karte mit, auf der die Himmelsrichtungen angegeben sind, außerdem eine Rolle dünnes Nähgarn, mehrere lange, dünne Nadeln und einen starken Magneten.

Obwohl der Weg auf der Karte vorgegeben ist, verirrt sich die Klasse planmäßig mit unauffälliger Nachhilfe der Lehrerin. Nach gut einer Stunde sind alle ratlos, wie es weitergehen soll. Die Lehrerin holt die Karte mit den Angaben der Himmelsrichtungen heraus und zeigt sie der Klasse. Aber auch das hilft nicht weiter, da keiner weiß, in welcher Richtung Norden liegt, und es ihnen daher nicht klar ist, wie sie die Karte halten müssen. Was nun? Ein Schüler äußert in einem Stoßseufzer: „Jetzt müsste man einen Kompass haben!" (Glücklicherweise hat keiner einen mitgebracht, sonst würde es jetzt schwierig!)

Nach einem kurzen Gespräch darüber, was ein Kompass ist und warum die Nadel immer nach Norden zeigt, stellt die Lehrerin die Frage, ob sie sich nicht einen Kompass selber basteln könnten, sie habe zufälligerweise Nadel und Faden dabei. Das nütze aber nichts, sagt eine Schülerin, denn die Nadel müsse ja magnetisch sein. Fast gleichzeitig fällt drei anderen Mitgliedern der Klasse ein, dass man Eisen mit einem Magneten magnetisieren kann.

Die Lehrerin zeigt daraufhin den mitgebrachten Magneten. Die Schülerinnen und Schüler entwickeln Hypothesen und Strategien, schließlich wird die Nadel magnetisiert und an einem ganz langen Faden aufgehängt. Sie dreht sich erkennbar in eine Richtung.

Ein Schüler schlägt ein Kontrollexperiment vor, zehn Meter weiter wird eine zweite Nadel magnetisiert und aufgehängt. Sie zeigt in etwa in die gleiche Richtung. Nun kommt jemand auf die Idee, die Karte auf den Boden zu legen und nach Norden auszurichten. Jetzt können sowohl der ungefähre Standpunkt als auch die ungefähre Richtung, in die man sich wenden muss, festgestellt werden. Damit ist das Experiment abgeschlossen. Dieses Erlebnis wird den Schülerinnen und Schülern auch noch einige Tage später in Erinnerung sein, es bildet die Grundlage für die weitere Beschäftigung mit Kompass und Karte im Unterricht.

Dieses Experiment hat es so schon immer in unserer täglichen Unterrichtspraxis gegeben. Spannend ist für die Schülerinnen und Schüler auch der nächste Schritt: Wie funktioniert ein GPS-System? Kann ich mich im Wald mit einem Handy mit GPS orientieren?

Die Möglichkeiten zum Experimentieren haben vielfältige neue Formen gefunden.

Didaktischer Kommentar

Welche Kompetenzen können Schülerinnen und Schüler beim Experimentieren erwerben?

Selbst wenn im Kompassbeispiel die Klasse wohl auch ohne Orientierungshilfe den richtigen Weg gefunden hätte, wurde den Schülerinnen und Schülern die Bedeutung dieses Experiments für ihre augenblickliche Situation deutlich. Experimente vermitteln wichtige Primärerfahrungen.

Lernen mit Kopf, Herz und Hand

Für die Durchführung eines Experiments ist eine ausgewogene Mischung aus kognitiven und manuellen Fähigkeiten nötig, also „Lernen mit Kopf, Herz und Hand" (PESTALOZZI) in seiner ursprünglichsten Form. Insbesondere dem „haptischen" Lerntypus kommt das Experimentieren sehr entgegen. Das Experiment als hypothesen- und regelgeleitete Tätigkeit erlaubt die unmittelbare Erfolgskontrolle des eigenen Denkens und Tuns. Entspricht der Versuchsverlauf den Erwartungen? Passt der Versuchsverlauf zu den Hypothesen? Erhalten wir bei der Versuchswiederholung das gleiche Ergebnis? Diese Fragen lassen sich in der Regel direkt nach Ende des Experiments bearbeiten.

Nachteile und Schwächen
Die unmittelbare Erfolgskontrolle kann auch in Gestalt des Misserfolgs auftreten – dann sind Geduld und langer Atem notwendig, um die Fehlerquellen aufzuspüren und auszumerzen. Besonders unbefriedigend ist es, wenn das Experiment aus Gründen scheitert, die nicht im Verantwortungsbereich der Schülerinnen und Schüler liegen und die sie nicht ändern können, weil ihnen z. B. notwendige Kenntnisse fehlen oder das vorhandene Material Fehler produziert.

Eine sorgfältige Vorbereitung der Experimentalsituation ist daher unbedingt notwendig, sonst wird aus dem „fruchtbaren Moment im Bildungsprozess" leicht der „frustrierende Moment".

Frust vermeiden durch sorgfältige Vorbereitung

Einsatzmöglichkeiten
Die klassischen Experimentalfächer sind die Naturwissenschaften, und das mit vollem Recht, denn mit dem Experiment will man hinter die Eigenschaften der Dinge kommen. Auch das Kompassbeispiel oder das zitierte Milchdosenbeispiel hatten als Hintergrund physikalische Gesetze.

Die Methode ist aber auch überall dort einsetzbar, wo naturwissenschaftliche Tatbestände in die Themenbereiche anderer Fächer hineinwirken.

In Bezug auf das Alter und die Schulform sehen wir keinerlei Beschränkungen, denn Neugierde darauf, wie etwas funktioniert, zeichnet den Menschen schon in frühester Kindheit aus. Eine altersangemessene Aufgabe sowie die Gewissheit vorausgesetzt, dass kein Unglück passieren kann, ist die Methode des Experimentierens von der Grundschule bis zur Sekundarstufe II einsetzbar.

15.3 Interview

Grundüberlegungen zur Didaktik
Das didaktische Prinzip jedes Interviews ist denkbar einfach und reduziert sich auf zwei Möglichkeiten, die sich innerhalb eines Interviews nicht unbedingt ausschließen müssen:
1. Man möchte von dem Interviewten Informationen erhalten, die dem Interviewer oder dem Zuhörer neu sind (informatives Interview)
2. Der Interviewte soll zu einer Meinungsäußerung oder einer Stellungnahme bewegt werden (konfrontatives Interview).

Mit der Definition des Begriffes Interview brauchen wir uns nicht lange aufzuhalten, denn wir alle werden täglich in den Medien mit Interviews jeder Art geradezu „bombardiert". Kein anderes sozialwissenschaftliches Erhebungsinstrument erfreut sich auch nur annähernd gleicher Beliebtheit, denn das Interview liefert problemlos und ohne allzu großen Aufwand qualifizierte und authentische Daten, die zudem dann, wenn das Interview aufgezeichnet wurde, von jedermann jederzeit überprüft werden können.

Daher hat das Interview als Möglichkeit, etwas über andere zu erfahren, auch im Kanon der schulischen Methoden inzwischen seinen festen Platz erobert.

Voraussetzungen und Vorbereitung
Sie sollten vor der Durchführung von Interviews mit der Klasse eine Reihe von Fragen geklärt und gewisse methodische Fertigkeiten besprochen haben:
- Was sollen die äußeren Rahmenbedingungen sein? Wer soll wann und wo von wem interviewt werden?
- Sollen die Interviews eher geschlossen oder offen sein? Will man also mit einem vorher festgelegten Fragenkatalog auf die Leute zugehen, mit einem „Multiple-Choice-Verfahren" oder sollen die Interviewten breiteren Raum für spontane Äußerungen oder längere Erzählungen erhalten? Alle Varianten und zwischen ihnen liegenden Formen sind denkbar, die Wahl hängt von dem gewählten Thema und der Zielgruppe ab, die interviewt werden soll. Bei Unsicherheiten helfen Probedurchläufe in der eigenen Klasse und Selbstversuche.
- Sollen die Interviews eher informativ oder konfrontativ sein? Für den ersten Fall ist es wichtig, grundlegende Fragen zu erarbeiten, die tatsächlich in das Zentrum der Thematik führen, im zweiten Fall ist eher das Verhältnis von Interviewer zu Interviewtem von Bedeutung.
- Sollen Einzelpersonen oder Gruppen interviewt werden? Die zweite Variante kann den Vorteil haben, dass Interviewte in einer Gruppendiskussion Dinge sagen, die sie vielleicht im Einzelgespräch so nicht äußern würden.
- Wie sollen die gewonnenen Ergebnisse gesichert werden? Reicht ein Ergebnisprotokoll oder soll eine Tonbandaufnahme hergestellt und vielleicht sogar transkribiert werden?
- Was soll mit den Ergebnissen geschehen?

Das klingt auf den ersten Blick nach sehr viel Vorbereitungsaufwand, die Sache ist aber nur halb so schlimm: Je mehr Erfahrung Schüler und Lehrer mit der Methode des Interviews haben, desto leichter und selbstverständlicher klären sich die obigen Fragen. Im Übrigen gilt auch hier der handlungsorientierte Grundsatz „learning by doing". Aber auch Anfänger sind keineswegs überfordert, wie wir an folgendem Beispiel zeigen wollen.

Durchführung
Im Sozialkundeunterricht der Jahrgangsstufe 9 wird das Thema „Die Bundeswehr" behandelt, und der Lehrer beschließt auf Bitten einiger Schüler, in das neue Thema über eine aktuelle und in der Bundesrepublik kontrovers diskutierte Frage einzusteigen. Es geht um den Einsatz von Bundeswehrverbänden in Krisengebieten im Ausland. Das Lehrbuch gibt nicht genügend Material her, also beschließen Lehrer und Klasse gemeinsam, als Einstieg in das Problem selbst Erkundungen in Form von Interviews vorzunehmen. Über die Ziele sind sich alle rasch einig:

Zum einen wollen sie Pro- und Kontra-Argumente und die allgemeine Stimmungslage kennenlernen (informativer Aspekt), zum anderen formulieren einige Schülerinnen und Schüler den Wunsch, bei den Interviewten nachzuhaken und persönliche Stellungnahmen zu erfragen (konfrontativer Aspekt).

Die Zielgruppe sollen Schüler aus der schuleigenen Oberstufe sein, also junge Menschen, die sich vielleicht mit der Idee tragen, nach dem Abitur zum „Bund" zu gehen und dann mit der Möglichkeit eines (freiwilligen) Auslandseinsatzes rechnen müssen. Außerdem wollen sie Menschen in der Fußgängerzone befragen.

In der nachfolgenden Diskussion wird besprochen, wie die verschiedenen Aspekte unter einen Hut gebracht werden können. Die Klasse einigt sich schnell auf einen Kompromiss: Die ersten Fragen sollen einen ziemlich geschlossenen Charakter haben, dann wollen sie die Interviewten mit einigen Fragen, die einen persönlichen Bezug zu der Thematik herstellen, zu individuellen Statements bewegen.

Beide Fragearten werden im Unterrichtsgespräch mündlich skizziert, und der Lehrer bietet sich an, daraus zu Hause einen Interviewleitfaden zu verfassen (siehe folgende Seite).

Die Klasse beschließt, die Interviews in Viererguppen durchzuführen, sie auf Tonband aufzunehmen und anschließend die wichtigen Stellen abzuschreiben. Am nächsten Tag steht eine Doppelstunde zur Verfügung. Die Gruppen erhalten den Leitfaden, alle sind mit einem Kassettenrekorder ausgerüstet und ziehen los.

Am Ende der Doppelstunde hat jede Gruppe im Durchschnitt sechs kurze Interviews durchgeführt. In der nächsten Stunde werden die wichtigen

Leitfaden zum Interview über Bundeswehreinsätze in Krisengebieten:
1. Wie beurteilen Sie die Vorgänge in Afghanistan und Syrien?
2. Welche Maßnahmen sollte die westliche Welt ergreifen?
3. Sollte die Bundeswehr grundsätzlich an einem Einsatz in Ländern wie Afghanistan beteiligt sein?
4. Sollte dieser Einsatz etwa auf medizinische Bereiche beschränkt werden oder auch direkte militärische Aktionen einschließen?

Offene Fragen:
Je nachdem, wie die ersten Fragen beantwortet wurden, müsstet ihr jetzt weiterfragen.

Bei Befürwortern von Bundeswehreinsätzen:
Das Grundgesetz verbietet Bundeswehreinsätze im Ausland. Wie stehen Sie dazu?
Die Deutschen haben im Zweiten Weltkrieg Schlimmes angerichtet. Beeinflusst Sie das?
Ihre Tochter, ihr Sohn oder Sie selber wollen zu einem Auslandseinsatz in einem Krisengebiet. Welche Konsequenzen hat das für Ihre Meinung?
Einer Ihrer Freunde ist bei dem Bundeswehreinsatz in Somalia schwer verwundet worden. Was bedeutet das für Sie?

Bei Gegnern von Bundeswehreinsätzen:
Die Taliban und andere terroristische Gruppen begehen laufend schwere Menschenrechtsverletzungen. Kümmert Sie das nicht?
Jeden Tag sterben Kinder an den Kriegsfolgen oder verhungern. Hat das keine Konsequenzen für Sie?
Sie haben gute Freunde in Kabul. Ändert das etwas?

Passagen der Interviews in den Gruppen transkribiert, zum Schluss wird alles vom Lehrer verkleinert und für alle kopiert.

Es zeigt sich übrigens erwartungsgemäß, dass die Qualität der Interviews recht unterschiedlich ist. Manche Gruppen stellen wirklich nur sehr hölzern ihre Fragen und haken auf ihrer Liste ab, andere dagegen geben sich Mühe nachzubohren, indem sie die Befragten etwa mit einem fiktiven Dilemma konfrontieren oder Widersprüche in den Antworten aufgreifen.

Diese von der Klasse selbst erarbeitete Textsammlung bildet für die nächsten Stunden die Grundlage für die Diskussion der Thematik „Bundeswehreinsätze in Krisengebieten im Ausland". Diese Gespräche verlaufen ausgesprochen lebhaft und engagiert, was noch dadurch verstärkt wird, dass sich alle häufig an konkrete Interviewsituationen erinnern und die Textaussagen so immer wieder lebendig werden. Auch die unterschiedliche Qualität der Texte wird in der Klasse diskutiert, denn die Methode soll in absehbarer Zeit erneut eingesetzt werden.

Didaktischer Kommentar
Welche Kompetenzen können Schülerinnen und Schüler beim Einsatz des Interviews erwerben?

Das Interviewen bezieht sich ausschließlich auf die sprachliche Ebene. Die Sprache ist hier aber nur Medium für Schüleraktivitäten und Handlungslernen. Das Interview ermöglicht den Schülerinnen und Schülern, primäre Erfahrungen zu machen und selber aktiv den eigenen Erkenntnisprozess zu steuern. Dies ist unseres Erachtens der wichtigste Aspekt.

Weiter lernen die Schülerinnen und Schüler die Bedeutung des eigenen Vorwissens für die Aneignung neuer Kenntnisse schätzen. Ein ergiebiges Interview kann nur führen, wer von der Thematik, zu der das Interview stattfinden soll, ein gewisses Vorverständnis und möglichst auch eine eigene Meinung hat.

Die Schülerinnen und Schüler lernen, Fragestrategien zu entwickeln und am lebenden Objekt zu erproben. Sie erhalten während der Interviews und auch während der Auswertung unmittelbare Rückmeldungen über die Qualität des eigenen Vorgehens. Gerade die offeneren Interviewformen bilden ein ausgezeichnetes Training zur Gesprächsführung und zum verbalen Umgang mit anderen Menschen.

Gutes Training zur Gesprächsführung

Schließlich können die Schülerinnen und Schüler lernen, wie mündlich erhobene Daten schriftlich aufbereitet, gesichert und im größeren Kreis diskutiert werden. Sie erkennen auf diese Weise, dass die durchgeführten Interviews so etwas wie eine objektive Qualität haben können, erfahren aber auch, dass durch gezielte Auswahl von Zitaten, durch Auslassungen und durch entsprechende Fragen Aussagen manipuliert und sogar in das Gegenteil des Gemeinten umgedreht werden können.

Als letzter Aspekt ist das Training der textanalytischen Fähigkeiten zu nennen: Schon bei der Diskussion der Frage, welche Äußerungen der Interviewten denn nun wichtig und aufschreibenswert sind, und später dann bei der Erörterung des transkribierten Textes oder des Gedächtnisprotokolls werden die klassischen Fähigkeiten der Textinterpretation geübt.

Nachteile und Schwächen

Bei ungeübten Schülerinnen und Schülern der unteren Jahrgänge kann es verhältnismäßig leicht vorkommen, dass die geführten Interviews wenig informativen Wert haben, das Verhältnis von Aufwand und Ergebnis also nicht stimmt. Sie sollten sich angesichts eines solchen Misserfolgs aber nicht entmutigen lassen, sondern das nächste Mal in der Vorbereitungsphase Fragestrategien trainieren oder mehr Probedurchgänge einplanen. Informieren Sie vorher die Schulleitung, wenn die Schülerinnen und Schüler das Schulgelände verlassen und schulfremde Personen ansprechen.

Einsatzmöglichkeiten

Wir haben die Methode des Interviews von der Klasse 5 an bis in die Oberstufe eingesetzt. Wir können uns aber gut vorstellen, dass auch Schülerinnen und Schüler in den oberen Grundschulklassen in der Lage sind, Mitschüler, Lehrer oder andere Personen ihrer vertrauten Umgebung gezielt zu befragen. Die Qualifikationen der Befrager steigen mit zunehmendem Alter; aber Neugierde auf das, was andere Menschen denken und meinen, gibt es in jeder Altersstufe. Deshalb sehen wir für den Einsatz des Interviews als Unterrichtseinstiegsmethode kaum Beschränkungen in Bezug auf Alter, Schulform oder -stufe. Da es zwei verschiedene Aspekte des Interviews gibt (informativ oder konfrontativ), ist der Einsatz dieser Methode nicht auf die Themengebiete beschränkt, in denen es um Meinungen, Vorurteile, Haltungen geht. Wir möchten aber an dieser Stelle eines ernsthaft zu bedenken geben: Ein ausschließlich informatives Interview kann schnell langweilig werden, spannend wird es immer erst, wenn die Frage nach dem „Warum?", nach der eigenen Einstellung gestellt wird.

Nach Einstellungen fragen ist spannender

Wenn Sie also beispielsweise im Mathematikunterricht die Schülerinnen und Schüler losschicken, um Passanten nach ihren Kenntnissen im Bereich der Differentialrechnung zu befragen, gibt es kein sinnvolles didaktisches Ziel. Die meisten werden keine Ahnung mehr von dieser Materie haben und dies auch unumwunden zugeben – aber das haben die Schülerinnen und Schüler vorher schon gewusst, und das hat auch keine Konsequenzen für den Unterricht in der Differentialrechnung.

Daraus folgt: Die Interviewmethode sollte in den Fächern und Themengebieten eingesetzt werden, in denen nicht nur die Frage danach, was die Leute wissen, interessant ist, sondern ebenso die Frage nach ihrer Einstellung. Es wäre z.B. sinnvoll, im Physikunterricht eine Umfrage nach den Kenntnissen und der Einstellung der Bürger zu alternativen Energien zu starten und diese Ergebnisse anschließend in der Klasse zu diskutieren.

15.4 Expertenbefragung

Grundüberlegungen zur Didaktik

Eine eigenständige Sonderform des Interviews mit anderer didaktischer Zielsetzung ist die Expertenbefragung. Die Interviewpartner werden nicht willkürlich oder nach dem Zufallsprinzip ausgewählt, und der Ablauf solch einer Befragung ist weniger spontan und muss sorgfältiger vorbereitet werden, da die Befragung, die meist vor der gesamten Klasse stattfindet, einen gewissen öffentlichen Charakter hat. Wenn die Expertenbefragung als Einstieg in eine neue Unterrichtseinheit genutzt werden soll, muss das Thema so beschaffen sein, dass die Schülerinnen und Schüler mit Vorkenntnissen und natürlicher Neugierde auf genauere Informationen warten – dazu weitere Ausführungen im Abschnitt zum didaktischen Kommentar.

Es kann eine sehr spannende Sache sein, etwas über den in der Stadtverwaltung schwelenden Konflikt um den dringend notwendigen Bau der neuen Schulturnhalle zu erfahren, wenn einer der Verantwortlichen für dieses Vorhaben leibhaftig vor einem sitzt und man ihn ausfragen kann. Hierin liegt der Vorteil einer Befragung gegenüber allen vordergründig effektiveren Textanalysen. Der natürlichen Neugierde wird ein handgreifliches Ziel gegeben, das im wahrsten Sinne „Hand und Fuß" hat und damit den Schülerinnen und Schülern einen handelnden Umgang mit ihren eigenen Interessen ermöglicht.

Voraussetzungen und Vorbereitung

Zunächst einmal müssen die formalen Rahmenbedingungen hergestellt werden: Die Kontakte mit dem oder den Experten müssen geknüpft, Termine abgesprochen und inhaltliche Vorstellungen abgeglichen werden. Dies kann selbstredend auch von Schülerseite erfolgen und bildet dann im Kanon der „Erkundungen" eine eigenständige Variante. Für den Verlauf der Expertenbefragung ist es nicht so entscheidend, ob diese Vorarbeiten von Lehrer- oder von Schülerseite geleistet worden sind.

Formale Rahmenbedingungen abklären

Weiterhin muss geklärt werden, ob das Gespräch in der Schule oder vor Ort stattfindet, die Schulleitung sollte aus rechtlichen Gründen informiert werden und das Problem eventuell entstehender Kosten (Fahrtkosten, Spesen) vorher geklärt sein.

Das Gespräch muss auf jeden Fall inhaltlich vorbereitet werden, denn die Methode der Expertenbefragung enthält einige Risiken, auf die wir im Abschnitt über Schwächen und Nachteile noch eingehen. Diese Risiken lassen sich durch ein Vorgespräch minimieren.

Weiterhin muss klar sein, ob ein kleines Team den Experten befragt oder ob dies die ganze Lerngruppe tun soll. Beides hat Vor- und Nachteile, die von dem gewählten Thema sowie der Person des Experten und der jeweiligen Klasse abhängen, sodass kaum allgemeingültige Ratschläge möglich sind. Als grobe Faustregel können wir allenfalls formulieren: Je sensibler das Thema, je verletzlicher der Experte, je ungestümer die Klasse, desto eher sollten Sie die Form der Podiumsdiskussion, in der der Experte nur von einer kleinen Gruppe befragt wird, wählen. Wenn beispielsweise ein jüdischer Mitbürger, der den Naziterror überlebt hat, als Zeitzeuge befragt wird, müssen Fingerspitzengefühl und Takt eine Selbstverständlichkeit sein. Wer sich als Lehrerin oder Lehrer seiner Klasse nicht ganz sicher ist, sollte entsprechende Vorkehrungen treffen.

Auf der anderen Seite aber ist ein gewisses Maß an Mut notwendig, und Sie sollten nicht bei der kleinsten Missstimmung zwischen Klasse und Experten eingreifen, und dies schon gar nicht, wenn es um sachliche Diskrepanzen geht. Die didaktische Funktion der Expertenbefragung ist dann nicht erreicht, wenn sich nicht im Verlauf dieses Gesprächs die anfängliche Distanz zwischen Fragern und Befragten verringert, sich also keine Beziehung und damit letztendlich kein Interesse zwischen den Gesprächspartnern aufbaut. Sie sollten daher die Schülerinnen und Schüler dazu ermuntern, persönliche Stellungnahmen des Experten einzufordern und auch selber welche abzugeben.

Ergebnisse für die weitere Arbeit sichern

Schließlich bleibt noch die Frage der Ergebnissicherung und der möglichen Weiterarbeit. Soll das gesamte Gespräch auf Tonband oder Videofilm aufgenommen und hinterher (vielleicht arbeitsteilig in kleinen Gruppen) transkribiert werden? Soll ein Verlaufsprotokoll erstellt werden, wenn ja, von wem? Oder reicht ein Ergebnisprotokoll aus? Mit welchen Methoden und welcher Zielsetzung will die Klasse mit den gewonnenen Ergebnissen weiterarbeiten?

Durchführung

Das Thema einer Unterrichtseinheit oder eines Vorhabens im Fach Geografie der sechsten Klasse heißt „Kinder einer Welt". Die einzelnen Arbeitsschwerpunkte dieser Einheit beschäftigen sich unter anderem mit dem Kennenlernen einzelner Länder, dem Brauchtum und den Lebensumständen. Für Schülerinnen und Schüler dieser Altersstufe ist es besonders interessant, Menschen aus fremden Ländern kennenzulernen. Deshalb lade ich als Einstieg in dieses Thema einen Libanesen als Experten ein, den ich in der Universität kennengelernt habe. Die Klasse ist sehr gespannt, da allein schon das fremdländische Aussehen zu Spekulationen Anlass gibt. (Ich habe vorher nichts über die Herkunft unseres Experten verraten.) Diese individuelle natürliche Neugier ist eine wichtige Voraussetzung für die Befragung eines Experten.

Wir haben gemeinsam diese Befragung geplant und zunächst eine Sitzkreisrunde in der Klasse vorgesehen. In dieser Phase können die Schülerinnen und Schüler ganz brennende Fragen schon sofort stellen. Dafür hat sich jede Schülerin und jeder Schüler nach Absprache mit den anderen schon bei der Vorbereitung auf diesen Tag drei Fragen notiert. Einige wichtige Fragen sind z. B.: „Wie alt sind Sie? Wie sind Sie aufgewachsen? Sind Sie verheiratet? Ist Ihre Kindheit mit der unsrigen in Deutschland vergleichbar? Haben Sie Kinder? Haben Sie Geschwister? Warum leben Sie in Deutschland?"

Da die Expertenbefragung den Einstieg zu diesem Thema bildet, haben wir weder die geografische Lage noch die politischen Zustände im Libanon besprochen. In dieser ersten Befragungsrunde im Kreis wird sehr schnell deutlich, dass unser Experte zwar alle Fragen beantwortet, den Schülerinnen und Schülern aber noch Informationen fehlen, um seine Antworten richtig verstehen und zuordnen zu können. Diese noch offenen Fragen schreibe ich auf eine vorbereitete Zeitungsrolle, die für alle sichtbar aufgehängt wird.

Wir bilden Viererguppen, die nacheinander mit Atlas, Stift, Papier und der Zeitungsrolle in den Nebenraum zur Expertenbefragung gehen. Nach etwa fünf bis zehn Minuten wechseln die Gruppen, sodass nach einer Unterrichtsstunde alle sieben Tischgruppen unseren Gast interviewt haben. Während jeweils eine Gruppe im Nebenraum arbeitet, bespreche und protokolliere ich mit der restlichen Klasse die Befragung im Sitzkreis. Schon die Mitglieder der ersten Gruppe kommen ganz aufgeregt wieder in den Klassenraum zurück, sie haben die arabische Schrift kennengelernt. Es wird mit Zeichen geschrieben und auch noch von rechts nach links. Das ist eine spannende Sache, über die sie unbedingt noch mehr erfahren wollen.

Nach Ende der Befragung treffen wir uns alle mit unserem Gast im Klassenraum wieder. Wir überlegen und besprechen noch einmal, ob alle Fragen auf der Zeitungsrolle ausreichend beantwortet sind. Die Schülerinnen und Schüler tragen ihre Ergebnisse vor, und unser Experte bestätigt oder verändert ihre Aussagen. Alle sind sich am Ende der dritten Stunde einig, dass es viel Spaß gemacht hat, einen Landeskundigen zu befragen, der nicht nur perfekt Deutsch, sondern auch Arabisch spricht. Das sollten wir häufiger machen.

Der zeitliche Rahmen von drei Unterrichtsstunden ist sicherlich etwas weit gesteckt für einen Unterrichtseinstieg. Der Spaß, das Interesse und die Motivation der Schülerinnen und Schüler haben aber noch bis zur nächsten Unterrichtseinheit zum Thema „Ägypten" angehalten, in der die Klasse während der Beschäftigung mit Hieroglyphen selbstständig Vergleiche zur arabischen Schrift anstellte.

Didaktischer Kommentar
Welche Kompetenzen können Schülerinnen und Schüler bei der Expertenbefragung erwerben?

Auch wenn am Ende einer Expertenbefragung in der Regel außer einem Protokoll keine fassbaren Handlungsergebnisse stehen, haben die Schülerinnen und Schüler hier doch wesentlich anderes erfahren als beispielsweise beim Lesen eines Textes zum gleichen Thema. Die Expertenbefragung ermöglicht in geradezu idealer Weise die Realisierung des Prinzips der originalen Begegnung und der primären Erfahrungen! Das konservierte Wissen des Buches wird wieder lebendig, und geschichtliche Ereignisse, politische Entscheidungen, künstlerische oder wissenschaftliche Leistungen können in den unmittelbaren Erfahrungsraum der Schülerinnen und Schüler gelangen, wenn sie von einer konkreten Person vorgetragen werden.

Die im vorigen Abschnitt zur Methode des Interviews aufgelisteten Kompetenzen zur Bedeutung des eigenen Vorwissens, zum Training der Fragestrategie und zur Verwertung der erhobenen Daten gelten selbstredend auch für die Expertenbefragung.

Nachteile und Schwächen
Es gibt eine Reihe von Risikofaktoren, die zwar sämtlich minimierbar sind, aber das Gelingen einer Expertenbefragung verhindern können:
- Der oder die eingeladenen Experten sind aufgrund eigener rhetorischer Mängel nicht in der Lage, den Funken überspringen zu lassen. Ihre Antworten mögen zwar inhaltlich gut und interessant sein, bleiben aber wegen der mangelnden Vortragsqualitäten blutleer und langweilig.
- Der Experte geht zu sehr auf inhaltlich unwichtige Dinge ein, oder er verliert sich in Details, die für die Fragenden völlig funktionslos bleiben. Dies passiert leicht, wenn die Fragen sehr persönliche und bewegende Erinnerungen hervorrufen.
- Der Experte ist nicht in der Lage, altersangemessen zu berichten. Er kann oder will nicht sehen, was die Kinder oder Jugendlichen, die da vor ihm sitzen, wirklich interessiert. Ein wahrhaft abschreckendes Bei-

spiel habe ich kürzlich erlebt. Ein Experte war in eine Politikstunde einer zehnten Klasse eingeladen worden, um – wie im Vorgespräch vereinbart – das bundesdeutsche Sozialversicherungssystem zu erläutern. Er verbrachte den Großteil der für ihn reservierten Schulstunde damit, der Klasse penibel die Modalitäten zu erläutern, nach denen sich die Sozialversicherungsnummer des einzelnen Versicherungsnehmers zusammensetzt.
- Die Fragen, die gestellt werden, sind trotz sichtbaren Schülerengagements sachlich nicht angemessen, sie gehen zu sehr ins Detail oder verlieren sich in abstrusen Konstruktionen und Fiktionen.
- Die Schülerinnen und Schüler lassen angemessenes Taktgefühl vermissen, provozieren oder beleidigen den Experten auf persönlicher Ebene.

In diesem Fall – wie auch in der vorigen Situation – sollten Sie selber eine deutliche Position beziehen und die Gesprächsleitung übernehmen.

Einsatzmöglichkeiten

Es gibt wohl kaum eine Situation, in der es nicht möglich oder sinnvoll wäre, der Sachkompetenz der Lehrerin oder des Lehrers einen Experten von außerhalb zur Seite zu stellen. Dieses sollte möglichst häufig – wenn auch sicher nicht in jeder Schulstunde – genutzt werden.

Es gibt Themen (wie etwa die oben angesprochene Kommunalpolitik oder unsere eigene geschichtliche Vergangenheit), die sich mehr für die Expertenbefragung anbieten als andere, für die der Vorbereitungsaufwand zu groß ist oder die nicht im Bereich der objektiven Möglichkeiten liegen. Natürlich würde jeder gerne im Deutschunterricht Günther Grass über seine Autobiografie befragen, in Biologie eine Nobelpreisträgerin oder im Sportunterricht den Bundestrainer. Aber schon der Aufwand, der betrieben werden muss, um einen Vertreter der kommunalen Verwaltungsspitze in den Unterricht zu holen, kann beträchtlich sein.

Auf der anderen Seite gibt es im Umfeld jeder Schule eine Fülle von Experten zu allen möglichen Sachgebieten – etwa in der Elternschaft –, die meist gerne bereit sind, sich einer Befragung zu stellen. Auch Schülerinnen und Schüler lassen sich zu ihren speziellen Hobbys gerne befragen.

Nutzen Sie Experten aus der Elternschaft

15.5 Reportage

Grundüberlegungen zur Didaktik
Quer zur sonstigen Systematik dieses Kapitels ist die Reportage angeordnet, denn sie kann Elemente des Interviews, der Expertenbefragung, des Experiments oder des Erkundungsganges enthalten. Dies liegt daran, dass die Reportage keine Datenerhebungsmethode ist, sondern durch eine bestimmte Art der Verarbeitung und der Darstellung von Informationen gekennzeichnet ist. Die Reportage ist daher nicht nur eine Unterrichtseinstiegsmethode, sondern kann beispielsweise sehr gut zum Zweck der Ergebnissicherung und Vertiefung eingesetzt werden. Will man mit der Methode der Reportage in ein neues Unterrichtsthema einsteigen, ist ihre relative Offenheit gegenüber anderen Datenerhebungsmöglichkeiten sicher ein großer Vorteil, denn sie lässt den Schülerinnen und Schülern vergleichsweise breiten Raum für eigene Ideen und Aktivitäten.

Unabhängig davon, auf welche Art und Weise die Reporter ihre Information bekommen haben, ist der zweite Schritt bei dieser Methode wesentlich enger gefasst und kann als gemeinsames Merkmal aller Reportagen gelten: Die Schülerinnen und Schüler müssen einen persönlich gefärbten Bericht verfassen, in dem sie nicht nur die erhaltenen oder erarbeiteten Informationen weitergeben oder präsentieren, sondern auch ihre persönlichen Erlebnisse und ihr persönliches Engagement thematisieren. Dies unterscheidet die Reportage von einem Sachtext oder einer Nachricht.

Mit dieser Definition ist auch der Kompetenzerwerb angedeutet: Die Schülerinnen und Schüler lernen durch die Herstellung von Reportagen, dass die persönliche Aufbereitung von Informationen kein nebensächliches Beiwerk ist, sondern das Interesse der anderen und auch das eigene wesentlich mitbestimmt.

Voraussetzungen und Vorbereitung
Da die Reportage keine eigenständige Methode zur Informationsbeschaffung ist, sind über die in den vorigen Abschnitten beschriebenen Vorbereitungen hinaus keine weiteren Aktivitäten erforderlich.

Es ist allerdings hilfreich für die Schülerinnen und Schüler, wenn sie in früheren Unterrichtsphasen schon mit der Textform Reportage konfrontiert worden sind und eine grundsätzliche Vorstellung von dieser speziellen Art der Berichterstattung haben. Weil im Deutschunterricht vom Beginn der Sekundarstufe I an auch die journalistischen Textformen Bestandteil des Unterrichts sind, kann man sicher spätestens ab Klasse 7 Vorkenntnisse erwarten, und dies umso mehr, als auch in den Medien Reportagen üblich sind.

Durchführung

Wir möchten Ihnen anhand eines Beispiels die Vorteile des Reportage-Einstieges erläutern und haben ein Sachgebiet ausgewählt, das in vielen Bundesländern längst zum Standardrepertoire vieler Klassenlehrer in den Abschlussklassen zählt, den „berufsorientierenden Unterricht" nämlich (wie er bei uns in Niedersachsen offiziell heißt). Im Rahmen dieser Berufsorientierung findet ein mehrwöchiges Betriebspraktikum statt, in dessen Verlauf die Schülerinnen und Schüler außerhalb der Schule in Betrieben, Behörden oder Dienstleistungsorganisationen Erfahrungen sammeln, Berufsbilder erkunden und Präferenzen für eigene Berufswahlentscheidungen ausbilden sollen. Über das Praktikum ist ein schriftlicher Bericht anzufertigen.

Mit anderen Worten, in dieser Konstellation ergeben sich geradezu idealtypisch alle Bedingungen für den Einsatz der Reportage als Unterrichtseinstieg für die Nachbereitungsphase:

Die Schülerinnen und Schüler erkunden und recherchieren allein oder in Kleingruppen selbstständig und vor Ort die sie interessierenden Phänomene.

Sie können verschiedene Methoden der Informationsbeschaffung anwenden und nicht nur das Medium Sprache nutzen, sondern auch Fotografie und Video, Zeichnungen und Diagramme einsetzen.

Sie werten ebenfalls allein oder in Kleingruppen das gewonnene Material im Sinne einer Reportage aus und bereiten es auf.

Nachdem das Praktikum beendet und eine angemessene Zeit zur Herstellung dieser Berichte verstrichen ist, werden die Reportagen eingesammelt und ganz oder teilweise für die Klasse vervielfältigt. Dieses Material bildet die Grundlage für den Einstieg in den unterrichtlichen Teil des Praktikums.

Wir möchten Ihnen anhand eines besonders gelungenen Beispiels zeigen, wie anschaulich so ein persönlich gefärbter Erlebnisbericht sein kann. Es handelt sich um einen kurzen Auszug aus dem Bericht einer Praktikantin, die in einem Großraumbüro ihr Praktikum ableistete (siehe folgende Seite).

Je freiere Hand ich den Schülerinnen und Schülern lasse, desto vielfältiger, bunter und interessanter sind die Ergebnisse. Die hier abgedruckte Reportage wurde zusammen mit drei anderen vervielfältigt, während der folgenden drei Doppelstunden bildeten sie die Materialgrundlage für die unterrichtliche Diskussion darüber, was das Praktikum den Einzelnen gebracht hatte.

> „Eine für mein Praktikum charakteristische Erfahrung sammelte ich schon, als ich am Montagmorgen empfangen wurde:
> Der *** ist ein mehrstöckiges Gebäude, in dem ich mich zunächst alleine nicht zurechtgefunden hätte. Ich meldete mich daher an der Information bei einer älteren Dame, die mit säuerlichem Blick auf mich herabguckte. Es stellte sich zunächst heraus, dass die Person, von der ich betreut werden sollte, in Urlaub war.
> Empfangsdame kühl zu mir: ‚Warten Sie hier mal.' Ich setzte mich in einen großen Ledersessel und wurde erst einmal ignoriert. Nach einer Viertelstunde schließlich wurde ich von einer Auszubildenden mit hochgenommen und zum Ressortleiter, Herrn Krause, begleitet. Er war gerade im Begriff wegzugehen (hatte es offenbar eilig).
> Nachdem ich mich kurz vorgestellt hatte: ‚Praktikantin?!?' Schocksekunde. ‚Äah, oh, jaaa …' Er hat sich schnell wieder im Griff, geht zu seiner Sekretärin und tuschelt etwas mit ihr, kommt zu mir zurück (hatte plötzlich einen Gesichtsausdruck aufgesetzt, als hätte er sich schon wochenlang auf mich vorbereitet): ‚Wir haben für Sie die Abteilung Promotion vorgesehen.' Ich gehe hinter ihm her durch das Großraumbüro … ‚Herr Timmermann, wir haben eine Praktikantin für Sie!' Herr Timmermann blickt überrascht auf. Herr Krause wirft ihm einen zwingenden Blick von schräg oben zu und sagt beharrlicher als vorher: ‚Sie bleibt für zwei Wochen hier. Führen Sie sie bitte in den Arbeitsprozess ein.' Verschwindet dann schnell und hinterlässt mich dem sprachlosen Herrn Timmermann.
> Später am Tag, als ich mich etwas eingelebt habe, führe ich ein kurzes ‚Interview' mit Herrn Timmermann und erfahre, dass der Betrieb wegen seiner Größe ziemlich anonym ist. Als neue Praktikantin wird man kaum wahrgenommen. Der Abteilungsleiter war nicht vorbereitet auf mich. Der Chef hat die unbequeme Praktikantin dann an einen Unterstellten abgeschoben, der sich nicht wehren kann, sondern gehorchen muss und mir gegenüber offen zugibt, dass er ziemlich sauer ist. Ich fühlte mich anfangs wie ein unliebsames Möbelstück, das von einer Ecke in die andere geschoben wird."

Didaktischer Kommentar

Welche Kompetenzen können Schülerinnen und Schüler bei der Herstellung und der Präsentation einer Reportage erwerben?

Eine wichtige Kompetenz liegt sicher in der Einsicht in die Bedeutung einer ansprechenden Datenaufbereitung. Die Fakten, die dem obigen Schülerbeispiel zugrunde liegen, sind ja keineswegs sonderlich aufregend, sondern erst die Form des persönlichen Berichts, der Einsatz der wörtlichen Rede und die geschickt beschriebene Situationskomik machen die Reportage lesenswert und die Erlebnisse nachvollziehbar.

Eine weitere Kompetenz ist das Schreiben von ansprechenden Sachtexten, deren Funktion neben der Information eben auch die Unterhaltung ist.

Nachteile und Schwächen
Enttäuschungen haben wir bisher nur dann erlebt, wenn die Schülerinnen und Schüler überfordert waren. Dies wird deutlich durch eine erhebliche Diskrepanz zwischen Erwartung und Aufwand einerseits und dem tatsächlichen Ergebnis andererseits. Man lässt der Klasse zwei oder sogar drei Schulstunden Zeit zur Recherche und zum Schreiben, und heraus kommen fünfzeilige und nichtssagende Statements, die man fast ebenso gut mit dem Blitzlicht in ein paar Minuten hätte erfragen können. Sie sollten daher diese anspruchsvolle Methode nicht zu früh einsetzen, nach unseren Erfahrungen nicht vor der Mitte der Sekundarstufe I.

Anspruchsvolle Methode für ältere Klassen

Einsatzmöglichkeiten
Etwa von der Klasse 8 an sehen wir Einsatzmöglichkeiten für diese Methode überall dort, wo Erkundungen in oder außerhalb der Schule durchgeführt werden, also keineswegs nur im Deutschunterricht.

16 Themenzentrierte Selbstdarstellung

Vorbemerkungen

Der Begriff Selbstdarstellung klingt vielen Lesern sicherlich verdächtig nach Eigenlob, und das stinkt ja bekanntlich. Wir sind allerdings der Meinung, dass der schulische Lernprozess sehr direkt und unmittelbar verknüpft ist mit der jeweiligen Schülerpersönlichkeit und damit dem eigenen Selbst. Viele Untersuchungen zum Lernen in der Schule haben gezeigt, dass für das Lernen die Erfahrung des eigenen Ichs innerhalb einer Gruppe von erheblicher Bedeutung ist, und das auch bei rein kognitiven Lerninhalten.

Das eigene Ich innerhalb der Gruppe erfahren

Daher hat alles, was in der Schule an Lernprozessen stattfindet, eine selbstdarstellerische Seite, also jedes Melden, jede sonstige mündliche oder schriftliche Aktivität, jede Rückgabe einer Klassenarbeit und erst recht jede schauspielerische Darbietung wie etwa im Rollenspiel oder im Texttheater. Dennoch haben wir die Überschrift „Themenzentrierte Selbstdarstellung" aus zwei Gründen gewählt:

1. Der Anteil dessen, was aus dem eigenen Ich kommen muss, ist bei den hier vorgestellten Einstiegsmethoden deutlich größer als in den anderen Kapiteln des Buches. Allen Varianten gemeinsam ist eine Phase, in der jede einzelne Schülerin und jeder einzelne Schüler unmittelbar gefordert ist und seine eigene, persönliche Meinung zu dem jeweiligen Thema deutlich aussprechen muss. Eine Reihe von empirischen Untersuchungen hat gezeigt, dass gerade die stillen Schülerinnen und Schüler überhaupt nur dann zur mündlichen Mitarbeit bereit sind, wenn sie von Anfang an Gelegenheit haben oder auch gezwungen werden, selber etwas zu sagen. Wer die ersten zehn Minuten schweigt, sagt auch den Rest der Stunde oder Einheit nichts. Themenzentrierte Selbstdarstellungen stellen gute Methoden dar, um am Anfang alle zum Reden zu bringen.
2. Die Selbstdarstellung soll themenzentriert sein, und dies halten wir für den wichtigsten Unterschied zu allen gruppendynamischen und kommunikativen Übungen, die wir damit aber keineswegs abqualifizieren wollen. Im Gegenteil, es gibt, etwa für den Klassenlehrer einer schwierigen Klasse, wunderbare Kooperationsspiele, die das soziale Klima und damit auch die Lernvoraussetzungen deutlich verbessern können. Themenzentriert bedeutet, dass es vor Beginn des eigentlichen Unterrichts keine vom Inhalt unabhängige Aufwärmphase gibt, sondern dass von Anfang an thematisch orientiert gearbeitet wird.

16.1 Sprechmühle

Grundüberlegungen zur Didaktik

Die Sprechmühle als themenzentrierte Selbstdarstellung verfolgt zwei Ziele mit jeweils unterschiedlicher Gewichtung: Einerseits können sich die Schülerinnen und Schüler einer Lerngruppe auf relativ ungezwungene Weise kennenlernen, und das ist immer dann wichtig, wenn sich eine Klasse oder ein Kurs neu bildet, andererseits werden bei dieser Einstiegsmethode erste inhaltliche und sachliche Ergebnisse produziert, auf denen der weitere Unterricht aufbauen kann.

Entwickelt wurde die Methode in den USA von Psychologen, uns ist sie zuerst an der Universität Oldenburg als „milling" begegnet. Unsere deutsche Übersetzung „Sprechmühle" soll einerseits das Mahlen verdeutlichen, also das kreisförmige Sich-durcheinander-Bewegen während der Musikphase (Näheres unten), andererseits klarstellen, dass es hier ausschließlich um Sprache und sprachliche Darstellungen geht.

Voraussetzungen und Vorbereitung

Die Lehrkraft hat sich zu Hause drei bis fünf wichtige Fragen zum Thema überlegt und passende Musik mitgebracht. Am Stundenbeginn wird in der Mitte des Klassenraums ein möglichst großer freier Platz geschaffen. Die Lehrerin/der Lehrer erklärt den Ablauf: Alle Schülerinnen und Schüler sollen, während die Musik spielt, auf dem Platz umherschlendern wie auf einem Marktplatz. Sobald die Musik aussetzt, wendet sich jeder dem Partner zu, der gerade neben ihm steht. Dann wird bestimmt, wer Partner A und wer Partner B ist (dazu weiter unten).

Danach stellt der Spielleiter die Aufgabe vor, und der Partner A hat ein bis zwei Minuten Zeit, seinem Gegenüber seine Lösung zu präsentieren. Anschließend wechseln nach einem Signal des Spielleiters die Positionen, und Partner B ist derjenige, der redet. Der jeweils Zuhörende übt aktives Zuhören, er unterbricht den Redenden nicht und stellt keine problematisierenden und keine Verständnisfragen. Etwa ein bis zwei Minuten später setzt die Musik wieder ein, das Umherschlendern beginnt erneut, wird nach einiger Zeit unterbrochen, und der oben beschriebene Ablauf fängt mit der nächsten Aufgabe an. Nach drei bis fünf Durchgängen ist die Sprechmühle beendet.

Die Festlegung von Partner A und Partner B ist keineswegs ein nebensächlicher Bestandteil der Methode, sondern bei der Vorbereitung sollten möglichst witzige und originelle Prozeduren gefunden werden, um die jeweiligen Zuordnungen vorzunehmen. Dies ist wichtig, um den Schülerinnen und Schülern Spaß an der Sache zu vermitteln und ihnen Hemmungen zu nehmen. Je aufgelockerter und fantasievoller diese Phase ist, desto eher sind alle bereit, in der folgenden inhaltlichen Phase engagiert mitzumachen. Selbstredend darf diese Phase aber nicht zum Selbstzweck werden oder übermäßig viel Zeit in Anspruch nehmen. Sie sollten bei der Durchführung darauf achten, dass alle mit wechselnden Partnern ins Gespräch kommen.

Durchführung

Im Deutschunterricht einer siebten Klasse wird das Thema „gute Menschen/böse Menschen" neu begonnen. Am Anfang der ersten Stunde findet eine etwa zwanzigminütige Sprechmühle statt:

Zu Beginn erkläre ich den Ablauf und lasse die Musik einige Minuten spielen, um der Klasse ein bisschen Eingewöhnungszeit zu geben. Dann unterbreche ich die Musik und stelle die erste Aufgabe, um Partner A zu bestimmen: „Partner A ist derjenige, der am längsten auf einer Zehenspitze stehen kann, ohne mit den Armen zu balancieren." Nach der Klärung lautet die erste Frage: „Was würdest du tun, wenn du böse sein müsstest?"

Eine Minute später wechseln auf mein Zeichen die Rollen, nach einer weiteren Minute setzt die Musik wieder ein, und die Partner lösen sich voneinander. Drei weitere Durchgänge mit folgenden Aufgaben zur Partnerwahl werden durchgeführt:
- Derjenige, der die größeren Füße hat, ist Partner A (bei Gleichheit entscheidet die Länge des großen Zehs).
- Partner A ist am letzten Samstag später ins Bett gekommen.
- Partner A ist derjenige, der weiß, wer die jüngste Lehrerin oder der jüngste Lehrer an unserer Schule ist.

Die inhaltlichen Fragen lauten:
- Wie würdest du deine Freundin oder deinen Freund bestrafen, wenn sie oder er dich bestohlen hätte?
- Deine Freundin oder dein Freund hat dich angelogen, dir bewusst etwas Falsches gesagt. Was würdest du tun?
- Du bist glücklich. Wie drückt sich das aus? Wie verhältst du dich?

Die Sprechmühle läuft nach dem vorgestellten Schema ab, es gibt weder Risiken noch sonstige Unwägbarkeiten. Wir haben noch nie erlebt, dass eine Lerngruppe sich geweigert hätte mitzumachen, was ja auch angesichts der geringen Zumutbarkeitsrate nicht zu erwarten ist.

Die vielen in der Sprechmühle geäußerten Meinungen müssen jetzt in verdichteter Form der gesamten Klasse zugänglich gemacht werden. Wir schlagen zwei Alternativen vor:
- Jede Schülerin und jeder Schüler notiert auf einer Karteikarte in Stichworten die wichtigsten Äußerungen der Gesprächspartner.
- Wenn die letzte Aufgabe einen resümierenden Charakter hat, empfiehlt es sich, die Zweiergruppe, die sich beim letzten Durchgang gefunden hat, gemeinsam auf einer Karteikarte das Ergebnis der abschließenden Gesprächsrunde notieren zu lassen.

Die Karten werden gemeinsam strukturiert, an die Wand gehängt und bilden die Grundlage für die weitere Arbeit.

Didaktischer Kommentar

Welche Kompetenzen können Schülerinnen und Schüler beim Einsatz der Sprechmühle erwerben?

Viele Klassen entwickeln nach zögerlichem Beginn bald Gefallen an der Methode. Trotz des deutlichen Inszenierungscharakters der Sprechmühle sind die Bereitschaft und die Bemühung, etwas zum Thema beizutragen, beachtlich hoch. Das Bedürfnis, eine einmal angefangene Geschichte auch zu Ende zu bringen, wurde uns immer wieder deutlich. Die Sprechmühle verstärkt so die erzählerischen Kompetenzen der Klasse.

Neben den bereits oben skizzierten Möglichkeiten der Ergebnissicherung hat sich in dieser Situation auch die Methode des Blitzlichts als sinnvoll erwiesen. Hierfür erhalten die Schülerinnen und Schüler vor Beginn der Sprechmühle den Arbeitsauftrag, sich besonders wichtige oder beeindruckende Aussagen der jeweiligen Partner zu merken. Nach Ende der Sprechmühle wird dann ein Sitzkreis gebildet, und jeder sagt in einem Satz das, was ihm am wichtigsten erschien. Diese Aussagen können den sachlichen Hintergrund für die nachfolgende Diskussion ergeben.

Das kann auch schriftlich geschehen, und Sie können zu Hause mit diesen schriftlich fixierten Ergebnissen ein Arbeitsblatt für die nächste Stunde erstellen. Dies empfiehlt sich besonders, wenn man die Schülerinnen und Schüler auffordert, zu jeder Frage eine Aussage zu notieren, man gewinnt dann häufig einen nicht unbeträchtlichen „Steinbruch" als Diskussionsgrundlage für die folgende Stunde.

Nachteile und Schwächen

Die Sprechmühle eignet sich als Einstieg in neue Thematiken nur dort, wo die Schülerinnen und Schüler bereits Vorkenntnisse mitbringen, denn selbstredend kann man sich nicht mit einem Partner über ein Gebiet unterhalten, von dem beide keine oder nur spärliche Ahnung haben. Alle in der Schule zu bearbeitenden Sachgebiete, zu denen die Schülerinnen und Schüler eine Voreinstellung, ein Vorurteil oder eine Meinung haben, sind sprechmühlentauglich. Alle Stoffgebiete, in denen es zunächst um den Erwerb reinen Faktenwissens bzw. Sachkompetenz geht, sind für diese Einstiegsmethode wenig oder gar nicht geeignet.

Einsatzmöglichkeiten

Erfordert Disziplin

Da diese Methode, wenn man sie strikt wie oben beschrieben durchführt, einen recht rigiden Charakter hat und ein gewisses Maß an Disziplin erfordert, ist sie in der Grundschule wohl noch nicht einsetzbar, sicherlich aber von Klasse 5 an in allen Schulformen. Varianten und Abweichungen von dem starren Schema „Partner A spricht, Partner B hört nur zu" sind jederzeit möglich und sicherlich auch situativ notwendig.

Auf der anderen Seite ist der Zwang, der von dieser Methode ausgeht, fruchtbar, denn in der jeweiligen Zweiergesprächssituation kann sich eben keiner der Schülerinnen und Schüler verstecken, sondern ist tatsächlich zu eigenen Beiträgen genötigt. Daher sollten die Sprechzeiten für Partner A und Partner B altersangemessen sein.

Da in der Sprechmühle keinerlei sachliche Grundlagen für den Erwerb faktischen Wissens gelegt oder methodisch vorbereitet werden, ist diese Methode denkbar ungeeignet in all den Fächern und Themengebieten, die fundiertes Wissen voraussetzen, das die meisten Schülerinnen und Schüler gerade zu Beginn der Einheit noch nicht haben. Sie würde dort auch ihr Ziel verfehlen.

Mit anderen Worten: Erst, wenn sich die rein kognitive Wissensebene mit der emotionalen, affektiven und pragmatischen Sozialisations- und Erfahrungsebene mischt, verlieren die Schülerinnen und Schüler die Scheu, mit der eigenen Meinung und dem eigenen Wissen herauszurücken. Eine Sprechmühle unter versierten Fachleuten zu einem rein fachlichen Gebiet, etwa der Lösung komplexer Gleichungssysteme im Fach Mathematik, wäre zwar grundsätzlich denkbar, würde aber die angestrebte Ganzheitlichkeit, die Verbindung der kognitiven mit der emotionalen und pragmatischen Dimension bestenfalls karikieren.

Nach unseren Erfahrungen haben Kinder und Jugendliche heutzutage zu vielen Themen teilweise sehr detaillierte Vorkenntnisse (z. B. aus den Medien), die sie an dieser Stelle sinnvoll einbringen können – und diese beschränken sich nicht nur auf Themen etwa des sozialkundlichen Bereichs, sondern umfassen auch physikalische, biologische oder sonstige technische Fragen der heutigen Zeit.

16.2 Partnerinterview

Grundüberlegungen zur Didaktik

Das Partnerinterview gehört nicht zur Kategorie der Erkundungen, der Unterrichtsraum wird also nicht verlassen, sondern wir möchten Ihnen in diesem Kapitel, das sich ja mit den themenzentrierten Selbstdarstellungen befasst, eine spezielle und klasseninterne Form dieses Befragungsrituals vorstellen, die sich besonders gut als Einstiegsmethode eignet.

Ähnlich wie die Sprechmühle macht sich das Partnerinterview den Zwang zunutze, in der Unmittelbarkeit einer Zweiersituation etwas zu einem Thema sagen zu müssen, von dem man Vorkenntnisse hat und dem man mit gewissen Voreinstellungen begegnet. Ohnehin sind die Übergänge zur Sprechmühle fließend, da auch im Partnerinterview jeder der beiden Beteiligten sowohl Interviewer als auch Interviewter ist. Mischformen sind bei entsprechender Vorplanung jederzeit möglich.

Voraussetzungen und Vorbereitung

Die Voraussetzungen auf Schüler- und Lehrerseite sind gering, man braucht die Methode nicht umständlich zu erklären, da alle wissen, was ein Interview ist und sonstige größere Aktivitäten oder Fertigkeiten nicht gefordert sind.

Da im Partnerinterview im Gegensatz zur Sprechmühle mit stabilen Zweiergruppen gearbeitet wird und kein dauernder Wechsel des Partners stattfindet, können die inhaltliche Vorbereitung und Durchführung anspruchsvoller sein als bei der Sprechmühle, die Partner haben mehr Zeit zur Vertiefung. Inhaltliche Grundlage des Partnerinterviews können also auch Texte sein, die als Hausaufgabe vorbereitet sind oder zunächst gemeinsam oder in Einzelarbeit gelesen werden. Natürlich können auch wie bei der Sprechmühle einige spontan zu beantwortende Fragen das Gerüst des Interviews bilden. Ähnliches gilt für Bilder, Collagen, Filme und Musikstücke, alles kann Impuls oder Grundlage für die Interviews sein.

Bilden Sie die Zweiergruppen auf ungewöhnliche Art

Wir möchten Ihnen raten, ein bisschen Fantasie bei der Bildung der Zweiergruppen zu entwickeln. Man könnte einfache und schnelle Verfahren wie das Nachbar- oder Zufallsprinzip nutzen, aber ausgefallenere und aufwändigere Varianten sind nach unseren Beobachtungen kein überflüssiger Schnickschnack, sondern sorgen für eine bessere Arbeitsatmosphäre. Als Anregungen wollen wir Ihnen nur zwei Möglichkeiten nennen:

1. Das „Sprichwortpuzzle": Bekannte Sprichwörter werden auf Karteikarten geschrieben und in zwei Teile zerschnitten. Jede Schülerin oder jeder Schüler erhält ein Teil und muss dann den Sprichwortpartner suchen.
2. Noch witziger ist das „akustische Memory": Man besorgt sich aus einem Fotogeschäft alte Filmdosen und füllt je zwei mit gleichen und gleich vielen Gegenständen (Erbsen, Schrauben, Reis ...), sodass beim Schütteln immer zwei den identischen Klang haben. Jeder schüttelt sich dann so lange durch die Klasse, bis er seinen Partner gefunden hat.

Man kann sowohl das Sprichwortpuzzle als auch das Schüttelmemory immer wieder verwenden, der einmalige Aufwand lohnt also.

Durchführung

Die Lehrerin oder der Lehrer verteilt oder zeigt zu Anfang der Stunde das Material und lässt die Zweiergruppen bilden. Sie oder er erläutert, dass in jeder Gruppe die Rollen nach der Hälfte der Zeit wechseln, jeder also einmal Interviewer ist und einmal interviewt wird. Dann wird ein Zeitlimit gesetzt, das vom Material, den Fragen und dem Thema abhängt, und es werden die Fragen gestellt, falls dies so vorbereitet ist. Anschließend findet die Interviewphase statt.

Um eine zuverlässige Ergebnissicherung zu haben, sollte der Interviewer unmittelbar nach Interviewende ein kurzes Gedächtnisprotokoll anfertigen. Dies kann durchaus mit dem Interviewten zusammen geschehen. Das hat den Vorteil, dass falsche Wiedergaben oder Missverständnisse erst gar nicht entstehen. Mit diesem Schritt ist der Einstieg durch das Partnerinterview beendet.

Die weitere Unterrichtsgestaltung kann auf sehr verschiedene Weise erfolgen. Wichtig und positiv ist, dass in Gestalt der Protokolle eine schriftliche Grundlage existiert, auf der der weitere Unterricht aufbaut.

Das „Vier-Fragen-Interview"

Wir möchten Ihnen noch eine originelle Variante schildern, das „Vier-Fragen-Interview": Im Geschichtsunterricht einer zehnten Klasse haben die Schülerinnen und Schüler den Wunsch geäußert, über die im Jahr 2010 sehr aktuelle Situation des „Volkshelden Sarrazin – Warum so viele Deutsche einem Provokateur verfallen" zu diskutieren. Der Einstieg soll mithilfe des Vier-Fragen-Interviews gestaltet werden. Hierzu bringt der Lehrer aktuelle Zeitungstexte mit.

Die Texte werden zunächst einmal in Stillarbeit gelesen, anschließend werden Verständnisfragen geklärt. Dann stellt der Lehrer der Klasse folgende Aufgabe: „Stellt euch vor, ihr sollt zu diesem Text interviewt werden. Überlegt euch vier Fragen, auf die ihr gerne antworten wollt." Nach zehn Minuten haben alle ihre Fragen notiert, jetzt werden mithilfe des Sprichwortpuzzles Zweiergruppen gebildet und anschließend die Interviewfragen ausgetauscht. Die ursprüngliche Sitzordnung bleibt zunächst erhalten, die Partner haben noch keinen unmittelbaren Kontakt miteinander. Beide haben jetzt ein paar Minuten Zeit, die Fragen des anderen zu verfeinern und zu differenzieren, ohne sie aber grundsätzlich zu ändern. Dann erst werden die Interviews durchgeführt und die Protokolle angefertigt. Der Lehrer nimmt die Gedächtnisprotokolle mit nach Hause und fertigt daraus ein Arbeitsblatt für die nächste Woche, auf dem er als Diskussionsgrundlage Pro- und Kontra-Argumente gegenüberstellt.

Didaktischer Kommentar
Welche Kompetenzen können Schülerinnen und Schüler beim Partnerinterview erwerben?

Die angestrebten Kompetenzen können je nach Gestaltung des Partnerinterviews recht verschieden sein. Wenn man diese Methode ähnlich wie eine Sprechmühle gestaltet, also spontane Antworten auf Fragen erwartet, wird man sich auf Themengebiete beziehen müssen, zu denen die Schülerinnen und Schüler bereits eine Meinung haben. Primäres Lernziel ist also die Bewusstmachung der eigenen Vorurteile und Voreinstellungen.

Weiterhin trainiert das Partnerinterview die narrativen und die empathischen Fähigkeiten. Die Schülerinnen und Schüler müssen sowohl den eigenen Standpunkt vertreten als auch den ihres jeweiligen Partners erkennen und zumindest teilweise akzeptieren lernen. Da beide die eine und die andere Funktion übernehmen, ist es unter diesem Aspekt relativ gleichgültig, wie rigide Sie vorher die Trennung in Interviewer und Interviewter festgelegt haben.

Selbst ein sachlicher Text oder vergleichbares Material, das keine nennenswerten emotionalen oder pragmatischen Dimensionen aufweist, kann inhaltliche Grundlage eines Partnerinterviews werden, beispielsweise ein juristischer Text. Die Schülerinnen und Schüler können im Interview Sachkenntnis und methodische Fähigkeiten der Materialerschließung beweisen und einüben.

Hinzu kommen bei der Vier-Fragen-Form zwei weitere Kompetenzen:
- Die selbstverantwortete Erschließung des Textes durch die Formulierung eigener Fragen, auf die man während des Interviews auch möglichst sinnvolle Antworten geben muss, um sich nicht zu blamieren.
- Der ebenso verantwortungsvolle Umgang mit den Fragen des Partners, der neben Sachkenntnis auch ein entsprechendes Einfühlungsvermögen verlangt.

Nachteile und Schwächen

Das oben beschriebene Beispiel hat eine Doppelstunde Zeit in Anspruch genommen. Es stellt sich die Frage, ob man mit einem normalen gelenkten Unterrichtsgespräch unter Zuhilfenahme des Textes nicht die gleichen Ergebnisse wesentlich schneller hätte erzielen können. Das ist sicher auf der reinen Effektivitäts- oder Outputebene richtig: Die vier oder fünf leistungsstärksten Schülerinnen und Schüler hätten das, was der Lehrer zu Hause auf das Arbeitsblatt geschrieben hat, in vielleicht einer Schulstunde formulieren können, und ein entsprechender Tafelanschrieb hätte für die Ergebnissicherung gesorgt.

Aber was ist mit den fünfzehn oder zwanzig anderen, die dem Unterrichtsgespräch mehr oder weniger beteiligt und aufmerksam gefolgt sind? Und was ist mit den oben genannten sozialen Kompetenzen wie der Entwicklung von Empathie? Inwiefern sind die methodischen Fähigkeiten und Fertigkeiten der Schülerinnen und Schüler gestärkt worden? Wir sind der Meinung, dass jeder schulische Begriff von Effektivität zu kurz greift, wenn er ausschließlich die Outputrate an kognitivem Wissen im Auge hat.

Nicht nur auf die Effektivität achten

Ein anderer kritischer Aspekt bezieht sich auf das disziplinarische Verhalten der Schülerinnen und Schüler: Wie bei einer ganzen Reihe anderer hier vorgestellter alternativer Einstiegsmethoden birgt auch das Partnerinterview das Risiko, dass uninteressierte Schülerinnen oder Schüler die willkommene Pause vom Frontalunterricht für Nebentätigkeiten oder auch nur zur Entspannung nutzen. Der Glaube, man könne mit einer neuen Methode auch die am wenigsten interessierten Schülerinnen und Schüler bis unter die Haarspitzen motivieren, ist naiv. Wir sehen keinen „Königsweg", um alle zur Arbeit anzuhalten.

Ein Vorteil des Partnerinterviews sowie der meisten in den übrigen Kapiteln dargestellten Methoden ist allerdings die Handlungs- und Produktorientierung. Da alle am Schluss der Sequenz etwas präsentieren müssen, ist ein gewisser Zwang von der Sache her gegeben.

Einsatzmöglichkeiten

Durch die Medialisierung unserer heutigen Lebenswelt ist das Interview ebenso allgegenwärtig wie normal geworden. Wir meinen daher, dass man diese Methode schon in den höheren Grundschulklassen einsetzen kann, ganz sicher aber mit Beginn der Sekundarstufe I in allen Schulformen. Nach oben sind altersmäßig keine Grenzen gesetzt. Das Thema und der Komplexitätsgrad der verwendeten Materialien müssen altersangemessen sein.

16.3 Meinungskarussell

Grundüberlegungen zur Didaktik

Die Grundidee zu dem Meinungskarussell haben wir unter dem Namen „Berufskarussell" in einer Broschüre zum berufsorientierenden Unterricht gefunden. Prinzip dieser Einstiegsmethode ist die Mischung von Eigen- und Fremdbeobachtung innerhalb einer Schülergruppe, Ziel die Ermittlung der jeweiligen Berufswünsche. Entwickelt wurde sie von Berufsberatern gemeinsam mit Lehrern.

Wir haben das Berufskarussell im Unterricht erprobt und hielten das didaktische Prinzip und seine Umsetzung für so gut, dass wir die Methode zum Meinungskarussell erweitert haben, um sie so als Einstiegsmethode für einen breiteren Themenbereich nutzen zu können.

Im Gegensatz zu den didaktisch nahestehenden Methoden Sprechmühle und Partnerinterview verlangt das Meinungskarussell keine spontanen mündlichen Äußerungen der Schülerinnen und Schüler, sondern die Auseinandersetzung mit der eigenen und der Meinung der anderen findet in schriftlicher Form statt. Dies hat Auswirkungen auf die didaktische Funktion und die Anforderungen an die Lerngruppe. Gerade bei ruhigeren, schüchternen Klassen, in denen die spontane mündliche Äußerungsbereitschaft nicht so sehr ausgeprägt ist, lässt sich das Meinungskarussell gut einsetzen.

Es geht beim Einsatz dieser Methode darum, Meinungen zu thematisieren, die im Alltagsleben zu Erfahrungen und Vorurteilen verdichtet worden sind.

Voraussetzungen und Vorbereitung

Außer der Auswahl geeigneter Materialien sind keine nennenswerten Vorbereitungen oder Voraussetzungen erforderlich.

Durchführung

In einer neunten Klasse soll im Fach Politik/Wirtschaft über die Frage „Fortsetzung der Großen Koalition nach der Bundestagswahl vom September 2017 oder nicht?" in die gegenwärtige politische Debatte eingestiegen werden. Der Einstieg soll über das Meinungskarussell erfolgen. Dazu hat die Lehrerin ein Arbeitsblatt mit folgenden Texten vorbereitet:

Äußerungen von Politikern und Journalisten zur Fortsetzung der Großen Koalition (Zitate aus verschiedenen deutschen Tageszeitungen)

Bundestagspräsident Norbert Lammert, CDU
Gerade wir in Deutschland haben die besondere Aufgabe, gegen Fundamentalisten und Fanatiker vorzugehen. Das ist im Vergleich zu Ausschlägen in vielen anderen Ländern gelungen. Auch ein Ergebnis der verlässlich langweiligen Großen Koalition.

Martin Ellerich, Westfälische Nachrichten
„Opposition sei „Mist", lautet ein Wort des einstigen SPD-Chefs Müntefering. Aber: Ohne starke Opposition wird's in der Demokratie auch problematisch. Allzu leise war der parlamentarische Gegenwind in Zeiten der großen Koalition. Große Debatten? Lebhafter Streit um den Weg? Das ist schwierig, wenn beide (immer noch) Volksparteien auf der Regierungsbank sitzen.
Das scheinbare Fehlen des Widerspruchs im Bundestag, solche quasi „alternativlose" Politik, stärkt extreme Kräfte. Das war schon in der ersten großen Koalition in den 1960er-Jahren so. Und es zeigt sich jetzt wieder: Laut Umfragen haben 60 Prozent der AfD-Wähler ihr Kreuz aus Protest – nicht aus Überzeugung – bei den Rechtsextremen gemacht.

Winfried Kretschmann, Bündnis 90/Die Grünen, Berliner Zeitung
Alles ist besser als Neuwahlen. Nun ist diese Behauptung nur zu verständlich – vor allem kombiniert mit der Aussage, man könne die Leute nicht so lange wählen lassen, bis es denen in Berlin passe. Dennoch lässt sich mit durchaus guten Argumenten auch die gegenteilige Position vertreten.
Zunächst ist eine Regierung ja kein Wert an sich. Mindestens ebenso wichtig sollte sein, welche Politik sie macht. Ob der Soli abgeschafft wird oder nicht, ob Flüchtlingsfamilien nachziehen dürfen oder nicht, ob Kohlekraftwerke abgeschaltet werden oder nicht – die Antworten darauf sind keine Petitessen, sondern Kern staatlichen Handelns bis 2021.

Dieses Arbeitsblatt wird verteilt und gelesen, dann werden Gruppen von vier bis sechs Schülerinnen und Schülern gebildet, die Lehrerin achtet darauf, dass in allen Gruppen Jungen und Mädchen sind.

Jede Schülerin und jeder Schüler erhält ein zweigeteiltes Blatt mit folgenden Sektoren:
- Aussagen pro „GroKo", denen ich zustimmen kann.
- Aussagen gegen „GroKo", denen ich zustimmen kann.

Dazu ergeht folgende Arbeitsanweisung: „Schreibe bitte in jedes Feld drei bis fünf Aussagen, die dir besonders wichtig sind. Du kannst dich dabei direkt auf das Arbeitsblatt beziehen, aber auch andere Aspekte oder Dinge nennen."

Dann gibt jeder im Uhrzeigersinn seinen Bogen an den Gruppennachbarn weiter. Dieser soll zu einigen der Aussagen einen kurzen Kommentar schreiben. Dann wird das Blatt weitergereicht und erneut kommentiert. Dies wird so lange wiederholt, bis jeder seinen eigenen Bogen wieder vor sich hat. Der letzte Schritt besteht darin, dass jeder die Kommentare der anderen aus seiner persönlichen Sicht schriftlich kommentiert.

Damit ist der Einstieg in das neue Thema abgeschlossen. Man kann die anonym gehaltenen Bögen an die Wand heften und ein Auswertungsgespräch führen, man kann sie auch unkommentiert aufhängen und im späteren Verlauf der Einheit darauf zurückkommen, sogar das Ganze noch einmal wiederholen und etwaige Veränderungen der inneren Einstellung diskutieren. Die Gruppen können auch eine gemeinsame Collage anfertigen.

Didaktischer Kommentar

Welche Kompetenzen können Schülerinnen und Schüler beim Meinungskarussell erwerben?

Die Schülerinnen und Schüler geben zu einem für sie wichtigen Thema ihre eigene Ansicht zu Papier und erfahren, was andere über die eigene Meinung denken. Keiner ist negativ herausgehoben, da jeder jeden beurteilt und die Rollen somit wechseln. Animositäten, die vielleicht in einer sehr persönlichen Zweiersituation aufkommen könnten, treten in der Gruppe nicht so leicht hervor.

Die Schülerinnen und Schüler
- lernen, sich schriftlich zu persönlichen Themen auszudrücken und eigene Standpunkte zu formulieren, und
- erkennen dabei, dass die Partner in der Lerngruppe die eigene Meinung vielleicht ganz anders sehen.

Hierbei erfahren sie in sprachlich vermittelter und anschaulicher Weise,
- dass man bereit sein muss, die eigene Meinung auch gegen Widerstand zu verteidigen, sich also nicht gleich der ersten Kritik beugen und sein „Mäntelchen in den Wind hängen" sollte,
- dass man andererseits aber auch bessere Argumente der anderen akzeptieren muss, also nicht starrsinnig gegen alle anderen Meinungen auf der eigenen beharren darf.

Diese Dynamik aus Eigenperspektive und Fremdsicht ist nach unserer Meinung der wichtigste und positive Aspekt des Meinungskarussells. Die Schülerinnen und Schüler
- erfahren sich und die eigene Person im Spiegel der anderen,
- lernen gleichzeitig, dass Kritikfähigkeit auch den Willen einschließt, den anderen nicht unnötig zu verletzen.

Gerade bei Schülerinnen und Schülern, die noch ungeübt im Kritisieren und im Kritisiertwerden sind, bietet die schriftliche Form der Auseinandersetzung einen hilfreichen Schutz im Vergleich zur Unmittelbarkeit der normalen mündlichen Auseinandersetzung.

Auf der Ebene der instrumentellen Lernziele erhöht das Meinungskarussell die Fähigkeit, seinen eigenen Standpunkt schriftlich knapp und präzise zu artikulieren, und leistet somit wichtige Zuträgerdienste für jede schriftliche Erörterung.

Nachteile und Schwächen

Auf achtsamen Umgang miteinander hinweisen

Die oben angesprochene Dynamik aus Eigenperspektive und Fremdsicht birgt natürlich immer die Gefahr, den anderen zu verletzen oder selbst verletzt zu werden. Sich mit den eigenen Meinungen und Vorurteilen zu beschäftigen fördert die Herausbildung der eigenen Identität, was für heutige Jugendliche in einer Gesellschaft der zunehmenden Individualisierung besonders wichtig ist.

Die Bereitschaft, sich zu äußern, und das auch noch in schriftlicher und damit objektivierter Form, erfordert durchaus ein gewisses Maß an Mut seitens der Schülerinnen und Schüler. Daher kann es passieren, dass die Unsicheren in der Gruppe nicht die eigene Meinung aufschreiben, sondern das, was die anderen Gruppenmitglieder honorieren werden.

Einsatzmöglichkeiten

Es gibt klare Beschränkungen in Bezug auf Alter und Fächer. Wir meinen, dass erst ab der Mitte der Sekundarstufe I die Schülerinnen und Schüler die Fähigkeit zu Kritik und Selbstkritik so weit entwickelt haben, dass das Meinungskarussell eingesetzt werden kann. Beschränkungen auf eine bestimmte Schulform sehen wir dagegen nicht.

Die Methode kommt nur in den Fächern bzw. Themengebieten in Betracht, in denen es um Meinungen, Alltagserfahrungen und Vorurteile geht. Dies sind traditionell Fächer wie Sozialkunde, Religion, Werte und Normen, Ethik, eventuell auch noch Geschichte, Geografie und die Fremdsprachen. Sehr gut geeignet ist das Meinungskarussell im Deutschunterricht, da das Training der instrumentellen Fertigkeiten in Bezug auf Text- und sonstige Erörterungen im Vordergrund steht.

Die Methode taugt nicht zur Überprüfung reinen Faktenwissens oder des Lernstandes, es ist also z. B. nicht sinnvoll, mit dem Meinungskarussell die Kenntnisse einer Klasse in Bereichen wie Grammatik, Vokabeln oder mathematische Fähigkeiten zu Beginn einer entsprechenden Einheit überprüfen zu wollen.

16.4 Collage

Grundüberlegungen zur Didaktik

Das Prinzip des Collagierens ist den meisten Schülerinnen und Schülern aus dem Kunstunterricht bekannt, und nach unseren Erfahrungen in der Lehrerfortbildung können auch fast alle Kollegen den Arbeitsauftrag, eine Collage anzufertigen, ohne größere Erläuterungen umsetzen – wir können uns also kurz fassen: Bei dem Themeneinstieg über eine Collage sollen die Schülerinnen und Schüler aus selbst mitgebrachtem oder vorgesetztem Material mithilfe von Schere, Klebstoff und Stiften ein Bild anfertigen, das ihre eigene Einstellung oder ihr Vorwissen oder ihre Erwartungen bezüglich des neuen Themas visualisiert.

Das didaktische Grundprinzip der Collage ist eng verwandt mit dem des Clusterbildens, und die Methode des Collagierens hätte daher mit einigem Recht auch im Kapitel „Sortieren und Strukturieren" vorgestellt werden können. Es gibt allerdings einen entscheidenden Unterschied bezüglich der Offenheit des Vorgehens, denn das Rohmaterial für die Collagen ist nicht vorstrukturiert und auch gar nicht mal unbedingt themenbezogen. Die Grundaufgabe besteht auch nicht darin, Struktur in eine ungeordnete Masse zu bringen, sondern diejenigen Details willkürlich auszuwählen, die der Einzelne subjektiv als besonders signifikant empfindet.

Voraussetzungen und Vorbereitung

Die Schülerinnen und Schüler benötigen Arbeitsmaterial wie Klebstoff, Scheren und Buntstifte sowie einen großen Papierbogen. Die einzige wichtige organisatorische Vorarbeit besteht in der Beschaffung der Materialgrundlage, aus der die Collagen entstehen sollen. Dies können – je nach Thema – die Schülerinnen und Schüler auch in Eigenregie übernehmen.

Durchführung

Im Geschichtsunterricht der Klasse 7 ist das antike Griechenland obligatorisches Unterrichtsthema. Der Einstieg soll mit einer Collage gestaltet werden. Zur Vorbereitung besorgen die Schülerinnen und Schüler aus den ortsansässigen Reisebüros Prospektmaterial, und auch der Lehrer bringt von zu Hause all das an Broschüren und Zeitschriftenartikeln mit, was das häusliche Urlaubsarchiv hergibt.

Die Schülerinnen und Schüler sollen in Partnerarbeit (es wäre ebenso gut Einzel- oder Tischgruppenarbeit möglich) das reichlich vorhandene und auf einem großen Mitteltisch ausgebreitete Material sichten und eine Collage herstellen, die ein Werbeplakat für eine Urlaubsreise nach Griechenland sein soll.

Am Ende der Doppelstunde hängen 13 sehr unterschiedliche Collagen im Klassenraum, aus denen recht verschiedene Interessens- und Vorwissenskonstellationen hervorgehen. Deutlich wird, dass alle sich gedanklich mit dem Land, seinem Klima, seinen Urlaubs- und Freizeitangeboten, aber auch mit seiner Geschichte auseinandergesetzt haben. Neben „Sommer, Sonne, Surfen" treten die griechischen Götter- und Heldengestalten, das antike Olympia, die Akropolis und weitere Motive. Der Klasse hat die freie, kreative Arbeit des Collagierens Spaß gemacht, ihr Interesse am Thema „Griechenland" ist geweckt, wie aus der Besprechung der Collagen zu Beginn der nächsten Stunde deutlich wird.

Didaktischer Kommentar

Welche Kompetenzen können die Schülerinnen und Schüler beim Herstellen einer Collage erwerben?

Eine lustbetonte und kreative Methode

Das Collagieren ist zunächst einmal für die meisten eine lustbetonte und kreative Tätigkeit, die neben den allgemein didaktischen auch spezifische kunstpädagogische Seiten hat, zu denen wir uns als Fachfremde nicht äußern wollen und können.

Die Tätigkeit des Auswählens aus einem großen Materialpool bedeutet eine Verlangsamung und Intensivierung des Einstiegs. Die Schülerinnen und Schüler können sich ihr Vorwissen nach und nach in Erinnerung rufen und damit ihre eigenen Interessen an dem Thema aufbauen und ebenso zwanglos wie gestalterisch artikulieren.

Besonders reizvoll bei dem oben dargestellten Beispiel war die Spannung zwischen dem modernen Reiseziel Griechenland und der antiken Sagen- und Historienwelt, deren weit zurückliegende Ereignisse sich an eben den Orten, die man als Urlauber besucht, abgespielt hatten. Auffällig war, dass die Klasse während der gesamten Griechenland-Phase immer wieder Bilder und Fotos zu den Orten sehen wollte.

Nachteile und Schwächen

Das größte Problem sehen wir in der Materialbeschaffung. Was in dem Griechenland-Beispiel dank der Prospektflut der Reiseveranstalter überhaupt keine Schwierigkeit darstellt, kann bei vielen anderen Themen ein erheblicher Hinderungsgrund sein oder zu einer geballten Ladung an Mehrarbeit führen. Hinzu kommt, dass das Material bei der Bearbeitung zerschnitten wird und nicht wieder verwendet werden kann.

Sehr viel Material nötig

Einsatzmöglichkeiten

Collagen über Themen anfertigen zu lassen, von denen die Schülerinnen und Schüler keinerlei Vorkenntnisse und -erwartungen haben, ist didaktisch sinnlos. Eine weitere Einschränkung in Bezug auf Fächer und Einsatzmöglichkeiten sehen wir, eine befriedigende Materiallage vorausgesetzt, nicht. Mit Collagen kann man in naturwissenschaftliche Themen ebenso einsteigen wie in sprachliche, gesellschaftliche oder geografische. Sie können in fast allen Fächern zu fast allen Themen als Einstieg benutzt werden.

Gute Erfahrungen haben wir insbesondere in höheren Jahrgängen mit dem Anfertigen von Collagen auf dem PC gemacht. Hier wird nicht mehr geschnippelt und geklebt, sondern die Schüler können Grafiken und Bilder direkt aus den entsprechenden Texten einscannen und verarbeiten. Die Präsentation z. B. über PowerPoint macht allen sehr viel Spaß.

16.5 Bunter Bilderbogen

Grundüberlegungen zur Didaktik

Im Gegensatz zu den mit Sprache arbeitenden Einstiegsvarianten stellt der Bunte Bilderbogen eine Einstiegsmethode dar, die orientiert ist an der Verbindung von kognitiv gespeichertem Wissen und ganzheitlichen Erinnerungsspuren, die jeder aus seiner spezifisch strukturierten und gebrochenen Biografie mit sich trägt. Geburtshelfer dieser Verbindung sollen Bilder sein – daher zuerst zu ihnen: Bilder im Gedächtnis bestehen aus Erinnerungsspuren vergangener Lebenserfahrungen als Kind, Jugendlicher, Erwachsener und in unserem Fall als Lehrerinnen oder Lehrer.

Diese Erinnerungsspuren sind aber keine fotografisch-genauen Abbildungen der tatsächlichen, objektiven Ereignisse, sondern subjektiv-ganzheitliche Verarbeitungen der gemachten Erfahrungen, der persönlichen Empfindlichkeiten, Animositäten und Sympathien. Sie können befürchtete zukünftige Tendenzen ebenso ausdrücken wie positive Utopien. Im Ansehen und Auswählen von Bildern können sich diese ganzheitlichen Erinnerungen verdichten und damit zumindest teilweise bewusst und sprachlich vermittelbar werden.

Wir haben einen kurzen Selbsttest durchgeführt: Jeder hat aus einer Reihe beliebiger Zeitschriften das Bild ausgesucht, das ihm das besonders Typische der heutigen Generation zu verkörpern schien. Auch wenn es selbstverständlich den typischen Jugendlichen ebenso wenig gibt wie „Otto Normalverbraucher", so ist doch jeder von uns in der Lage, relativ spontan aus einer Reihe vorgegebener Bilder dasjenige auszusuchen, das ihm besonders signifikant erscheint.

Wir haben zwei sehr verschiedene Bilder ausgewählt. In dem nachfolgenden Gespräch über die Auswahlkriterien zeigte sich, dass unsere grundsätzliche Einstellung zur heutigen Jugend ebenso unterschiedlich ist wie das, was jeder von uns als besonders positiv, ärgerlich oder störend an ihr empfindet. Das heißt: Bilder im Kopf haben den berüchtigten „Pygmalioneffekt". Bezogen auf unsere berufliche Situation: Die Lehrerin oder der Lehrer nimmt primär jene Verhaltensweisen ihrer oder seiner Schülerinnen und Schüler wahr, die den eigenen Vorurteilen entsprechen, und vernachlässigt die Wahrnehmung abweichender Verhaltensweisen.

Eigene Vorurteile hinterfragen

Die didaktische Funktion des Bunten Bilderbogens besteht also in der Möglichkeit, eigene Vorurteile oder Voreinstellungen aufzubrechen und einer rationalen Betrachtung zugänglich zu machen.

Voraussetzungen und Vorbereitung
Der Einsatz des Bunten Bilderbogens erfordert eine – allerdings einmalige – größere Vorbereitungsarbeit: Es müssen aus Illustrierten, Jugendzeitschriften, Modemagazinen und anderen Druckerzeugnissen etwa 150 bis 200 Bilder ausgeschnitten werden. Es ist gleichgültig, ob dies Werbefotos sind oder ob sie aus dem redaktionellen Teil stammen. Es empfiehlt sich, diese Bilder auf DIN-A4-Seiten zu kleben und in Klarsichthüllen zu schieben, dies erleichtert die Handhabung, erhöht die Lebensdauer und lässt den problemlosen Transport in einem Aktenordner zu.

Voraussetzungen auf Schülerseite gibt es keine besonderen.

Durchführung
Wir wollen den Einsatz dieser Einstiegsmethode an einem Beispiel erläutern: Es geht um eine Unterrichtsreihe der Klasse 6 im Fach Naturwissenschaft zum Thema „Sexualität – Partnerschaft, Freundschaft, Liebe". Die Lehrerin hat eine entsprechende Anzahl Bilder gesammelt, die einen, zwei oder mehrere Jugendliche zeigen, aber auch ganz andere Motive wie chromblitzende Autos, alte Menschen, die sich an der Hand halten, oder elegante Lokalitäten.

Zu Beginn der Stunde werden in der Klassenmitte mehrere Tische zusammengestellt oder ein freier Platz auf dem Fußboden geschaffen. Alle Bilder werden ohne irgendwelche Ordnungsprinzipien auf der Fläche verteilt. Dann bekommen die Schülerinnen und Schüler folgenden Auftrag: „Jeder von euch hat eine Vorstellung davon, wie seine Freundin oder sein Freund sein soll. Sucht euch bitte dasjenige Bild aus, das eurer Vorstellung am nächsten kommt. Lasst euch ruhig Zeit. Ihr müsst eure Wahl hinterher vor der Klasse vorstellen und begründen."

Nach der etwa 10 bis 15 Minuten dauernden Wahlphase, die in der Regel recht lebhaft verläuft und der Lerngruppe Spaß macht, wird ein Sitzkreis gebildet und jede Schülerin und jeder Schüler erläutert reihum oder in beliebiger Reihenfolge die Gründe der Wahl.

Strukturierende Auswertung
Der nächste Schritt ist recht schwierig und verlangt von der Lehrerin einiges an Geschick und Konzentration, ist aber wichtig, um die Methode nicht in „fun and action" verkommen zu lassen. Sie muss versuchen, die Bilder in der Mitte des Sitzkreises in eine bestimmte Ordnung zu bringen, und sich Stichworte zu den einzelnen Äußerungen machen, um für die nachfolgende Diskussion einen Leitfaden zu haben. Sie kann z. B. in die

Mitte des Sitzkreises Schilder mit Strukturierungshilfen wie „Mann", „Frau", „Gegenstand" „Beziehung" deutlich getrennt voneinander hinlegen und die Schülerinnen und Schüler dann selbst entscheiden lassen, wo sie ihr Bild platzieren.

Das abschließende Gespräch im Kreis soll schließlich die Interessen der Schülerinnen und Schüler auf den Punkt bringen und die weiteren Unterrichtsschritte strukturieren. Die Stellung der Mädchen und Frauen in der Gesellschaft erweist sich in unserem Beispiel als besonders interessant, und die Aussagen einiger Schüler sind ausgesprochen problematisch. Daher wird dieser Aspekt in den folgenden Stunden zunächst diskutiert, bevor wir uns Themen wie „Mein Traumpartner/meine Traumpartnerin", „Wenn ich ein Mädchen wäre/wenn ich ein Junge wäre" und „Umgang in meiner Familie" zuwenden.

Didaktischer Kommentar
Welche Kompetenzen können Schülerinnen und Schüler beim Einsatz des Bunten Bilderbogens erwerben?

Nach unseren Erfahrungen ist die Motivation, sich mit einem Thema zu beschäftigen, durch die bereits oben angesprochenen Eigenschaften von Bildern größer als bei konventionellen Einstiegen. Im günstigsten Fall bemerken die Schülerinnen und Schüler ihre eigenen Vorurteile und mehr oder weniger bewussten Grundeinstellungen, die so Gegenstand sowohl eigener als auch öffentlicher Reflexion werden können.

Hinzu kommt, dass jeder in der Vorstellungsrunde bereits eine Position geäußert hat, auf die er angesprochen werden kann, die er verteidigen oder vertiefen will. Dies führt nach unseren Erfahrungen zu einem höheren Grad an Diskussionsbereitschaft.

Die Strukturierung der Bilder in der Mitte des Kreises kann je nach Verlauf und Ergebnis der Diskussion geändert werden, dies kann zusätzlich gesprächsstimulierende oder provozierende Funktion haben, aber auch der Ergebnissicherung dienen.

Nachteile und Schwächen
„Monatelanges Bildersammeln, Aufkleben und Eintüten für einen einzigen Unterrichtseinstieg, das ist doch viel zu aufwändig!" Diesem Vorwurf möchten wir mit einigen Hinweisen auf die vielfältigen Einsatzmöglichkeiten des Bunten Bilderbogens begegnen:

Mit dem Bildersatz aus unserem Beispiel sind Kolleginnen und Kollegen und wir selbst in letzter Zeit in folgende Unterrichtsthemen eingestiegen:

- „Typisch Wessi, typisch Ossi" (Werte und Normen, Sek. II)
- Gewalt gegen Jugendliche (Werte und Normen, Sek. II)
- Außenseiter, Randgruppen (Religion, Kl. 9)
- Jugendsekten (Werte und Normen, Kl. 10)
- „Fremd in Deutschland" (Politik, Kl. 8)
- „Typisch britisch, typisch amerikanisch" (Englisch, Kl. 8)

Auch im fremdsprachlichen wie im deutschen Literaturunterricht ist der Bunte Bilderbogen einsetzbar. Ich habe eine lebhafte und interessante Diskussion angeregt, als ich die Schülerinnen und Schüler einer zehnten Klasse aussuchen ließ, wie sie sich heute wohl Luise Millerin und Ferdinand (Schiller, „Kabale und Liebe") vorstellen würden. Auch wenn die Diskussion gelegentlich ans Absurde grenzte, etwa darüber, ob Ferdinand denn nun als Punk oder Grufti denkbar sei oder nicht, wurde trotz aller Ausgelassenheit doch ernsthaft argumentiert und auf diese Weise die Einfühlung in das Denken und Fühlen der beider Hauptpersonen dieses Dramas gefördert.

Wirklich nachteilig an der Methode ist die Gefahr, dass die Schülerinnen und Schüler sie nicht so recht ernst nehmen. Ein bisschen herumgehen, ein Bild aussuchen und dann darüber reden – das ist sicher gerade für den Teil der Schülerschaft, der „ernsthaften" Frontalunterricht gewohnt ist, Spielerei, der man allenfalls Erholungswert im ansonsten anstrengenden Schulalltag zubilligt. Um dieser Gefahr zu begegnen, sollte man im Auswertungsgespräch ganz deutlich machen, dass es hier nicht um Zeitvertreib geht, sondern um wichtige Erkenntnisprozesse.

Die Ernsthaftigkeit deutlich betonen

Einsatzmöglichkeiten

Die Einsatzmöglichkeiten sehen wir in all den Fächern aller Schulformen, in denen es in der Einstiegsphase nicht um Überprüfung sachlichen Wissens geht, sondern um die Entwicklung von Einfühlungsvermögen.

Der Bunte Bilderbogen schafft Sprechanlässe, die in jeder Altersstufe produktiv genutzt werden können.

17 Sortieren und strukturieren

Vorbemerkungen

Alle in diesem Kapitel vorgestellten Einstiegsmethoden dienen der Verlangsamung von Lernprozessen und haben das Ziel, den Schülerinnen und Schülern durch diese Dehnung des Augenblicks die Gelegenheit zur Selbstreflexion und zum Nachdenken über die Sache zu geben.

Sortieren und Strukturieren bedeutet, Ordnung in eine künstlich produzierte oder natürlich bestehende Unordnung zu bringen. Ordnung schaffen bezeichnet im umgangssprachlichen wie im wissenschaftlichen Sinn ja nun nichts anderes als das Vorhaben, diese vielen einzelnen und einzigartigen Gegenstände oder Sachverhalte in ein System zu bringen, das übergeordnete Gesichtspunkte und Gemeinsamkeiten enthält. Der Ordnung Schaffende muss abstrahierend vorgehen, indem er etwa klassifizierende Eigenschaften von unwichtigen trennt.

Diese Gegenstände können bei der Tätigkeit des Sortierens und Strukturierens überraschende Eigenschaften hervorkehren oder neue Sichtweisen zulassen, die uns bisher verborgen geblieben sind.

17.1 Sortieren

Grundüberlegungen zur Didaktik

Die zwei didaktischen Hauptziele der Sortieraufgaben lassen sich wie folgt formulieren:

1. Die Schülerinnen und Schüler entwickeln ein thematisch angemessenes System, das nicht zu viele, aber auch nicht zu wenige Kategorien haben darf. Es macht z. B. ebenso wenig Sinn, ein „Chaos" von 100 einzelnen Gegenständen mit 100 oder 50 wie mit ein oder zwei Kategorien ordnen zu wollen. Die Kategorisierung der Kunden der Deutschen Bahn AG in „Raucher und Nichtraucher", „erste und zweite Klasse" ist für Bahnzwecke sicher ausreichend, als soziologisches Instrumentarium aber völlig ungenügend. Das System muss also einerseits aussagekräftig für die Zwecke sein, für die man es benötigt, darf aber andererseits nicht zu viele Kategorisierungen haben.

2. Die Schülerinnen und Schüler ordnen die einzelnen Elemente diesen selbst entwickelten Kategorien begründet zu. Um an das Deutsche-Bahn-Beispiel anzuknüpfen: Wer ein soziologisches Benutzerprofil der Bahn-

fahrer erstellen will, um zukünftige Marktstrategien zu entwickeln, bedarf eines wesentlich differenzierteren Instrumentariums als nur der Nikotin-Aufteilung.

Diese zwei Schritte erfolgen nicht streng nacheinander, weil es sich während des Ordnens herausstellen kann, dass die ursprünglich gewählten Kategorien verändert, verfeinert oder vergröbert, vielleicht sogar völlig verworfen werden müssen. Das Kategoriensystem bleibt also während des Ordnungsprozesses variabel, die Schülerinnen und Schüler erfahren daher ein wenig „gelebte Dialektik".

Voraussetzungen und Vorbereitung

Es gibt keine besonderen Voraussetzungen auf Schüler- wie auf Lehrerseite. Um eine künstliche Unordnung zu produzieren, benötigen Sie Material aus möglichst vielen Einzelteilen. Dies können Bilder, Fotos, Comics, Reklamesprüche, Karikaturen, kurze Texte oder Zitate, Versuchsprotokolle, Gegenstände oder anderes Anschauungsmaterial sein.

Durchführung im Unterricht

Es geht um eine Unterrichtseinheit zum Thema „Aggression" im Biologieunterricht einer oberen Klasse der Sekundarstufe I. In einem kurzen informativen Vorgespräch gegen Ende der vorigen Einheit hat die Klasse den Wunsch geäußert, zunächst einmal darüber zu reden, was denn Aggression sei. Die Lehrerin will mit der Methode des Sortierens diese erste Sequenz beginnen. Sie schreibt Stichworte zu teils ausgedachten, teils einschlägiger Literatur entnommenen Situationen auf Karteikarten, beispielsweise:
- Ein Junge beschimpft einen anderen als „Idioten".
- Ein Vater bestraft seinen Sohn für nicht gemachte Hausaufgaben mit einer Ohrfeige.
- Ein Fußballer foult und verletzt seinen Gegner.
- Jemand hält sein Versprechen nicht ein, ein geliehenes Buch zurückzubringen.
- Ein Polizist schießt einen flüchtenden Bankräuber an.
- Eine Lehrerin gibt einem Schüler eine schlechte Aufsatznote, weil der häufig den Unterricht stört.
- Jemand erzählt über seinen Nachbarn, der sei Alkoholiker.

Außerdem gibt es ca. 50 Karten mit aufgeklebten Fotos, Comics oder Reklamesprüchen aus Zeitschriften, die zum Thema passen. Da die Klasse in drei Gruppen arbeiten soll, werden die Karten zweimal kopiert, sodass drei identische Kartensätze vorhanden sind. Jede Gruppe bekommt einen Kartensatz, ein größeres Stück von einer Zeitungspapierrolle, einen dicken Filzstift und Tesafilm. Der Klassenraum wird in drei Arbeitszonen unterteilt, dann schreibt die Lehrerin folgenden Arbeitsauftrag an die Wandtafel: „Diskutiert und klärt in eurer Gruppe, welche Aussagen und Bilder ihr eindeutig aggressiv bezeichnen würdet und welche eindeutig nicht. Überlegt dann gemeinsam, ob es mehrere Arten von Aggression gibt. Entwerft eine entsprechende Tabelle, in die ihr die Karten klebt, und verseht sie mit einer passenden Überschrift."

Sie nennt die Zeitvorgabe (45 Min.) und sagt, dass alle zu Beginn der nächsten Stunde ihre Tabelle erläutern sollen. Die Gruppen fangen sofort und motiviert mit der Arbeit an. Es zeigt sich, dass diese Phase in die nächste Stunde verlängert werden muss, weil „es so viele Karten sind", wie die Klasse formuliert, aber schließlich sind alle fertig und stellen ihre Tabellen vor. Es ergeben sich viele Gemeinsamkeiten, denn alle Gruppen haben die Unterschiede zwischen körperlicher, psychischer und sprachlicher Aggression festgehalten, aber auch viele unterschiedliche Zuordnungen.

Insbesondere der gefoulte Fußballspieler, der Polizist, der einem flüchtenden Bankräuber ins Bein schießt, und das nicht zurückgegebene Buch entzweien die Gemüter, denn es herrscht keine Einigkeit darüber, ob dies überhaupt Fälle von Aggression sind.

Am Schluss der lebhaften Diskussion zu den Unterschieden in den Tabellen ist sich die Klasse einig, dass genau diese nicht eindeutigen Beispiele die interessanten Fälle sind, die jetzt im Unterricht weiterverfolgt und vertieft werden müssen.

Didaktischer Kommentar
Welche Kompetenzen können Schülerinnen und Schüler beim Sortieren erwerben?

Die Kompetenzen befinden sich auf sachlicher und interaktioneller Ebene: Auf der inhaltlichen Ebene entwickeln die Schülerinnen und Schüler zu einem Thema, von dem sie zwar Vorkenntnisse und eigene Erfahrungen, aber noch keine genauen Vorstellungen haben, ordnende Gesichtspunkte. Diese durchaus anspruchsvolle Tätigkeit wird ihnen durch das vorbereitete Material erleichtert und teilweise auch erst ermöglicht.

Das Sortieren in der Gruppe impliziert eine erste Problematisierung, denn das, was für den Einzelnen vielleicht unzweifelhaft in eine bestimmte Kategorie gehört, muss nicht von allen Gruppenmitgliedern auch so eingeordnet werden. Die subjektiven Vorkenntnisse münden in das argumentative Aushandeln des eigenen Standpunkts mit den anderen Gruppenmitgliedern.

Sachbezogene Diskussionen verlangsamen und intensivieren so den Lernprozess und wecken Interesse an einer Vertiefung. Es ist für den eigenen Lernprozess ganz sicher ein produktiver Überraschungseffekt, wenn man merkt, dass die anderen Gruppenmitglieder über etwas, was einem selbst bisher ganz unzweifelhaft erschien, ganz anders denken.

In der Oberstufe hätte man übrigens den Arbeitsauftrag noch zuspitzen und mit der Tabelle eine Prioritätenliste verbinden können, um so das bei jeder Schülerin und jedem Schüler vorhandene eigene Bild wirklich schlimmer Aggressionen bewusst zu machen.

Auf der interaktionellen Ebene ist damit das Training der kooperativen Fähigkeiten verbunden. Da die Gruppe sich einigen und zum Schluss ein Ergebnis präsentieren muss, entsteht ein von der Sache ausgehender Zwang zur Kommunikation und Kooperation und nicht selten auch zur Kompromissbildung. Von der Gruppenmehrheit abweichende Einzelmeinungen werden nach Abschluss der Einstiegsphase im Verlauf des weiteren Unterrichts formuliert und berücksichtigt.

Kommunikative und kooperative Fähigkeiten trainieren

Nachteile und Schwächen

Da ist zunächst einmal der verhältnismäßig hohe Vorbereitungsaufwand zu nennen. Es gibt sicherlich einfachere Anlässe als das obige Beispiel, und es müssen auch nicht immer so viele Karteikarten sein. Man kann die Methode, gerade wenn man weniger Teile hat, auch frontal mit der gesamten Klasse inszenieren, z. B. mit entsprechend großen Thesenkarten an einer Magnet- oder Pinnwand.

Schließlich auch hier wieder der Hinweis, dass Sie das einmal hergestellte Material wieder verwenden können. Wir haben die 50 Kärtchen des Aggressions-Beispiels als Kopiervorlage auf DIN-A4-Bögen geklebt und in den letzten Jahren häufiger benutzt.

Einsatzmöglichkeiten

Verwenden können Sie die Methode mit der entsprechenden altersgemäßen Zurichtung von der ersten Grundschulklasse an, denn Ordnung in ein Durcheinander zu bringen macht auch kleineren Schulkindern Spaß und fördert ihre Fähigkeiten. Nach oben gibt es keine Grenzen, bei entsprechend komplexen Anforderungen hat die Methode in der Oberstufe, in der Universität und in der Erwachsenenbildung ihren Platz. Man kann z. B. Lehramtsstudenten sehr gut alle Bereiche vorgeben, die bei der Unterrichtsvorbereitung eine Rolle spielen, und diese dann in eine hierarchische Struktur bringen lassen – eine verzwickte, aber reizvolle Aufgabe, an der die Geister sich deutlich scheiden!

Auch im Fächerkanon ist das Sortieren eine universell einsetzbare Methode, denn Strukturen und Kategorisierungen gibt es in jedem Fach auf jeder Alters- und Schulstufe.

Das Einzige, was mithilfe dieser Methode nicht erarbeitet werden kann, ist die Einführung eines völlig neuen Sachgebietes, vom dem die Schülerinnen und Schüler noch keinerlei Sachkenntnis haben. Dieses Vorhaben wäre ebenso sinnlos und für alle frustrierend wie beispielsweise der Versuch, beim erstmaligen Hören einer völlig unbekannten Fremdsprache Wortklassen bilden zu wollen. Wenn es überhaupt keine Ansatzpunkte für eine mögliche Systembildung gibt, können wir keine Kategorisierungen vornehmen.

17.2 Clusterbildung

Grundüberlegungen zur Didaktik

Wie schon im dritten Kapitel angekündigt, soll an dieser Stelle ein ganz kurzer Exkurs zu grafisch strukturierenden Ordnungsschemata stehen, daher ist dieser Abschnitt etwas länger als sonst in diesem Buch üblich.

Das Wort „Cluster" kommt aus dem Englischen und bedeutet so viel wie „Büschel", „Bündel" oder „Traube". Ein in der Lerntheorie parallel verwendeter Begriff ist das Wort „Mindmap" (BUZAN 1984), was mehr holperig als adäquat mit „Gehirnkladde" übersetzt werden kann.

Folgende Grundüberlegung halten wir für die pädagogische Praxis für wichtig: Das menschliche Gehirn ist nach Ansicht vieler Forscher nicht nur „linear" strukturiert. Lineare Strukturierung meint einen Aufbau, der der gesprochenen oder geschriebenen Sprache ähnelt, in der ja immer ein Wort nach dem anderen gehört oder gelesen werden muss und der ganze Verstehensprozess immer schön der Reihe nach, Wort für Wort abläuft, eben „linear".

Große Teile unseres Gehirns funktionieren simultan, also gleichzeitig. Während Sie etwa diese Zeilen lesen, nehmen Sie gleichzeitig eine große Menge anderer Informationen über Ihre Umgebung auf. Wenn Sie mit jemandem reden, achten Sie gleichzeitig auf dessen Körpersprache, auf paraverbale Daten usw. Wenn Sie ein Bild betrachten, sehen Sie gleichzeitig eine Menge von Einzelheiten, erst die anschließende sprachliche Beschreibung zwingt Sie in das Nacheinander der Worte.

Aus dieser für jeden leicht beobachtbaren Tatsache hat sich die Meinung entwickelt, dass es zur Klärung eines komplexen Sachverhaltes nicht nur die Möglichkeit gibt, einen erläuternden Text zu schreiben, in dem man dann also oben links mit dem ersten Wort anfängt und unten rechts mit dem letzten endet. Die Verfechter der Clustermethode sehen es als sinnvoller an, zu solchen Themengebieten Mindmaps herzustellen. Wie diese anzufertigen sind und welche Vorteile dies hat, beschreibt Buzan so:

Vorteile von Mindmaps

„1. Die Zentral- oder Hauptidee wird deutlicher herausgestellt.
2. Die relative Bedeutung jeder Idee tritt sinnfälliger in Erscheinung. Wichtigere Ideen befinden sich in der Nähe des Zentrums, weniger wichtige in den Randzonen.
3. Die Verknüpfungen zwischen den Schlüsselbegriffen werden durch ihre Linienverbindungen leicht erkennbar.
4. Als Ergebnis werden Erinnerungsprozess und Wiederholungstechnik effektiver und schneller.
5. Die Art der Struktur erlaubt es, neue Informationen leicht und ohne die Übersichtlichkeit störende Streichungen und eingezwängte Nachträge unterzubringen.
6. Jedes Kartenbild ist von jedem anderen nach Form und Inhalt deutlich unterschieden. Das ist für die Erinnerung hilfreich.
7. Im kreativen Bereich des Aufzeichnens, etwa bei der Vorbereitung von Aufsätzen und Reden, erleichtert es das nach allen Seiten offene Kartenschema, neue Ideenverknüpfungen herzustellen."
(Buzan 1984, S. 111)

Je nach Altersstufe, in der Cluster erstellt werden sollen, finden sich diese sieben Kriterien in unterschiedlich ausgeprägter Form wieder.

Da Sie wahrscheinlich auch jetzt noch nicht so recht wissen, was denn nun so ein Cluster ist und wie so ein „Ding" konkret aussieht, werden wir Ihnen in den nächsten beiden Abschnitten einige Beispiele präsentieren.

Die Clusterbildung ist eine Form des Unterrichtseinstiegs, die sich die ganzheitlichen und kreativen Fähigkeiten der Schülerinnen und Schüler zunutze macht, die hierbei nicht die Rolle des bloßen Stichwortgebers für die Lehrerin oder den Lehrer spielen, wie das so oft im gelenkten Unterrichtsgespräch der Fall ist. Die Schülerinnen und Schüler werden nicht nur auf der kognitiven, sondern auch auf der kreativen Ebene, auf der Ebene der persönlichen Einstellungen und gemachten Erfahrungen in den Unterricht einbezogen.

Voraussetzungen und Vorbereitung

Da das Clustering noch wenig bekannt ist und einer gewissen Gewöhnung bedarf, möchten wir jetzt ausführlich ein Beispiel vorstellen, an dem Sie die Vorgehensweise und die Prinzipien dieses Einstiegs nachvollziehen können: In der sechsten Klasse wird das Thema „Bruchrechnung" im Mathematikunterricht behandelt. Der Einstieg in ein neues Thema sollte immer die Vorkenntnisse und Erfahrungen der Kinder berücksichtigen, und dies gilt für die Eingangsklassen der Sekundarstufe in besonderer Weise, da Sie mit dieser Methode die Schülerinnen und Schüler an ihrem Grundschulkenntnisstand abholen und den weiteren Unterricht darauf aufbauen können. Mit dem Clusterbilden gelingt dies besonders gut. Dabei ergibt sich die folgende Vorgehensweise: In einer ersten, etwa viertelstündigen Phase nach Abschluss der vorhergehenden Unterrichtseinheit werden zu dem neuen Thema spontan Begriffe, Tätigkeiten, Kenntnisse aus der Grundschule und Alltagsbedeutungen gesammelt und protokolliert. (Diese erste Phase kann entfallen, wenn Sie bei der häuslichen Vorbereitung allein Begriffe finden.)

All das, was gesammelt worden ist, wird dann von mir zu Hause in ein Felderraster eingetragen. Jede Schülerin und jeder Schüler bekommt in der nächsten Stunde diesen Bogen mit allen gesammelten Begriffen. Dazu erhält jeder einen großen DIN-A3-Bogen. Schere, Klebstoff und Filzschreiber oder Wachsmaler müssen selbst mitgebracht werden. Die Tabelle auf der nächsten Seite zeigt die Begriffe, die auf dem Bogen stehen.

Durchführung im Unterricht

Ich verteile die Materialien und erläutere folgendes Vorgehen: Jeder soll die vorliegenden Begriffe in eine Struktur bringen, die seinen persönlichen Vorstellungen von diesem Thema entspricht und die seine Kenntnisse zur Bruchrechnung verdeutlicht. Man muss nicht alle Begriffe nehmen, kann selber neue hinzuschreiben, und man sollte mit grafischen Mitteln, Gleichheitszeichen, Pfeilen oder anderen gestalterischen Mitteln arbeiten.

Der Arbeitsauftrag, der auf eine OP-Folie geschrieben wurde, lautet wörtlich: „Zerschneidet den Bogen in einzelne Kärtchen. Sortiert und ordnet die auf den Kärtchen stehenden Begriffe so, wie ihr euch die Bruchrechnung vorstellt. Ihr müsst nur die Begriffe verwenden, die zu euch ‚passen'. Ihr könnt alle oder nur ein paar benutzen, und ihr könnt neue schreiben, am besten auf die Rückseite der nicht verwendeten Kärtchen. Haltet diese Struktur auf dem großen Blatt Papier fest, indem ihr die Kärtchen in entsprechender Weise aufklebt.

Bruch	vierteln	messen	ein halbes Pfund
Rechnung	halbieren	ein halber Kuchen	eine halbe Stunde
teilen	halb	ein Stück Pizza	Spielen
malnehmen	halber Apfel	Strich	ein halber Liter
plus	dritteln	Linie	ein Teil
minus	ein halber Meter	halbvoll	ein Teil einer Strecke
Zahlen	ein halber Kilometer	verdreifachen	Geld
Betrag	dritteln	achteln	ein Stück Torte
Summe	verteilen	Kreis	ein halbes Jahr
vierfach	verdoppeln	rechnen	vergrößern
Teiler	vervielfachen	ein halbes Kilogramm	verkleinern

Gestaltet das Blatt so, wie ihr es am liebsten möchtet und wie es euch am meisten Spaß macht: Ihr könnt malen, kleben, reißen usw. Ihr könnt die Begriffe auch handschriftlich in euer Werk eintragen. Lasst euch ruhig Zeit!"

Das Anfertigen der Cluster ist für die Schülerinnen und Schüler ausgesprochen lustbetont, selbst die Idee einer Schülerin, nebenbei Musik zu hören, erweist sich keineswegs als störend.

Die fertigen Strukturen werden vorne an die Tafel geheftet. Die hier ausgewählten Schülerbeispiele zeigen, dass Schülerinnen und Schüler sehr unterschiedliches Vorwissen mit in den Unterricht einbringen, das aber immer an dem alltäglichen Bruchbegriff orientiert ist.

Anschließend bitte ich jede Schülerin und jeden Schüler, das eigene Cluster vorzustellen, zu erläutern und die benutzten grafischen und gestalterischen Mittel zu erklären. Dies ist, ganz im Sinne des handlungsorientierten Unterrichts, der die Dokumentation und Veröffentlichung der eigenen Produkte als integralen Bestandteil des methodischen Vorgehens begreift, die wichtigste Sequenz, weil die Ergebnisse der vorher geleisteten Arbeit ohne die Veröffentlichung sinnlos verpuffen würden und die Schülerinnen und Schüler die Methode mit Recht als bloße Beschäftigungstherapie abqualifizierten.

Die Aussagen und Erklärungen werden nicht bewertet und nicht von der Lehrerin erläuternd für die anderen wiederholt. Jede Schülerin und jeder Schüler stellt sich selbst vor, und die anderen haben die Möglichkeit zu Zwischenfragen zum Verständnis. Diese Phase der Erläuterungen nahm in unserem konkreten Beispiel eine Schulstunde Zeit in Anspruch. In geübten Klassen kann die Vorstellung der Cluster auch in Vierergruppen stattfinden, das spart eine Menge Zeit.

Didaktischer Kommentar
Welche Kompetenzen können Schülerinnen und Schüler bei der Clusterbildung erwerben?

Die Methode des Clusterbildens unterbricht die einseitige Ausrichtung auf die rein sprachlich vermittelte, kognitive Aneignung der Unterrichtsinhalte. Viele Lehrerinnen und Lehrer sind unseres Erachtens viel zu sehr überzeugt von der Wirksamkeit und Effektivität des gelenkten Unterrichtsgesprächs.

Wir meinen dagegen, dass Schülerinnen und Schüler, die ihr eigenes Vorwissen, ihre eigenen Erfahrungen, Urteile und Vorurteile in den Unterricht einbringen können, engagierter und lernbereiter sind als die bloßen Zuhörer oder Stichwortgeber.

Zudem kann die weitere Unterrichtsplanung sehr differenziert ihren Kenntnisstand berücksichtigen und einzelne Schülerinnen oder Schüler gezielt fördern. Nach unseren Erfahrungen ist die Auswertungsphase fast immer durch eine große Bereitschaft aller gekennzeichnet, Persönliches zu berichten sowie Wissen und Wissenslücken offenzulegen.

Hinzu kommt als zweiter, ebenso wichtiger Gesichtspunkt die Tatsache, dass die Schülerinnen und Schüler aktiv und kreativ sein dürfen und müssen, dass sie motorisch und handwerklich gefordert sind und – last, but not least – am Ende ein Produkt abgeben können. Die Cluster bleiben in der

Beispiel für ein Cluster

Abbildung: Johannes Greving

Klasse hängen, sodass alle während der Unterrichtseinheit unmittelbar ihre eigenen Lernfortschritte durch den Vergleich einschätzen können.

Nachteile und Schwächen
Da weder der Vorbereitungsaufwand noch das Durchführungsrisiko dieser Methode groß ist, haben wir bisher kaum Nachteile erlebt, abgesehen von vereinzelten Renitenzreaktionen derjenigen, die das Ganze für eine Spielerei ohne Lerneffekt halten.

Eine gewisse Sensibilität erfordert die Phase der Erläuterung der Cluster, wenn es um sehr persönliche Bereiche geht, die weniger fachliches Vorwissen, sondern Erfahrungen aus der eigenen Biografie ansprechen.

Einsatzmöglichkeiten
Wir haben die Clusterbildung in allen Jahrgangsstufen von der Grundschule bis zum Abiturjahrgang eingesetzt bzw. als Hospitanten beobachtet, selbst als Forschungsmethode ist sie in einer dritten Grundschulklasse zum Thema „Volle Halbtagsschule" von einem Forscherteam der Universität Oldenburg ausgewählt worden (FICHTEN 1994).

Das „Clustering" kann in allen Fächern zu den Stoffgebieten eingesetzt werden, in denen die Schülerinnen und Schüler schon ein mehr oder weniger komplexes Vorverständnis haben.

Die Methode ist nicht beschränkt auf Bereiche des schulischen Stoffes, in denen es um Einstellungen, Meinungen und Empathie geht, sondern kann ebenso gut auf rein sachlicher Ebene benutzt werden. Sie dient dann, wie in unserem Beispiel, der Dokumentation des vorhandenen Vorwissens.

Assoziative Gesprächsformen 18

Vorbemerkungen

Gemeinsam ist den assoziativen Gesprächsformen der Grundsatz der spontanen Sammlung der Ideen, Vorstellungen und Erfahrungen der Schülerinnen und Schüler zu einem bestimmten Thema. Bei den offeneren Formen „Brainstorming" und „Kopfsalat" schließt diese Sammlung auch die Fantasien, Utopien sowie die Vorlieben und Abneigungen ein. Alles, was durch ein Thema oder eine Eingangsfrage angeregt wurde, darf geäußert, genannt oder mitgeteilt werden.

Die wichtigste Spielregel für alle Formen des assoziativen Gesprächs ist die völlige Offenheit und Toleranz aller Teilnehmer der Gesprächsrunde gegenüber allen Äußerungen, und seien diese auch auf den ersten Blick noch so abwegig. Diese Methoden sind als fruchtbarer Einstieg in neue Unterrichtsthemen nur dann einsetzbar, wenn keiner die Furcht zu haben braucht, wegen seiner Äußerungen angegriffen oder lächerlich gemacht zu werden. Nur in einer entspannten Gesprächsatmosphäre können überhaupt aufeinander aufbauende Fantasiegebilde entstehen. Sie sollten daher gerade bei noch ungeübten Klassen vor Beginn des Gesprächs unbedingt zwei „eiserne Regeln" bekanntgeben und strikt auf deren Einhaltung achten:

Wichtigste Spielregel: Toleranz

1. Streng verboten sind „Killerphrasen" wie: „Das geht doch nicht!", „Das ist gegen die Regeln!" oder „Das erlaubt doch keiner!"
2. Während des assoziativen Gesprächs wird weder diskutiert noch kritisiert.

Die Methoden dieses Kapitels verlieren ihren Sinn, wenn Sie als Lehrerin oder Lehrer schon eine feste Vorstellung von dem neuen Thema haben und diese von Schülerseite nur bestätigt oder allenfalls leicht modifiziert haben wollen! Wenn Sie eine der assoziativen Gesprächsformen einsetzen, müssen Sie auf unkonventionelle und überraschende Ergebnisse gefasst sein, und es wäre den Schülerinnen und Schülern gegenüber unfair und ein didaktisches Eigentor, diese Resultate dann zu ignorieren.

Sie können selbstverständlich vor Gesprächsbeginn gewisse Aspekte des neuen Themas aus dem Gespräch ausklammern und als verbindlich deklarieren. Sie berauben die Methoden allerdings ihrer Substanz, wenn Sie zu viel festlegen und die Klasse nur noch über Nebensächlichkeiten assoziieren lassen.

18.1 Planungsgespräch

Grundüberlegungen zur Didaktik

Das Planungsgespräch ist die konventionellste der in diesem Kapitel vorgestellten Einstiegsmethoden und am besten mit dem Begriff „Ideensammlung" zu umschreiben. Im Gegensatz zu den offeneren Formen Brainstorming und Kopfsalat wird beim Planungsgespräch von vornherein Wert auf Realismus und Durchführbarkeit der Ideen gelegt, Logik und Vernunft werden also nicht ausgeblendet. Das Planungsgespräch verläuft weitgehend unabhängig davon, ob die Anregung für ein neues Thema von Lehrer- oder von Schülerseite kommt.

Das didaktische Ziel dieser Einstiegsmethode ist das schrittweise gemeinsame Entwickeln eines Konzepts zur Gestaltung der neuen Unterrichtseinheit, indem spontane Ideen oder Assoziationen der Vorredner aufgegriffen und weitergedacht werden. Dass diese Methode erstaunlich effektiv sein kann, haben wir beide beim Schreiben dieses Buches selber erfahren. Häufig steht am Ende solch eines gemeinsamen Planungsgespräches ein Ergebnis, das alle Gesprächsteilnehmer positiv überrascht, weil es besonders einleuchtend oder besonders überzeugend oder auch „grandios einfach" ist, und auf das jeder Einzelne beim alleinigen Nachdenken nicht gekommen wäre.

Bringt überraschende Ergebnisse

Jeder von Ihnen dürfte schon einmal die Situation erlebt haben, allein trotz intensiven Nachdenkens oder vielleicht gerade wegen dieser Intensität bei der Lösung eines Problems nicht weiterzukommen. Die entscheidende Wendung, der auflösende Gedanke, die befreiende Assoziation fällt einfach nicht ein – etwas, das einem anderen dann spontan, ohne jede Anstrengung, quasi „en passant" gelingt. Die in diesem Kapitel vorgestellten Methoden wollen genau diesen fruchtbaren Moment systematisch zur Bewältigung anstehender Themen und Probleme nutzen.

Voraussetzungen und Vorbereitung

Um das Planungsgespräch in Gang zu bringen, empfiehlt es sich, selber einige Anregungen und Ideen parat zu haben. Dies kann je nach Lerngruppe auch durchaus provozierenden oder rätselhaften Charakter haben.

Weitere Vorbereitungen sind nur im Materialbereich nötig: Zeitungspapierrolle, Filzstifte, Karteikarten, Klebepunkte.

Durchführung im Unterricht

Im Fach „Politik/Wirtschaft" steht für die Klasse 8 das Thema „Mobilität" an. Da ich dieses Fach in dieser Jahrgangsstufe zum ersten Mal unterrichte, beginnen wir die Einheit mit einem Planungsgespräch. Ich habe zwar einige Ideen über mögliche Themenbereiche wie Freizeitangebote in unserer Stadt, Freizeitindustrie oder Umweltgefährdung durch Freizeitsportler, aber keine detaillierten Vorstellungen.

Nachdem ich die allgemeinen Gesprächsregeln bekanntgegeben und an die Tafel geschrieben habe, beginne ich das Planungsgespräch mit einer kleinen Provokation, indem ich, einem späteren Buchkapitel vorgreifend, einen Text laut vorlesen lasse, in dem der normale, zwölf- bis vierzehnstündige Arbeitstag eines Unterschichtkindes vor 100 Jahren geschildert wird, das keinerlei Freizeit hatte. Die Schülerinnen und Schüler erkennen nach kurzem Gespräch, wie wichtig für sie selber die tägliche Freizeit und die eigenen Hobbys sind, begreifen also die Bedeutung dieses Themas.

Mit der Frage „Worüber sollen wir in den nächsten Stunden reden, was wollen wir gemeinsam erarbeiten?" wird nun das eigentliche Planungsgespräch eröffnet. Die Gedanken der Schülerinnen und Schüler reichen von sehr vernünftigen Ideen (Text zum Freizeitverhalten lesen) bis hin zu recht exotischen und schwer realisierbaren, zum Teil auch provokativen Vorschlägen (selber zum Skilaufen fahren, um die Umweltzerstörung dort zu begutachten). Auch Beiträge, die projektartigen Unterricht erfordern oder Erkundungsgänge, Befragungen und sonstige Recherchen zur Folge haben, werden genannt: Erkundung der örtlichen Freizeitmöglichkeiten, Interviews mit Sportvereinsfunktionären usw. Ich protokolliere in Stichworten alle Vorschläge auf kleinen Karteikarten.

Nach der Hälfte der Stunde versiegt der Ideenstrom. Ich lese anschließend die Vorschläge noch einmal vor, wir diskutieren gemeinsam die Ideen, sondern die nicht realisierbaren aus, sortieren und strukturieren die übrigen und ordnen sie unter einigen Hauptaspekten, die ich an die Tafel schreibe. Die Kärtchen werden an die Wand geheftet. Die Schülerinnen und Schüler können dann alle Vorschläge noch einmal in Ruhe durchlesen. Jeder erhält 10 Klebepunkte, die er nach persönlichen Vorlieben auf den Kärtchen verteilen kann. Die hierbei herauskommenden „Renner" werden von uns schließlich auf einer Wandzeitung notiert. Sie bilden die Geschäftsgrundlage für die Einheit, die im Verlauf der folgenden Stunden noch verändert werden kann, falls während der Arbeit neue Gesichtspunkte auftauchen.

Didaktischer Kommentar
Welche Kompetenzen können Schülerinnen und Schüler beim Planungsgespräch erwerben?
Die Kompetenzen ergeben sich im Wesentlichen aus dem im ersten Abschnitt Gesagten: Die Schülerinnen und Schüler begreifen den Wert von Teamarbeit und erkennen die spezifischen Stärken, die sich aus der gemeinsamen sachlichen Assoziation gegenüber der Einzelarbeit ergeben können.

Nachteile und Schwächen
Alle Methoden dieses und des nächsten Kapitels leben vom Gespräch und damit ganz wesentlich von der Bereitschaft und der Fähigkeit der Schülerinnen und Schüler, dieses Gespräch auch tatsächlich zu führen. Im Gegensatz zu den meisten anderen Einstiegsmethoden, die in diesem Buch vorgestellt werden, gibt es keine oder nur wenige Hilfsmittel wie Arbeitsmaterialien, Anweisungen, Rituale oder Medien, sondern die Methoden sind ganz und gar auf Verbalisierung und Spontaneität angelegt – und darin liegt ein gewisses Risiko.

Hinzu kommt der prinzipiell offene Charakter der Methoden dieses Kapitels, der eine Vorplanung oder Vorstrukturierung ja geradezu verbietet, weil genau dieses dem didaktischen Grundprinzip widersprechen würde. Mit anderen Worten: Sie gehen bei dieser Art des Unterrichtseinstiegs ein gewisses Risiko ein, von den Schülerinnen und Schülern „hängengelassen" zu werden. Wir empfehlen Ihnen daher, die assoziativen Gespräche nur in Lerngruppen einzusetzen, die Sie schon besser kennen und deren Verbalisierungsfähigkeiten Sie ebenso einschätzen können wie den Grad ihrer Bereitschaft zur Mitarbeit. Denkbar ungeeignet ist die Methode daher auch zum Kennenlernen innerhalb einer neuen Gruppe.

In gut bekannten Lerngruppen einsetzen

Einsatzmöglichkeiten
Über neue Unterrichtsthemen zu sprechen und diese gemeinsam mit den Schülerinnen und Schülern zu entwickeln ist in allen Alters- und Schulstufen und allen Fächern möglich und sinnvoll, die unteren Primarstufenklassen vielleicht ausgenommen. Daher ist das Planungsgespräch fast universell einsetzbar. Da es auf rein sachlicher Ebene angesiedelt ist, kann man es im Deutschunterricht ebenso durchführen wie in Mathematik, in den Fremdsprachen ebenso wie im Sportunterricht. Je komplexer und vielschichtiger das neue Thema ist, desto interessanter und vielleicht überraschender wird auch das Planungsgespräch.

18.2 Brainstorming

Grundüberlegungen zur Didaktik
Besonders breiter Raum soll beim Brainstorming dem freien Ausgestalten von Gedankensplittern und vagen Ideen eingeräumt werden, und seien sie auch noch so fantastisch. Es ist eine Art gemeinsamen lauten Denkens.

Die Äußerungen werden notiert, protokolliert oder auf Band mitgeschnitten, damit sie für alle veröffentlicht oder zugänglich gemacht werden können. In einem nächsten Unterrichtsschritt sollten gemeinsam Ordnungsstrukturen erarbeitet und diskutiert werden, unter die sich die genannten Einfälle zusammenfassen lassen. Diese entstandenen Strukturen können die Grundlage für weitere Diskussionen oder für die weitere Unterrichtsplanung sein.

Voraussetzungen und Vorbereitung
Wenn in einer Lerngruppe das Brainstorming zum ersten Mal eingesetzt wird, ist eine kurze Einführung in die folgenden Spielregeln dieser Methode sinnvoll. Sie können diese Regeln auch auf eine Wandzeitung schreiben und im Klassenraum aufhängen:

Regeln für das Brainstorming

Motto des Brainstormings:
- Alles ist denkbar!
- Alles ist möglich!
- Alles ist erlaubt, Logik und Vernunft kommen später.
- Alle sollen ihren Gedanken und Fantasien freien Lauf lassen und offen sein.
- Jeder soll die Gedanken der anderen positiv aufgreifen, weiterspinnen, verändern ...

Das Brainstorming beansprucht trotz der weitgehenden Ausschaltung des logischen Denkens die Schülerinnen und Schüler ziemlich, denn auch das Entwickeln von Fantasien ist eine anstrengende geistige Tätigkeit. Die Methode sollte daher kurz, knapp und konzentriert gestaltet werden und nur im Ausnahmefall länger als zehn Minuten dauern, der Ermüdungsfaktor wird sonst zu hoch.

Eine wichtige Variante wollen wir an dieser Stelle kurz nennen: Wir haben gute Erfahrungen damit gemacht, dem Brainstorming eine kurze, höchstens fünf Minuten dauernde Fantasiereise, die zum Thema hinführt, voranzustellen. Die Schülerinnen und Schüler kommen zur Ruhe, sie können ihre Fantasien warmlaufen lassen, und die Reise bereitet die möglichen Inhalte vor.

Durchführung

Die Schülerinnen und Schüler meiner siebten Klasse beschweren sich bei mir vehement über den Deutschunterricht. Sie seien zwar mit meiner Art und meinem Unterricht ganz zufrieden, aber das Schuljahr sei nun schon zu einem Viertel vorbei und wir hätten bisher ausschließlich Rechtschreibung und Grammatik durchgenommen und sachliche Beschreibungen angefertigt. Sie möchten nun mal etwas ganz anderes machen!

Nach Abschluss der vorhergehenden Einheit kündige ich am Ende der Stunde für die nächste ein gemeinsames Brainstorming über die möglichen Inhalte und Methoden des Deutschunterrichts der nächsten Zeit an.

Die Stunde beginnt mit der Verkündigung der obigen Regeln und einem kurzen Einführungsvortrag meinerseits, dann startet fünf Minuten nach Stundenanfang das Brainstorming. Für die Klasse ist die Methode neu, und so herrscht zunächst Schweigen, das für mich schwer auszuhalten ist. Zögernd kommen die ersten Beiträge. Die Schülerinnen und Schüler misstrauen offenbar der Regel, dass Logik und Vernunft vorerst keine Rolle spielen, denn die Ideen sind ausgesprochen vernünftig – ein Jugendbuch lesen, selber eine Geschichte weiterschreiben oder ein Lesetagebuch führen.

Erst als alle merken, dass ich wirklich nicht eingreife, sondern kommentarlos an der Wandzeitung mitschreibe, werden die ersten mutiger. Weil alle sich an die Regeln halten und daher schnell merken, dass keiner lacht oder den anderen niedermacht, werden die Fantasien bald mutiger. Nach zehn Minuten haben wir ein Sammelsurium von Vorschlägen verschiedener Qualität – von den eben beschriebenen über projektartige und fächerübergreifende bis hin zu völlig utopischen wie der Umwandlung der Schule in einen Freizeitpark.

Kaum jemand hat sich mit der Konkretisierung und der möglichen Realisierung der Vorschläge beschäftigt, sondern diese wurden eher ins Fantastische erweitert. Alle haben offensichtlich die neue Freiheit genossen. Die anschließende Konkretisierungsphase, die bei einem anderen Verlauf des Brainstormings eben auch Bestandteil dieser ersten Phase hätte sein können, nimmt folgenden Verlauf: Es werden vierköpfige Gruppen gebildet, und jede erhält einen vorbereiteten Bogen, auf dem in einer Tabelle untereinander steht:

- Originalidee,
- 1. Kommentar,
- 2. Kommentar,
- 3. Kommentar.

Jede Schülerin und jeder Schüler sollte ein Schlagwort von der Wandzeitung aufgreifen und in eine Idee umformen, die im Unterricht zumindest ansatzweise realisierbar ist. Dann werden alle Zettel so lange reihum weitergereicht, bis jeder drei Kommentare zu den Realisierungsmöglichkeiten seines Vorschlags notiert hat. Damit ist die Stunde beendet.

Am nächsten Tag werden alle Bögen aufgehängt, alles wird von allen gelesen und anschließend diskutiert. Am Ende der Stunde steht das neue Unterrichtsprojekt: die Herstellung einer Klassenzeitung.

Der Vorteil des Brainstormings und der folgenden Auswertung ist, dass nicht nur ein verschwommenes neues Thema gefunden wird, sondern eine Fülle von inhaltlichen und methodischen Vorschlägen und Anregungen in diese Unterrichtseinheit einfließt.

Didaktischer Kommentar

Welche Kompetenzen können Schülerinnen und Schüler beim Brainstorming erwerben?

Drei vielleicht völlig neue Einsichten stehen am Ende eines erfolgreichen Brainstormings:

- Die eigenen Fantasien fallen nicht vorschnell dem Diktat der Logik zum Opfer. Wenn man sie zulässt, sich nicht schämt und sie auszusprechen wagt, kann es durchaus möglich sein, dass diese Fantasien gar nicht so „verrückt" waren. Vielleicht birgt ihr unvernünftiges und utopisches Äußeres den Kern einer höchst realistischen Idee, die man mithilfe des gemeinsamen Brainstormings erst einmal herausarbeiten muss. Diese Überraschung bezüglich der eigenen Fantasie führt vielleicht dazu, dass man in Zukunft den kreativen Leistungen des eigenen Gehirns größere Bedeutung zumessen wird und nicht alles sofort unter dem Verbotsschild „unlogisch, unrealistisch" selbst zensiert und ignoriert.
- Der zweite Gesichtspunkt ist hiermit eng verknüpft: Was für mich gilt, gilt auch für die anderen. Auch sie müssen sich überwinden und Fantasien äußern, die sie in einem normalen Gespräch nicht nennen würden. Das Brainstorming produziert also eine gewisse Gruppenidentität, ein Gemeinschaftsgefühl, das durch den dritten Aspekt noch erheblich verstärkt wird.
- Die Gruppe ist nicht einfach die Summe der Einzelfantasien, sondern das Brainstorming entfaltet seine Kraft erst durch den Prozess des gemeinsamen Assoziierens und Kombinierens. Eine Idee wird geäußert, von einem anderen aufgegriffen und weitergedacht, einem Dritten fällt noch ein neues Detail ein, das bringt den Urheber des Gedankens auf

eine entscheidende Modifikation, daraufhin spinnt ein Vierter die Idee in eine bestimmte Richtung weiter. Am Ende sind alle überrascht, was aus so einem Gedankensplitter geworden ist und was sie alle durch das gemeinsame Denken dazu beigetragen haben.

Nachteile und Schwächen
Schülerinnen und Schüler, die die Schule bisher ausschließlich als kognitiv, logisch und rational erlebt und nur entsprechendes Vorgehen als sinnvoll verinnerlicht haben, sind gegenüber dem Brainstorming oft misstrauisch. Wer wollte ihnen das verdenken? Misstrauen führt zu Abwehr und Abwertung, und damit ist die für das Fantasieren notwendige Offenheit blockiert. Wenn das Brainstorming eine peinliche Schweigephase hervorruft, sind zum Schluss alle unzufrieden. Wir wissen keinen anderen Weg aus dieser Misere als den, die Schülerinnen und Schüler möglichst früh an diese Methode zu gewöhnen. Nur so können sie die Erfahrung machen, dass das Brainstorming eine ernsthafte und produktive Einstiegsmethode ist.

Schüler möglichst früh daran gewöhnen

Älteren Schülerinnen und Schülern, die zum ersten Mal diesen Einstieg praktizieren sollen, kann man mit dem Hinweis auf die Sprünge helfen, dass das Brainstorming in der Industrie und selbst bei höchstbezahlten Managern ein anerkanntes und praktiziertes Verfahren ist, und diese Leute sind bestimmt keine weltfremden Pädagogen.

Einsatzmöglichkeiten
Brauchbar ist das Brainstorming nicht nur in den Themenbereichen, in denen die Schülerinnen und Schüler klare Vorkenntnisse, Meinungen, Einstellungen und Erfahrungen haben. Die Stärke dieser Methode entfaltet sich dort, wo diese Vorkenntnisse nicht mehr bewusst sind, sondern erst durch den Prozess des gemeinsamen Assoziierens langsam wieder in das Bewusstsein geraten. Ein Schüler sagte letztens nach einem Brainstorming zu mir: „Ich habe gerade Dinge gesagt, von denen ich gar nicht wusste, dass ich sie weiß."

18.3 Kopfsalat

Didaktische Einordnung und grundsätzliche Definition
Eine ganz andere Vorgehensweise wählen Sie, wenn Sie mit der Methode des „Kopfsalats" in ein neues Thema einsteigen wollen: Während das Brainstorming bei aller Freiheit der Fantasien doch noch ganz und gar das direkte Ansprechen der Sache in den Vordergrund stellt, werden beim Kopfsalat

mit der Methode des „indirekten Sprechens" die eigenen Befindlichkeiten, die eigenen Gefühle, Vorlieben, Abneigungen und Überempfindlichkeiten gleichberechtigt neben die Sachebene gestellt.

Über das Hilfsmittel einer erfundenen Figur, die stellvertretend für die Schülerin oder den Schüler sprechen soll und darf, können „geheime" Gedanken formuliert und geordnet werden.

Es geht hier also nicht um das gemeinsame laute Denken, sondern um die Äußerung der eigenen Gefühle auf dem Umweg über fiktive Personen, die den Schülerinnen und Schülern vorgegeben oder von ihnen selbst kreiert werden. Das Element der bildnerischen Darstellung und die Projektion der eigenen Empfindungen auf Personen, die in Bildern agieren, erleichtern das Aussprechen der Gedanken, die man sonst zurückhält.

Voraussetzungen und Vorbereitung
Wenn Sie den Kopfsalat als Unterrichtseinstieg nutzen, ist es empfehlenswert, eine vorbereitete Zeichnung mit noch leeren Sprechblasen für die Schülerinnen und Schüler bereitzustellen. In Klassen, denen das Verfahren bekannt ist, können Sie diese auch durch die Schülerinnen und Schüler anfertigen lassen. Das ist sicherlich sehr lustbetont, erfordert aber Zeit und Hilfestellung bei Zeichnungen, die nicht so gut gelungen sind. Im Übrigen gibt es in allen Printmedien eine Fülle von geeigneten Comicfiguren.

Durchführung
In den sechsten Klassen wird in Biologie das Thema „Sexualität" behandelt. Die Lehrerin wählt den Kopfsalat als Einstieg, weil in der Klasse viele sehr zurückhaltende Schülerinnen und Schülern sind. Sie hat sich überlegt, dass sich die Schüchternen gerade bei diesem Thema nicht trauen, ihre Gefühle zu äußern oder Fragen zu stellen. Der Einstieg soll in Partnerarbeit durchgeführt werden, sodass immer zwei Freunde oder Freundinnen jeweils eine Zeichnung mit zwei Figuren und zwei leeren Sprechblasen erhalten. Der Arbeitsauftrag lautet: „Füllt bitte zu zweit die Sprechblasen aus. Ihr könnt dort das eintragen, was euch am meisten interessiert oder was ihr im Unterricht unbedingt behandeln wollt. Ihr könnt euch auch etwas ausdenken, d. h. eine kurze Sprechsituation aufschreiben, von der ihr glaubt, dass sie für alle interessant ist."

Da viele Schülerinnen und Schüler an Comics sehr interessiert sind, beginnen sie sofort mit dem Ausfüllen der Sprechblasen und manche malen noch Figuren oder andere Dinge hinzu.

Die Comics werden kreisförmig auf einen großen Tisch gelegt, sodass alle darum herum stehend die Bilder ansehen und besprechen können. In der folgenden Gesprächssituation beteiligen sich alle sehr intensiv. Die Schülerinnen und Schüler erläutern die Vorstellungen der in den Comics auftretenden Personen so, als seien dies die Ansichten der Comicfiguren. Dies entlastet, schützt vor Verletzlichkeiten und gewährleistet daher ein hohes Maß an Offenheit.

Am Ende dieser Einstiegsphase legt die Klasse mit der Lehrerin gemeinsam die weiteren Themenbereiche fest, die in den folgenden Stunden behandelt werden sollen. Besonders interessant war bei dieser Stunde, dass sich viele Jungen nicht in die Rolle von Mädchen hineinversetzen konnten und umgekehrt. Deshalb wurden von der Klasse mehrere Vorschläge zu Rollenspielen, Stegreifspielen und Briefeschreiben mit vertauschten Rollen gemacht.

Didaktischer Kommentar

Welche Kompetenzen können Schülerinnen und Schüler beim Kopfsalat erwerben?

Sie übertragen ihre Gedanken, Wünsche, Vorstellungen und Fragen auf eine erfundene Person, der sie auch einen Namen geben können. Sie verstecken sich hinter der fiktiven Person und geben sich so keine Blöße vor den anderen. Insbesondere bei Themen, die wie das Gebiet Sexualität mit Hemmungen verbunden sind, ist es günstig, eine Methode zu wählen, bei der jede Schülerin und jeder Schüler das Gesicht wahren kann. Damit nehme ich sie ernst und akzeptiere auch ihre durch das Elternhaus und den Freundeskreis geprägten Erfahrungen und Vorkenntnisse. Außerdem macht es den meisten Klassen Spaß, Comics zu beschriften oder selber zu zeichnen.

Nachteile und Schwächen

Der Kopfsalat verlangt von allen Beteiligten die strikte Einhaltung einer Übereinkunft: Obwohl alle wissen, dass durch die Figuren hindurch die Autoren, also die Mitschüler, sprechen, erhalten alle die Fiktion aufrecht, dass diese Figuren ein Eigenleben haben – ganz so, wie der Theaterbesucher stillschweigend akzeptiert, dass die Schauspieler vorne auf der Bühne so tun, als geschehe die vorgespielte Handlung gerade „in Wirklichkeit". Sobald auch nur eine Schülerin oder ein Schüler diese Übereinkunft deutlich und laut aufkündigt, ist das weitere Gelingen dieser methodischen Einstiegsvariante zumindest stark gefährdet. Der Kopfsalat ist also relativ leicht zu stören oder ganz zu sabotieren.

Einsatzmöglichkeiten

Der Kopfsalat lässt sich zu allen Themen im Unterricht einsetzen, die unmittelbar an die Gedanken und Gefühle der Schülerinnen und Schüler anknüpfen. Er ist besonders gut geeignet, wenn Sie in Ihrer Klasse einige eher schweigsame und zurückhaltende Schülerinnen und Schüler haben, die bei offenen Gesprächsformen oder beim Brainstorming wenig bis gar nichts sagen würden.

Das Thema Sexualität z. B. interessiert gerade in der sechsten Klasse alle, und daher ist es unbedingt notwendig, die ganze Klasse an den Gesprächen zu beteiligen. Das gelingt mit dieser Methode in idealer Weise, da die Schülerinnen und Schüler durch die Figuren sprechen können und sich nicht bloßstellen müssen.

Durch die Figuren sprechen schafft Sicherheit

19 Kooperative Gesprächsformen

Vorbemerkungen

Unterricht ist eine weitestgehend mithilfe der Sprache arrangierte Angelegenheit, auch wenn jede Unterrichtsform und -methode selbstredend nonverbale Anteile wie etwa körpersprachliche Elemente enthält. Oberster Zweck und primäres Ziel jeder unterrichtlichen Kommunikation ist das Lehren und Lernen. Alle Unterrichtsgespräche dieses Kapitels haben in der Regel einen definierten Anfang, ein erkennbares Ende und eine innere Zielgerichtetheit. Sie dienen dem Gedanken- und Meinungsaustausch im Medium der Sprache.

Da Unterrichtsgespräche etwas völlig Alltägliches sind, haben wir in diesem Kapitel auf lange Erläuterungen über Vorbereitung und Durchführung verzichtet. Wir nennen die grundlegenden Prinzipien der jeweiligen Gesprächsform, geben die wesentlichen Durchführungsregeln an und formulieren einen didaktischen Kommentar in Bezug auf Lernziele und Einsatzmöglichkeiten.

19.1 Blitzlicht

Das „Blitzlicht" (Cohn 1975) unter dem Oberthema „Kooperative Gesprächsformen im Unterricht" vorzustellen ist zumindest etwas irreführend, denn diese Einstiegsmethode arbeitet ausschließlich mit kurzen Statements, und das ist ja nicht gerade das, was man unter einem Gespräch versteht. Es gibt also keine Dialoge zwischen den Schülerinnen und Schülern der Klasse, aber da die Methode ausschließlich verbal ausgerichtet ist und man den Monolog auch als Sonderfall des Dialogs betrachten kann, stellen wir Ihnen in diesem Kapitel das Blitzlicht vor.

Die Durchführung dieses Einstiegs ist denkbar einfach – jede Schülerin und jeder Schüler erhält den Auftrag, nach einer kurzen Bedenkzeit in nur einem Satz das zu äußern, was für ihn selber am neuen Thema bedeutsam und wichtig ist. Alle sind nacheinander an der Reihe; Fragen oder sonstige Unterbrechungen werden nicht zugelassen. Falls es Ihr Ziel ist, über das Blitzlicht in eine Diskussion zu einem vielleicht schwierigen Thema einzusteigen, empfehlen wir den Stuhlkreis, da dieser erfahrungsgemäß zu mehr Offenheit und Gesprächsbereitschaft führt. Sie können aber auch die normale Sitzordnung beibehalten.

Ein sinnvolles Hilfsmittel ist der „Sprechstein": Ein Stein oder ein anderer handschmeichlerischer Gegenstand wird herumgegeben, und nur derjenige, der ihn in der Hand hält, darf etwas sagen.

Die Aussagen können hinterher auch auf Karteikarten geschrieben und veröffentlicht werden. Dies empfiehlt sich dann, wenn Sie mit dem Blitzlicht ein neues Thema vorstrukturieren wollen. So können Sie am Schluss der Unterrichtseinheit auf die Schüleraussagen zurückkommen.

Kompetenzen und Einsatzmöglichkeiten

Mit dem Einsatz des Blitzlichts sind hauptsächlich zwei Kompetenzen verbunden: Die Schülerinnen und Schüler sortieren und strukturieren ihre Gedanken, lösen den zentralen Aspekt heraus und verbalisieren diesen Hauptgedanken möglichst knapp und präzise.

Die Einsatzmöglichkeiten sind sehr vielfältig und variabel. Da Sie weder eine lange Vorbereitungs- noch eine langwierige Durchführungsphase benötigen, kann die Methode ganz ausgezeichnet am Anfang fast jeder beliebigen Stunde als „Übung zum stofflichen Aufwärmen" genutzt werden. Eine Kollegin beispielsweise, die in einer sehr lernschwachen Integrationsklasse unterrichtet, benutzt das Blitzlicht als täglich wiederkehrendes Stundeneröffnungsritual, in dem alle Schülerinnen und Schüler mit einem Satz anzeigen sollen, was sie in der vorigen Stunde oder bei der Erledigung der Hausaufgaben nicht verstanden haben.

Sehr vielfältige Einsatzmöglichkeiten

Aber auch in Texte, die zu Hause oder in der Stunde gelesen werden, in Filme, Diaserien, Experimente oder Schülerreferate können Sie mit der Methode des Blitzlichts ohne weiteren Vorbereitungsaufwand einsteigen.

Da die Schülerinnen und Schüler nur einen einzigen Satz sagen dürfen, können Sie die Fragestellung sehr stark bündeln und so die Antwortmöglichkeiten steuern. Das Blitzlicht kann beispielsweise auch als Verbindungsglied zwischen einer Sprechmühle und dem nachfolgenden Unterrichtsgespräch mit folgender inhaltsbezogener Aufgabe eingesetzt werden: „Gib in einem Satz die für dich erstaunlichste Äußerung eines deiner Partner wieder!" Wenn die Lehrerin oder der Lehrer aber zunächst einmal eine Rückmeldung über die vielleicht neue Methode haben will, kann die Aufgabe völlig unabhängig vom Inhalt zur Beurteilung der Sprechmühle gestellt werden.

19.2 Kreisgespräch

Im Kreisgespräch sollen alle Schülerinnen und Schüler nacheinander ihre Meinungen und Kenntnisse zu einer Fragestellung oder einem Thema mitteilen. Die Lehrerin oder der Lehrer ruft entweder die Schüler auf oder es meldet sich, wer etwas sagen möchte.

Wichtigstes Kriterium hierbei ist, dass jeder Schüler und jede Schülerin einen Beitrag leistet. Im Unterschied zum Blitzlicht müssen die Schülerinnen und Schüler sich aber nicht auf einen Satz beschränken, und Zwischenfragen, die der Klärung einer Aussage dienen, sind erlaubt. Auf problematisierende Einwürfe sollte allerdings auf jeden Fall zunächst verzichtet werden, denn Problematisierungen haben fast immer die unmittelbare Folge, dass eine Diskussion zwischen den interessierten, lebhafteren Schülerinnen und Schülern beginnt. Die Stillen, die noch nicht an der Reihe waren, kommen nicht mehr zu ihrem Beitrag und ziehen sich höchstwahrscheinlich für den Rest der Stunde oder Einheit in ihr emotionales Schneckenhaus zurück. Der Gesprächsleiter, und das muss keineswegs immer die Lehrerin oder der Lehrer sein, sollte diese Regel zu Beginn deutlich aussprechen und diejenigen, die schon während der Vorstellungsrunde problematisierende Fragen haben, bitten, sich diese zu merken oder aufzuschreiben, um dann die anschließende Diskussion einleiten zu können.

Nutzen Sie einen „Sprechstein"

Auch hier kann der „Sprechstein" sinnvoll das Gespräch ordnen.

Das Kreisgespräch hat am Anfang einer Unterrichtseinheit die Funktion, ein Meinungs- oder Wissensbild der Lerngruppe zu erstellen. So erhält man wichtige Hinweise für die weitere Unterrichtsplanung, z. B. auf notwendige Hilfestellungen. Das Kreisgespräch dauert länger als das Blitzlicht und ist daher als tägliches Stundeneröffnungsritual nicht tauglich. Zudem ist der Übergang zu einer normalen Diskussion oder einem Unterrichtsgespräch weniger scharf, sodass eine mit einem Kreisgespräch begonnene Sequenz in der Regel die ganze Stunde einnimmt.

Der Vorteil dieser Einstiegsmethode im Vergleich zum Blitzlicht liegt darin, dass komplexere oder vielschichtigere Thematiken nicht auf einen einzigen Aspekt reduziert werden müssen, sondern schon in der Eingangsphase auf vertieftem Niveau angegangen werden können.

Um eine harmonische Atmosphäre und die Offenheit dieser Gesprächsrunde zu gewährleisten, sollten die Schüleräußerungen nicht bewertet werden. Sinnvoll ist es aber, sie als Zwischenergebnis zusammenzufassen, schriftlich in Form von Protokollen oder Thesen zu sichern oder auch aufzuzeichnen.

Kompetenzen und Einsatzmöglichkeiten

Die für das Blitzlicht formulierten Kompetenzen gelten im Prinzip ebenso für das Kreisgespräch, denn auch hier sortieren und strukturieren die Schülerinnen und Schüler zunächst einmal ihre Gedanken, bevor sie sie möglichst präzise äußern. Da die Methode aber weniger rigide ist, haben die Schülerinnen und Schüler differenziertere Möglichkeiten, ihre Meinung, die ja durchaus nicht immer aus einem Guss sein muss, zu formulieren.

Gutes Kommunikationstraining

Hinzu kommt ein methodischer Aspekt, den wir für sehr wichtig halten, nämlich die unterschiedliche Bedeutung von Verständnis- und Problematisierungsfragen. Man kann in alltäglichen Gesprächssituationen immer wieder beobachten, dass diese zwei völlig unterschiedlichen Fragearten permanent durcheinandergeraten und das Gelingen von Kommunikationssituationen oft verhindern oder zumindest erschweren.

Wenn das Kreisgespräch nach dem oben beschriebenen Ritual verläuft, sind alle Teilnehmer gezwungen, über diesen Unterschied intensiv nachzudenken und die eigenen Fragen ebenso zu prüfen wie die der anderen. Wir haben in Schulklassen, in denen das Kreisgespräch in der hier vorgestellten Version oft eingesetzt wird, deutlich den Erfolg dieses Trainings beobachten können.

Einsetzen kann man das Kreisgespräch in all den Situationen, in denen die Schülerinnen und Schüler vorher die Möglichkeit hatten, sich Kenntnisse anzueignen und eine Meinung zu bilden. Dies kann z. B. zu einer vorher gelesenen Lektüre im Deutschunterricht sein, aber ebenso zu sozialkundlichen oder geografischen Themen.

Je jünger Schülerinnen und Schüler sind, desto weniger sind sie in der Lage, die Regeln des Kreisgespräches einzuhalten. Sie lassen die anderen nicht ausreden und kennen noch nicht den Unterschied zwischen den zwei Fragearten. Andererseits haben sie eine deutlich höhere Toleranz- und Frustrationsschwelle gegen Störungen und Unterbrechungen durch die Klassenkameraden, genervt ist in solchen Situationen meist nur die Lehrerin oder der Lehrer.

Es ist daher unserer Meinung nach durchaus sinnvoll, das Kreisgespräch schon in der Grundschule einzusetzen. Hinzu kommt, dass der Gewöhnungs- und Trainingseffekt an diese Art der Gesprächsführung leichter eintreten kann, wenn die Kinder sie bereits in frühem Alter kennenlernen.

Vom Beginn der Sekundarstufe an können die formalen Regeln strikter eingehalten werden. In geübten Klassen höherer Jahrgänge sollte eine Schülerin oder ein Schüler das Gespräch leiten. Die Lehrerin oder der Lehrer kann dann entweder als normaler Gesprächsteilnehmer fungieren oder sich um das Festhalten der Äußerungen (durch Protokolle oder Tonaufnahmen) kümmern.

19.3 Streitgespräch

Im Streitgespräch erhalten die Schülerinnen und Schüler den Auftrag, in einer simulierten Konkurrenzsituation die von ihnen übernommenen Sprechrollen durch möglichst geschicktes Argumentieren zu vertreten. Im Gegensatz zum aufwändigeren und zeitintensiveren Rollenspiel geht es bei dieser Einstiegsmethode um die rein verbale Ausgestaltung einer Vorlage. Die Übergänge sind aber fließend, und Streitgespräche sind sicherlich fast immer auch Bestandteile von Rollenspielen.

Klare Rollenzuweisungen und genaue formale Regeln des Gesprächsablaufs, die zu Beginn bekannt sein müssen, kennzeichnen diese Gesprächsform. Mindestens vier verschiedene Rollen sind in einem Streitgespräch zu besetzen: Gesprächsleiter, Befürworter, Gegner und Beobachter. Bis auf die Rolle des Gesprächsleiters können alle Rollen mehrfach besetzt werden, da der Leiter seine Rolle am wenigsten vorbereiten kann und oftmals sehr spontan auf Äußerungen der anderen Gesprächsteilnehmer reagieren muss. Es ist wichtig, die verschiedenen Rollen auch optisch und räumlich deutlich voneinander abzugrenzen.

Die Schülerinnen und Schüler brauchen ausreichend Zeit und Gelegenheit, sich in die ihnen zugedachten Rollen einzufühlen, und ihnen muss klar sein, dass sie nur eine Rolle spielen. Die Gesprächsteilnehmer sollten sich gegenseitig ausreden lassen, sich an die vom Leiter geführte Rednerliste halten und jede persönliche Diffamierung des anderen vermeiden. Die Beobachter sollten einen klar definierten Beobachtungsauftrag haben, um die nachfolgende Auswertung, die in aller Regel nach dem Streitgespräch stattfindet, zu strukturieren. Der Gesprächsleiter achtet darauf, dass die vereinbarten Regeln eingehalten werden.

Kompetenzen und Einsatzmöglichkeiten

Solange im Streitgespräch nicht viel mehr als das lustvolle Wiederholen von Vorurteilen stattfindet, ist es unter Wert verkauft. Die Schülerinnen und Schüler lernen, zu einem begründeten Abwägen von Vor- und Nachteilen bestimmter Positionen zu gelangen. Daher gilt es für die Lehrerin oder den Lehrer, vorher klar nach folgenden Gesichtspunkten auszuwählen: Das Gesprächsthema muss für eine Pro-und-Kontra-Diskussion geeignet sein, und es muss möglich sein, mehrere deutlich gegenüberstehende Positionen zu formulieren. Themen, die die Klasse zwar interessieren, aber auf die endlose Reproduktion von Vorurteilen hinauslaufen und keine Vertiefung erwarten lassen, sollten vermieden werden.

Die für das Rollenspiel genannten Kompetenzen wie Empathie, kommunikative Fähigkeiten und Toleranz sind ansatzweise auch im Streitgespräch gefordert. Auch für das Streitgespräch gilt: Je eher Sie diese Methode einsetzen, desto mehr müssen Sie mit einem stürmischen und wenig regelgeleiteten Verlauf rechnen. Wir empfehlen Ihnen daher, in den unteren Jahrgängen selber die Rolle des Gesprächsleiters zu übernehmen.

19.4 Debatte

Grundüberlegungen zur Didaktik

Die Debatte unterscheidet sich vom Streitgespräch durch mehr Regeln, und das gleiche Verhältnis, das zwischen Streitgespräch und Rollenspiel herrscht, gilt auch für die Beziehung Debatte/Planspiel. Form und Ablauf einer Debatte lassen sich aus den Geschäftsordnungen politischer Entscheidungsgremien übernehmen. Es muss eine klare Entscheidungsalternative geben, die in Form eines Antrags zur Abstimmung gestellt wird. Das Ziel der Debatte ist die Annahme, Ablehnung oder Modifizierung des Antrags. Folgende Rollen müssen besetzt werden: Vorsitzender, 1., 2., 3. Antragsteller, mehrere Opponenten, Protokollführer und Vertreter der Öffentlichkeit.

Grundlage ist eine klare Entscheidungsalternative

In der Regel eröffnet der Vorsitzende die Sitzung und fordert die Antragsteller auf, ihre Anträge einzubringen. Bevor die allgemeine Debatte eröffnet wird, werden die Opponenten noch zur Gegenrede aufgefordert. Am Ende der Debatte lässt der Vorsitzende über den oder die Anträge abstimmen und gibt das Abstimmungsergebnis bekannt.

Kompetenzen und Einsatzmöglichkeiten

Die Schülerinnen und Schüler lernen in einer Debatte, einen Konsens herzustellen bzw. einen Dissens auszuhalten, sie suchen dann im weiteren Unterricht nach Ursachen sowie Ansätzen zur Überwindung.

Wie im Planspiel lernen sie, ihre Interessen verbal zu verteidigen, zu taktieren, zu koalieren usw. Vorteile im Vergleich zum Planspiel sehen wir in dem geringeren Vorbereitungsaufwand und der kürzeren Durchführungszeit. Eine Debatte wird meist nicht länger als eine Stunde dauern.

Da die Debatte nicht wie das Planspiel den Anspruch stellt, Realität zu simulieren, ist diese Methode ziemlich variabel. Die klassischen Einsatzmöglichkeiten, auf die auch das Planspiel zielt, sind sämtlich debattentauglich. Darüber hinaus kann etwa die Aufarbeitung einer fiktiven literarischen Situation, ein historischer Dialog oder eine in den Medien zur Sprache gebrachte aktuelle Kontroverse Anlass für eine Debatte sein.

Die verhältnismäßig strengen Regeln und die formalen Zwänge dieser Methode lassen es uns als ratsam erscheinen, die Debatte erst in der Sekundarstufe einzusetzen.

19.5 Gruppenpuzzle

Grundüberlegungen zur Didaktik

Gruppenarbeit ist in der Regel eher typisch für die Vertiefungs- oder Erarbeitungsphase. Dies gilt grundsätzlich auch für die Methode des Gruppenpuzzles. Sie ist keine ausschließliche Einstiegsmethode, sondern auch dazu geeignet, Unterrichtsthemen, die auf andere Art begonnen wurden, zu vertiefen, zu differenzieren und selbstständig weiterzuverfolgen.

Als Einstiegsmethode aber ist das Gruppenpuzzle deswegen gut geeignet, weil die Schülerinnen und Schüler durch den Wechsel von Individual- und Gruppenarbeit, den Wechsel von eigenem Lernen und dessen Weitervermittlung an die Gruppenpartner, das jeweilige Thema zu ihrer eigenen Sache machen können. Dieser Motivationsschub durch das Gruppenpuzzle macht sich nach unseren Erfahrungen auch im weiteren Verlauf der Unterrichtseinheit positiv bemerkbar; hierin liegt ein großer Vorteil der Methode.

Der Unterschied zu normalem Gruppenunterricht besteht darin, dass die Schülerinnen und Schüler sich nicht nur arbeitsteilig und kooperativ in kleinen Gruppen etwas selbstständig erarbeiten können, sondern auch selber als Vermittler von Wissen gefordert sind, also auch didaktische Fähigkeiten entwickeln müssen.

Das Gruppenpuzzle ist eine Form des Gruppenunterrichts, die in geradezu idealer Weise die Vorteile des Gruppenunterrichts, insbesondere die Herausbildung von Kooperationsfähigkeit, mit dem individuellen Leistungsprinzip verbindet. Alle Mitglieder einer jeweiligen Gruppe können beim Gruppenpuzzle nur dann erfolgreich sein, wenn sie sowohl gemeinsam und miteinander als auch individuell und allein ihr Bestes geben. Ein komplexer Wissensinhalt wird durch einen mehrfachen Wechsel von Stammgruppenarbeit und Expertengruppenarbeit angeeignet und zum Schluss auch überprüft.

Da es vergleichsweise zu anderen Formen zeitaufwändig ist und je nach Umfang und Schwierigkeitsgrad der verwendeten Materialien mindestens eine Doppelstunde, häufig aber auch mehr Zeit in Anspruch nimmt, ist das Gruppenpuzzle in erster Linie bei umfangreicheren Unterrichtseinheiten einsetzbar.

Einstieg für umfangreichere Unterrichtseinheiten

Voraussetzungen und Vorbereitung

In Klasse 8 sollen im Deutschunterricht Kurzgeschichten behandelt werden, und die Lehrerin entschließt sich, das Gruppenpuzzle als Einstieg einzusetzen. Die vorbereitenden Maßnahmen unterscheiden sich mit einer Einschränkung wenig von normaler Unterrichtsvorbereitung für Gruppenunterricht: Das Material, das die Schülerinnen und Schüler zur Bearbeitung erhalten, sollte unterschiedliche Aspekte und mehrere mögliche Fragestellungen enthalten oder auf andere Art klar gegliedert sein, weil sonst die Bildung von Expertengruppen erschwert oder unmöglich gemacht wird.

In dem hier gewählten Beispiel erhalten alle Schülerinnen und Schüler zunächst die gleiche Kurzgeschichte als Textgrundlage, und erst in der zweiten Runde, in der die Expertengruppen zusammenkommen, werden vier verschiedene Aspekte analysiert.

Durchführung

Zu Beginn der Stunde erklärt die Lehrerin zunächst einmal den gesamten geplanten Ablauf des Gruppenpuzzles inklusive der Modalitäten der abschließenden Leistungskontrolle, dann werden sogenannte „Stammgruppen" gebildet, die in unserem Beispiel jeweils vierköpfig sein müssen, da das Thema unter vier verschiedenen Aspekten behandelt werden soll. Die Klasse hat 20 Schülerinnen und Schüler, es werden also fünf Gruppen gebildet.

In der ersten (Stammgruppen-)Phase wird der Text verteilt und gelesen, das kann auch als Hausaufgabe vorher geschehen. Dann können in einer kurzen Phase innerhalb der fünf Stammgruppen oder auch gemeinsam im Plenum grundsätzliche Probleme zum Textverständnis geklärt, unbekannte Fremdwörter erläutert oder erste Leseeindrücke diskutiert werden. Dies ist sicher abhängig vom Schwierigkeitsgrad der Materialien und der Leistungsfähigkeit der Lerngruppe.

In einem zweiten Schritt werden von der Lehrerin vier Expertenthemen benannt und an die Tafel geschrieben, in diesem Fall zu vier verschiedenen Aspekten der Textarbeit. Die vier Mitglieder jeder Gruppe einigen sich auf je einen zukünftigen Experten für jeden Aspekt. Die Einteilung kann auch von der Lehrerin oder dem Lehrer vorgenommen werden oder nach Zufallsprinzipien erfolgen.

Die vier Expertenthemen lauten:

A: Welche sprachlichen Mittel werden verwendet?
B: Welche inhaltlichen Merkmale zeichnen die Kurzgeschichte aus?
C: Welches zentrale Problem wird thematisiert?
D: Welche Bezüge zur Entstehungszeit finden sich?

Am Ende dieser ersten Phase gibt es also fünf Stammgruppen mit je einem Experten für die Aufgaben A, B, C und D.

1. Phase: Stammgruppenrunde

1	2	3	4	5
AB	AB	AB	AB	AB
CD	CD	CD	CD	CD

In der zweiten Phase bilden sich analog zu den vier Fragestellungen vier Expertengruppen:

2. Phase: Expertenrunde

A A	B B	C C	D D
A	B	C	D
A A	B B	C C	D D

Diese Expertenteams müssen jetzt anhand des Textes der Kurzgeschichte und weiterer Materialien ihr Spezialgebiet gemeinsam erarbeiten.
  Falls Sie nicht ohnehin eine Doppelstunde eingeplant haben, können Sie an dieser Stelle problemlos unterbrechen, da die Experten dazu angehalten werden, sich schriftliche Notizen zu machen. Auch zwischen der dritten und vierten Runde kann eine zeitliche Zäsur liegen.
  In der dritten Runde bilden sich wieder die ursprünglichen Stammgruppen. Hier hat jetzt jeder Experte die Aufgabe, den anderen drei Gruppenmitgliedern möglichst präzise und effektiv die im Expertenteam erarbeiteten Erkenntnisse zu vermitteln. Da die Schülerinnen und Schüler dies

schon vorher wussten, spielen also bereits seit der zweiten Phase neben dem Erwerb von Sachkompetenz mögliche Modalitäten der Vermittlung des erworbenen Wissens eine gewichtige Rolle.

Die Schülerinnen und Schüler müssen selbstverantwortlich und eigenständig lernen, sinnvolle Aufzeichnungen zu machen, die sachlich wichtigen Details präzise darzustellen, Kontrollfragen an die anderen Mitglieder der Stammgruppe zu entwickeln und dergleichen mehr.

Am Schluss dieser Phase müssen also in allen Stammgruppen alle Schülerinnen und Schüler über das, was in den Expertenteams gelaufen ist, informiert sein. An dieser Stelle kann das Gruppenpuzzle z. B. mit einer Diskussionsrunde im Plenum über offengebliebene Fragen abgeschlossen werden.

Es ist aber durchaus reizvoll, auch die folgenden Schritte zu realisieren: In der vierten Runde wird ein Leistungstest in Einzelarbeit geschrieben. Dies mag auf den ersten Blick verwundern, findet aber folgende Erklärung: Nur in der Form der isolierten Einzelarbeit sind sowohl die Qualität der Arbeit in den Expertenteams als auch die didaktische Fähigkeit der jeweils drei anderen Stammgruppenmitglieder überprüfbar. Würde ein Gruppentest geschrieben, wäre jeder Experte darauf erpicht, sein Spezialgebiet zu bearbeiten, damit fiele der eben erwähnte zweite Gesichtspunkt weg, die Fähigkeit nämlich, anderen Wissen zu vermitteln.

Leistungsüberprüfung in Einzeltests

Vor der letzten Phase werden die Tests ausgewertet, dann gruppenweise gewichtet und zurückgegeben! Also nicht die Einzelleistung der 20 Schülerinnen und Schüler ist entscheidend, sondern die jeweilige Gesamtleistung der Gruppe. Es gewinnt also trotz der Bedeutung der individuellen Einzelleistung im Test letztlich die Gruppe, in der die Vermittlungsarbeit an die jeweiligen drei Nichtexperten am erfolgreichsten war.

Die weitere Arbeit an dem Thema der Unterrichtseinheit kann dann in der Form des Frontalunterrichts als gelenktes Unterrichtsgespräch stattfinden. Da alle Schülerinnen und Schüler am Ende des Gruppenpuzzles ziemlich genau den gleichen Kenntnisstand haben, kann die Lehrerin oder der Lehrer dies bei der Auswahl weiterer Materialien einplanen.

Es ist in anderen Fällen genauso sinnvoll oder sachlich geboten, ohne gemeinsame Materialgrundlage zu arbeiten. In diesem Fall bekommen die Stammgruppen nur einen kurzen Einführungstext, der das Thema knapp umreißt, und die Arbeit beginnt erst in den Expertengruppen an unterschiedlichen Texten oder Materialien. In dem hier vorgestellten Beispiel könnte man, wenn man zunächst nur die sprachlichen Eigenschaften der

Kurzgeschichte mit der Lerngruppe untersuchen will, den Expertengruppen vier verschiedene Kurzgeschichten mit der Arbeitsanweisung A geben.

Didaktischer Kommentar

Welche Kompetenzen können Schülerinnen und Schüler beim Gruppenpuzzle erwerben?

Mit dem Gruppenpuzzle werden eine Reihe unterschiedlicher Kompetenzen verfolgt, die in der vorhergehenden ausführlichen Beschreibung sämtlich erläutert wurden. Wir möchten sie daher hier nur noch einmal in vier Stichworten auflisten:

- selbstständige Erarbeitung von Wissen aus Texten oder sonstigen Materialien,
- Förderung des individuellen Interesses durch Trennung der Lernwege der Stammgruppenmitglieder,
- sinnvolle Synthese der unterschiedlichen Lernleistungen in der Abschlussphase,
- möglichst effektive Weitergabe dieses Wissens an die Mitschüler.

Nachteile und Schwächen

Verlangt viel Vorbereitungsaufwand

Nachteilig ist sicher der verhältnismäßig hohe Zeitaufwand bei der Vorbereitung und Durchführung, andere negative Seiten sind uns bisher nicht begegnet.

Einsatzmöglichkeiten

Das Gruppenpuzzle verlangt von den Schülerinnen und Schülern verhältnismäßig hohe Anforderungen, es ist daher erst ab Klasse 7 oder 8 einsetzbar. Falls eine Klasse schon sehr viel Erfahrungen mit der selbstständigen Kleingruppenarbeit hat und auch im disziplinarischen Verhalten entsprechend entwickelt ist, könnte das Gruppenpuzzle sicher schon früher eingesetzt werden.

Das Gruppenpuzzle kann in allen Fächern verwendet werden, in denen mehr oder weniger umfangreiche Materialien bearbeitet werden. Dies müssen keineswegs, wie in unserem Beispiel, Texte sein. Die Stamm- und Expertengruppen können ebenso gut an mathematisch-naturwissenschaftlichen Formeln oder Experimenten arbeiten wie an Bildern oder musikalischen Werken, Landkarten oder Gegenständen.

Es geht in erster Linie um Aneignung von Faktenwissen, das Verstehen von Zusammenhängen und den Aufbau von begrifflichen Strukturen. Daher ist diese Methode universell einsetzbar.

Feedback

Vorbemerkungen

Feedback als Unterrichtseinstiegsmethode zu bezeichnen stößt ganz sicher auf Verwunderung, denn rückmelden kann man ja nur das Bekannte, schon Erlebte oder Erfahrene, aber nicht das Neue, das einen erst noch erwartet. Kritik am gerade vergangenen Unterricht, also an dem, was man eben erlebt, erlitten, erduldet, vielleicht aber auch genossen hat, ist doch eine der typischen und besten *Ausstiegs*situationen, oder?

Doch welchen Sinn hätte Kritik am Vergangenen, wenn nicht den, es in Zukunft, bei der nächsten Unterrichtseinheit, beim nächsten, ähnlichen Thema oder im nächsten Jahrgang besser machen zu wollen?

Lehrerinnen und Lehrer brauchen Rückmeldungen, damit sie auch aus der Sicht der Schülerinnen und Schüler erfahren, ob ihre Planung und Durchführung angekommen ist, ob die Inhalte, Ergebnisse und insbesondere die Methoden brauchbar, wiederholenswert oder einfach nur miserabel waren.

Nun könnten Sie einwenden, dass Sie als pädagogisch geschulte Fachleute ausreichend in der Lage seien, diese Rückmeldung selber vorzunehmen und nicht auf die unqualifizierten Schüleräußerungen achten zu müssen.

Dem ist aus unserer Sicht zu entgegnen, dass wir Unterricht nicht als Einwegkommunikation verstehen, in der eine aktiv agierende Lehrperson den weitgehend passiv reagierenden Schülerinnen und Schülern Stoff vermittelt, sondern als einen sich stets gemeinsam konstituierenden Sinnhorizont, oder – einfacher ausgedrückt – als kommunikative Interaktion.

Wir halten Schülerinnen und Schüler für prinzipiell fähig, Unterricht angemessen wahrzunehmen und diese Wahrnehmung in Beobachtung und Kritik zu verbalisieren.

Vergleichbare Rückmeldungen über ihren eigenen Unterricht kann keine andere Person oder Institution geben.

Auch wenn Lehrerinnen und Lehrer im Verlauf der Arbeit spüren, ob Resonanz und Interesse oder Gleichgültigkeit und Langeweile bei dem einen oder anderen vorherrschen, kann das eigene Gefühl ganz schön täuschen.

In der einschlägigen Literatur zur Konzeption des Metaunterrichts wird betont, dass die Verbalisierung und Kommentierung des eigenen Verhaltens auf Schüler- wie auf Lehrerseite stark zur Verbesserung des Unter-

Zur Verbesserung des Unterrichtsklimas

richtsklimas beiträgt. Beide Seiten distanzieren sich vorübergehend von der aktuellen Unterrichtssituation und betrachten gemeinsam die Wegstrecke, die sie in der vorigen Unterrichtsphase zurückgelegt haben, um anschließend neue Richtungen und neue Impulse für die Zukunft zu reflektieren.

Wir raten Ihnen daher, diese Phase des Unterrichtsfeedbacks als festen Bestandteil Ihrer Unterrichtspraxis zu institutionalisieren!

Zum Abschluss dieser Einleitung möchten wir noch einige wichtige Aspekte erwähnen:

Sie müssen damit rechnen, dass Schülerinnen und Schüler Probleme personalisieren. Methoden und Inhalte des Unterrichts, die zur Kritik freigegeben wurden, werden auf Schülerseite untrennbar mit der Lehrkraft verbunden, z. B. werden strukturelle Defizite der Methode von den Schülerinnen und Schülern als persönliche Inkompetenzen des Lehrenden begriffen – und das wird dann auch entsprechend formuliert.

Verschärft wird diese für uns Lehrerinnen und Lehrer unangenehme Situation noch zusätzlich dadurch, dass Schülerinnen und Schüler nicht differenzieren können zwischen dem, was im persönlichen Verantwortungsbereich der Lehrerin oder des Lehrers liegt, und dem Umfeld.

Wir möchten Ihnen einige kurze und einfache Verfahren schildern, wie Sie Schülerkritik „erheben" und nutzen können.

20.1 Schriftliche Befragung

Anonyme Befragung

Die einfachste Methode besteht in der Entwicklung eines Fragebogens. Dies hat den Vorteil, dass sich keiner mündlich vor der Klasse äußern und damit „Farbe bekennen" muss, sondern ohne Angst in aller Ruhe schriftlich und anonym seine Meinung äußern kann.

Je geschlossener die Fragen sind, desto leichter ist die Auswertung (am leichtesten bei einem Multiple-Choice-Verfahren), desto holzschnittartiger sind aber auch die Ergebnisse. Je offener die Fragen sind, desto aufwändiger ist das Auswertungsverfahren.

Den folgenden Feedbackbogen haben wir gemeinsam mit den Schülern entwickelt – in Anlehnung an die zehn Merkmale guten Unterrichts von HILBERT MEYER (2004). So konnten die Schüler jedes Merkmal mit eigenen Indikatoren, die sie im Unterricht kennengelernt hatten, verbinden.

Die höchstmögliche Punktzahl beträgt 160, aber wer 120 Punkte zusammenbekommt, kann schon recht zufrieden sein. Allerdings sollte man genau schauen, wie die einzelnen Bereiche bewertet wurden, um die Stärken und Schwächen zu identifizieren.

Feedbackbogen zum Unterricht (1)

Klare Strukturierung des Unterrichts	Punkte (1–4)
1. Überblick über den Unterrichtsverlauf geben	
2. Rollenklarheit	
3. Regeln absprechen	
4. Zielklarheit	
5. Kein „Ostereierprinzip"	
Hoher Anteil echter Lernzeit	
1. Pünktlichkeit	
2. Themenbezug und die geplante Zeit für Teilaufgaben einhalten	
3. Nicht vom Thema abschweifen	
4. Differenzieren und Prioritäten setzen	
5. Störungen vermeiden	
Lernförderliches Klima	
1. Konsequente Autorität	
2. Respekt und Regeln einhalten	
3. Gerechtigkeit	
4. Meinungen von Schülern und Lehrer sind gleichwertig	
Inhaltliche Klarheit	
1. Themenzusammenhänge klarstellen	
2. Aufgaben verständlich stellen	
3. Zielklarheit	
4. Klare Vorgaben und Darstellungen	
Sinnstiftendes Kommunizieren	
1. Möglichkeiten zur mündlichen Beteiligung geben	
2. Sich mit Schülern besprechen	

Schriftliche Befragung

Feedbackbogen zum Unterricht (2)

3. Schülerfeedback einbeziehen	
4. Gemeinsame außerschulische Aktivitäten ermöglichen	
Methodenvielfalt	
1. Verschiedene Materialien und Medien einsetzen	
2. Gruppenarbeit ermöglichen	
3. Alternativen anbieten	
Individuelles Fördern	
1. Positive Verarbeitung der mündlichen Beteiligung	
2. Lernstände deutlich machen und bekanntgeben	
3. Hohe individuelle Förderung	
4. Leistungsschwache Schüler integrieren	
Intelligentes Üben	
1. Lernstrategien vermitteln	
2. Positive Hilfestellungen geben	
3. Fördernde Übungsaufgaben	
4. Freundliche Übungsumgebung	
Transparente Leistungserwartung	
1. Feedback an Schüler	
2. Unterricht orientiert am Leistungsvermögen der Schüler	
3. Leistungserwartung formulieren	
4. Hilfen zur Vorbereitung der Leistungsüberprüfungen geben	
Vorbereitete Umgebung	
1. Präsente Arbeitsmaterialien	
2. Angemessenes Lernwerkzeug	
3. Sinnvolle Sitzordnung	

Die offenste Form einer schriftlichen Befragung besteht in der Aufforderung zum Schreiben eines Aufsatzes oder eines Statements zur vorigen Unterrichtssequenz. Sie kommen auf diese Art sicherlich an ehrlichere und aussagekräftigere Daten als mit einem geschlossenen Fragebogen, aber der interpretative Aufwand ist groß, und es besteht für den Auswertenden wie bei jeder Interpretation die Gefahr, das in den Text hineinzulesen, was Sie selber erwartet haben.

Als besonders reizvoll haben wir diese Schreibaufforderung dann empfunden, wenn sie mit der Anregung verbunden war, ein zukünftiges Szenario zu entwerfen, also ein utopisches Bild einer idealen Unterrichtssituation zu beschreiben. Aus der Diskrepanz zwischen dem Idealbild und der gerade vergangenen Unterrichtsrealität lassen sich Fehler und Defizite herauslesen.

20.2 Lehrerbrief

Die Umkehrung der Fragebogenmethode ist der Lehrerbrief. In diesem Fall will nicht die Lehrerin oder der Lehrer von den Schülerinnen und Schülern etwas wissen, sondern teilt sich selber mit, daher ist der Lehrerbrief auch nicht als Alternative zum Fragebogen anzusehen, sondern kann als Ergänzung eingesetzt werden. Insbesondere dann, wenn Sie selber das Gefühl haben, in der vergangenen Unterrichtssequenz Fehler gemacht oder sich falsch verhalten zu haben, signalisiert der schriftlich fixierte und an die gesamte Klasse verteilte Lehrerbrief ein ganz anderes Maß an Verbindlichkeit als die mündliche Äußerung, die vielleicht im Affekt gefallen ist. Aber auch bei Schülerfehlverhalten kann so ein offizieller Brief durchaus höhere Wirkung haben als die mündliche Standpauke. Im Prinzip ist ein Lehrerbrief die Vorstufe zum „Unterrichtsvertrag", auf den wir am Schluss dieses Kapitels zu sprechen kommen.

Für besondere Botschaften an die Klasse

20.3 Klebepunktaktion

Eine ebenso wenig aufwändige Methode ist die „Klebepunktaktion". Jede Schülerin und jeder Schüler erhält zwei verschiedenfarbige Karteikarten und soll in möglichst einem Satz auf die eine Karte schreiben, was besonders gut war, und auf die andere das, was ganz und gar schlecht war. Die Karten werden an die Wand geheftet oder geklebt. Jede Schülerin und jeder Schüler bekommt fünf Klebepunkte und hat die Aufgabe, die Punkte auf den Karten zu verteilen. Es können alle Punkte auf eine Karte geklebt oder auf mehrere Karten verteilt werden, je nachdem, ob die Schülerin oder der Schüler eine Aussage für extrem wichtig hält und ihr mit allen Punkten ein großes Gewicht verleihen will oder ob mehrere Aspekte bedeutsam sind.

Die Lehrerin oder der Lehrer erhält auf diese Weise ein sehr genau reagierendes Stimmungsbarometer zu der vorangegangenen Einheit, das durch das anschließende Gespräch über die „Renner" noch vertieft wird.

Statt der auf Karteikarten festgehaltenen Schüleräußerungen kann man auch selber vorher Thesen notieren und die Klasse dann diese bepunkten lassen. Diese vorgefertigte Kategorisierung hat den Vorteil größerer Steuerbarkeit, wenn es einem z. B. selbst nur um einen genau bestimmten Aspekt geht, und den Nachteil geringerer Offenheit, denn unerwartete Schüleräußerungen, die vielleicht gerade wegen ihres Überraschungsmomentes interessant sind, kommen nicht ins Blickfeld.

20.4 Schneeballszenario

Ähnlich wie die Klebepunktaktion funktioniert das „Schneeballsystem". Zunächst erhalten alle Schülerinnen und Schüler eine Karteikarte, auf der sie eine Situation des vorhergehenden Unterrichts notieren sollen, die sie als besonders unangenehm oder misslungen empfunden haben. Dazu sollen sie in Stichworten beschreiben, welche Lösungsmöglichkeiten sie sehen. Nun werden Zweiergruppen gebildet, die Partner tragen sich gegenseitig das vor, was sie notiert haben. Sie überlegen dann gemeinsam, ob sich aus den beiden Einzelsituationen eine übergeordnete Kategorie bilden lässt und ob auch die Lösungsvorschläge eine allgemeingültige Bedeutung haben. Die Ergebnisse des Zweiergesprächs werden festgehalten.

Im nächsten Schritt werden Vierergruppen gebildet, und der für die Zweiergruppen beschriebene Vorgang wiederholt sich. Sollte es überhaupt keine Gemeinsamkeiten und keinerlei übergeordnete Gesichtspunkte geben, muss die Gruppe die Gründe für die Nichteinigung jeweils möglichst genau dokumentieren. Die Vierergruppen stellen dann ihre Ergebnisse im Plenum vor, den Abschluss bildet ein offenes Kreisgespräch.

20.5 Sammelsurium

Eine Reihe der in diesem Buch vorgestellten Methoden ist ebenfalls in einer metaunterrichtlichen Phase einsetzbar, wenn man die Durchführungsregeln und die Zielsetzung entsprechend modifiziert: Die „Simulationsspiele" eignen sich hierfür besonders gut, denn die vergangene und vielleicht verbesserungswürdige Unterrichtsrealität sowie die zukünftige und damit ideale zu simulieren ist ja die ursprüngliche Leistung dieser Methoden.

Standbilder und Rollenspiele können durch Stärkung der empathischen Fähigkeiten zum Aufbau des gegenseitigen Verständnisses ebenso beitragen wie ein entsprechendes Planspiel, das es ermöglicht, Interessen zu artikulieren und Kompromisse und Verbesserungen zu finden.

Geeignete Einstiegsmethoden für Unterrichtskritik

Auch die „kooperativen Gesprächsformen" können bis auf das Gruppenpuzzle sämtlich in einer Feedbackphase eingesetzt werden. Blitzlicht und Kreisgespräch sind als relativ spontane Varianten der Kritikäußerungen nutzbar, im Streitgespräch und insbesondere in der Debatte können die Schülerinnen und Schüler schließlich die eigenen oder die rollengebundenen Argumente austauschen und bessere Lösungen für die Zukunft verhandeln.

Des Weiteren bieten die Methoden der „Themenzentrierten Selbstdarstellung" einige Möglichkeiten der Formulierung und Forcierung von Unterrichtskritik. Die Sprechmühle und das Partnerinterview sind unter der entsprechenden Fragestellung jederzeit nutzbar, um die persönlichen Eindrücke der einzelnen Schülerinnen und Schüler von der vergangenen Unterrichtseinheit zu erfragen und zu erforschen.

Der Bunte Bilderbogen bietet bei passender Bilderauswahl eine sehr reizvolle, weil nicht primär auf Sprache bezogene Alternative. Die beteiligten Schülerinnen und Schüler können ihr positives oder negatives Idealbild vom Unterricht durch die Auswahl eines Bildes dokumentieren, und die Vergleichsmöglichkeiten zur tatsächlich erlebten Unterrichtssituation sind für alle Beteiligten sehr anschaulich.

Aus dem Kapitel „Sortieren und strukturieren" sind die Sortieraufgaben und die Cluster geeignet, die „alltagsdidaktischen Theorien" der Schülerinnen und Schüler in eine Gestalt zu bringen, die den Mitschülern verständlich ist. Hierzu sollten Sie sie mit einer Anzahl von Begriffen oder Situationen aus dem Unterricht arbeiten lassen. Beide Methoden taugen allerdings mehr, um über Unterricht generell zu reflektieren, als zur Kritik konkreter Unterrichtseinheiten.

Eine besonders vielversprechende Methode in Bezug auf Unterrichtsanalyse ist das Brainstorming, denn hier verbindet sich direkt und unmittelbar die Kritik an vergangenen Stunden mit den Vorschlägen für einen besseren zukünftigen Unterricht.

20.6 Unterrichtsvertrag

Am Ende einer Feedbackphase kann ein schriftlich fixierter „Unterrichtsvertrag" stehen. Auch wenn das auf den ersten Blick ein wenig exotisch anmuten mag, hat so ein Vertragswerk eine Reihe von positiven Konsequenzen für beide Seiten. In den Vertragsverhandlungen, die übrigens durchaus als kleines Planspiel inszenierbar sind, müssen alle Standpunkte innerhalb der Klasse gehört werden, und es muss ein Kompromiss gefunden werden, mit dem alle, auch die Minderheiten, zufrieden sind oder zumindest leben können.

Der einmal geschlossene Vertrag wird schriftlich fixiert und an alle verteilt oder als Wandzeitung in der Klasse gut sichtbar aufgehängt.

Der Unterrichtsvertrag verlangt pädagogisches Fingerspitzengefühl auf Lehrerseite, denn Verträge sind nur dann sinnvoll, wenn die Schülerinnen und Schüler die Bedingungen auch wirklich einhalten können, ohne dass diese banal und selbstverständlich wären. Die einzelnen Bestimmungen oder Paragraphen dürfen also weder zu einengend noch zu großzügig sein.

So wäre die Selbstverpflichtung einer lebhaften Klasse, in Zukunft nie mehr den Unterricht durch Nebentätigkeiten wie Schwatzen zu stören, keine sinnvolle Vertragsklausel, weil ein derart rigides Versprechen selber nach kürzester Zeit gebrochen würde. Dies erzeugt zwangsläufig Frustration über die eigene Unfähigkeit bei der Vertragseinhaltung und führt dazu, das gesamte Übereinkommen zu verwerfen.

Ebenso sinnlos wäre die Bestimmung, dass alle pünktlich zum Unterricht kommen, denn das gehört ohnehin zu den Schülerpflichten und kann von der Lehrerin oder dem Lehrer nicht eigenmächtig geändert werden.

Inhalt eines solchen Unterrichtsvertrages könnte sein:
- Kommunikationsregeln: anderen zuhören; andere ausreden lassen; nicht persönlich oder beleidigend werden; sachlich argumentieren.
- Planungs- und Beteiligungsrituale: Als besonders zündender Gedanke erwies sich in unserer eigenen Praxis die Bildung eines Planungsausschusses aus Lehrerin oder Lehrer und einigen Schülerinnen und Schülern, der von der Klasse den offiziellen Auftrag erhält, die nächste Unterrichtseinheit gemeinsam vorzuplanen.
- Regelungen zum Arbeitsverhalten der Schülerinnen und Schüler: regelmäßige Erledigung der Hausaufgaben; diszipliniertes Verhalten während der Gruppenarbeitsphasen, die von der Lehrerin oder dem Lehrer nicht direkt kontrolliert werden können; grundsätzliche Bereitschaft, neue Methoden selber aktiv mitzutragen.

- Regelungen zum Arbeitsverhalten der Lehrerin oder des Lehrers: pünktliche und zuverlässige Erledigung von Sonderaufgaben wie der Beschaffung zusätzlicher Informationen, der Bereitstellung weiteren Materials oder technischen Geräts; die Organisation der formalen Rahmenbedingungen; die Herstellung notwendiger Außenkontakte.

Auch wenn diese Vorschläge vielleicht nach übertriebener Erbsenzählerei aussehen, tragen sie zur Verbesserung und Effektivierung des Unterrichts bei. Sie sollten auf keinen Fall die Wirkung solch eines schriftlich fixierten und für alle jederzeit einsehbaren Vertrages unterschätzen.

Ein Vertrag als „Geschäftsgrundlage" für alle

Der Großteil der Schülerinnen und Schüler betrachtet ihn wirklich als Geschäfts- und Arbeitsgrundlage, und dies gerade im Verhältnis untereinander! Auch als Lehrerin oder Lehrer selbst ist man eine recht große Verpflichtung eingegangen, denn Vertragsbrüche von Lehrerseite werden besonders kritisch beäugt und führen, wenn sie gehäuft auftreten, zu Recht sehr schnell zur Infragestellung des Vertrags.

Anhang

Checkliste für Unterrichtseinstiege

Im Teil A werden die Unterrichtseinstiege klassifiziert; die dazugehörigen Nummern werden in Teil B den einzelnen Methoden zugeordnet.

Teil A: Klassifizierungen und Zuordnungen

1.	Welche methodische Funktion soll der Unterrichtseinstieg haben?	
1 a	Deduktiv: vom Begrifflich-Allgemeinen zum Konkreten	*Informierender Unterrichtseinstieg, Lehrervortrag*
1 b	Induktiv: vom Einzelnen zum Allgemeinen/Gesetzmäßigen	*Collagen, Bunter Bilderbogen*
1 c	Annähernd: vom Vertrauten zum Fremden/vom Nahen zum Fernen	*Erzählen einer Geschichte, Vorzeigen, Vormachen, Clusterbildung*
1 d	Verfremdend: vom Fremden zum Vertrauten/vom Fernen zum Nahen	*Konstruktion eines Widerspruchs, Verfremdung, Verrätselung, Kopfsalat*
1 e	Systematisch: „bei null" beginnend, etwas Neues aufbauend	*Informierender Unterrichtseinstieg, Lehrervortrag*
1 f	Kasuistisch: vom exemplarischen Einzelfall ausgehend	*Sortieren, Bunter Bilderbogen*
1 g	Inseln bildend: von Plattform zu Plattform im Ozean des halb Durchschauten	*Clusterbildung*
2.	Welchen Orientierungsrahmen über das neue Thema will ich den Schülerinnen und Schülern vermitteln?	
2 a	Informationen über die Ziele der Einheit	*Informierender Unterrichtseinstieg, Lernlandschaft, Arbeitsplanarbeit*
2 b	Informationen über die inhaltlichen Schwerpunkte der Einheit	*Informierender Unterrichtseinstieg, Lernlandschaft, Arbeitsplanarbeit*

2 c Informationen über die möglichen Methoden	*Informierender Unterrichtseinstieg, Lernlandschaft, Arbeitsplanarbeit*
2 d Grober Gesamtüberblick über das Thema	*Informierender Unterrichtseinstieg, Lernlandschaft*
2 e Exemplarische Vertiefung	*Standbildbauen, Rollen- und Planspiel, Blitzlicht*
2 f Appetit machen und anregen durch Vorenthalten zentraler Sachaspekte	*Konstruktion eines Widerspruchs, Verfremden, Verrätseln*

3. Welche Vorkenntnisse, Erfahrungen, Einstellungen und Fähigkeiten bringen die Schülerinnen und Schüler für das neue Thema mit?

Da dies hauptsächlich von der jeweiligen Lerngruppe abhängig ist, können wir hier keine Zuordnungen zu den Einstiegsmethoden vornehmen, sondern geben zur Orientierung eine Auflistung der zu beachtenden Aspekte an.

- *Keine Vorkenntnisse*
- *Lückenhaftes „Inselwissen"*
- *Dezidierte Vorkenntnisse und Fähigkeiten*
- *Ist eher mit positiven und zustimmenden Einstellungen zu rechnen?*
- *Ist eher mit negativen und ablehnenden Einstellungen zu rechnen?*
- *Wie groß wird das Interesse sein?*
- *Sind die Vorkenntnisse der Schülerinnen und Schüler weitgehend homogen?*
- *Mit welchen „Spezialisten" mit mehr Vorwissen ist zu rechnen?*
- *Kann das Wissen dieser Spezialisten sinnvoll genutzt werden?*
- *Ist vielleicht eine gemeinsame Vorbereitung mit ihnen sinnvoll?*

4. Welche Planungsbeteiligung für die Schülerinnen und Schüler gibt es?

4 a Keine	*Informierender Unterrichtseinstieg, Lehrervortrag*
4 b Hilfsfunktionen für die Lehrerplanung	*Erzählen einer Geschichte, Konstruktion eines Widerspruchs, Provozieren*

4 c	Eigene Planung unter Aufsicht der Lehrerin oder des Lehrers	*Lernlandschaft, Arbeitsplanarbeit, Planspiel, Expertenbefragung, Collage, Standbildbauen*
4 d	Weitestgehend selbstständige Planung	*Interview, Reportage*
5.	**Welche Durchführungsbeteiligung für die Schülerinnen und Schüler gibt es?**	
5 a	Allenfalls passive Beteiligung (zuhören, Stichworte geben o. Ä.)	*Informierender Unterrichtseinstieg, Erzählen einer Geschichte, Vormachen, Vorzeigen, Konstruktion eines Widerspruchs, Provozieren*
5 b	Eigene Aktivitäten in einem von der Lehrerin oder dem Lehrer eng gesteckten Rahmen	*Themenbörse, Lernspiele, Sprechmühle, Sortieren, Clusterbildung, Debatte, Sprechmühle*
5 c	Teilweise selbstständige Arbeit unter Kontrolle der Rahmenbedingungen durch die Lehrerin oder den Lehrer	*Angebotstisch, Planspiel, Planungsgespräch, Experiment, Collage, Interview*
5 d	Eigenständige Aktivitäten	*Lernlandschaft, Arbeitsplanarbeit, Freiflug, Reportage, Brainstorming, Kopfsalat, Erkundungsgang/Rallye*
6.	**Welche Möglichkeiten des handelnden Umgangs mit dem neuen Thema gibt es?**	
6 a	Sprachlich	*Stegreif-, Plan- und Rollenspiel, Texttheater, Szenische Interpretation, Blitzlicht, Debatte, Expertenbefragung, Interview*
6 b	Mimisch-gestisch	*Standbildbauen, Stegreif-, Plan- und Rollenspiel, Texttheater, Szenische Interpretation*
6 c	Schauspielerisch-simulativ	*Standbildbauen, Stegreif-, Plan- und Rollenspiel, Texttheater, Szenische Interpretation*

6 d	Gestalterisch-manuell	*Standbildbauen, Freiflug, Collage, Clusterbildung*
6 e	Emotional-assoziativ	*Standbildbauen, Szenische Interpretation, Freiflug, Bunter Bilderbogen, Brainstorming, Rollenspiel*
6 f	Sinnlich (Fühlen, Riechen, Schmecken, Hören)	*Szenische Interpretation*
6 g	Kooperativ-sozial	*Texttheater, Lernspiele, Rallye, Brainstorming, Gruppenpuzzle, Angebotstisch, Lernspiele*
6 h	Explorativ-planerisch	*Clusterbildung*
6 i	Aktiv selber etwas produzieren	*Collage, Brainstorming, Reportage, Texttheater*
6 k	Aktiv auf andere einwirken	*Kreis- und Streitgespräch, Gruppenpuzzle*
6 l	Eine Situation verändern	*Konstruktion eines Widerspruchs*
7.	**Welche Arbeitstechniken und Methoden beherrschen die Schülerinnen und Schüler?**	
7 a	Diszipliniertes Gesprächs- und Arbeitsverhalten	*Sprechmühle, Partnerinterview, Meinungskarussell, Planungsgespräch, Debatte*
7 b	Fixierung auf Lehrerin oder Lehrer	*Informierender Unterrichtseinstieg, Lehrervortrag, Erzählen einer Geschichte*
7 c	Selbstständigkeit in der Gesprächsleitung	*Interview, Expertenbefragung, Kreis- und Streitgespräch, Debatte, Planungsgespräch*
7 d	Konzentration auf Wesentliches	*Blitzlicht, Interview, Expertenbefragung, Sprechmühle, Partnerinterview*

7 e	Protokoll- und Dokumentationsmethoden	*Lehrervortrag, Gruppenpuzzle, Interview, Reportage, Debatte*
7 f	Präsentationstechniken	*Freiflug, Szenische Interpretation, Interview, Reportage, Collage*
7 g	Selbstständige Arbeitsplanung	*Lernlandschaft, Arbeitsplanarbeit, Reportage, Interview, Gruppenpuzzle*
7 h	Selbstständige Nutzung von Arbeitsmaterialien	*Lernlandschaft, Reportage, Interview, Experiment*
7 i	Selbstständige Informationsbeschaffung	*Lernlandschaft, Rallye, Reportage, Interview, Expertenbefragung*

8. Welche Inszenierungstechniken werden von den Schülerinnen und Schülern oder von mir eingesetzt?

8 a	Sortieren, ordnen, vergleichen, auswählen	*Bunter Bilderbogen, Sortieren*
8 b	Sammeln, montieren, collagieren	*Collage*
8 c	Zeigen, vormachen, nachmachen	*Erzählen einer Geschichte, Vormachen, Vorzeigen, Standbildbauen, Stegreifspiel*
8 d	Vorspielen, nachspielen	*Standbildbauen, Stegreifspiel*
8 e	Personalisieren, dialogisieren, dramatisieren, polarisieren	*Lehrervortrag, Erzählen einer Geschichte, Stegreif-, Rollen- und Planspiel, Texttheater*
8 f	Verfremden, verrätseln, provozieren	*Provozieren und bluffen*
8 g	Parodieren, karikieren	*Szenische Interpretation, Texttheater*
8 h	Sich einfühlen, nahe bringen, fremd machen	*Konstruktion eines Widerspruchs, Szenische Interpretation, Bunter Bilderbogen*
8 i	Vergrößern, verkleinern, verlangsamen, beschleunigen	*Szenische Interpretation, Lernspiele, Blitzlicht*

9. Welchen Arbeitsaufwand kann ich mir leisten und welche Rahmenbedingungen muss ich schaffen?

9 a	Keine außergewöhnlichen Vorbereitungen	*Sprechmühle*
9 b	Materialien herstellen	*Angebotstisch, Themenbörse, Lernlandschaft, Planspiel, Lernspiele, Bunter Bilderbogen, Clusterbildung, Collage, Sortieren*
9 c	Etwas einüben, um es vor der Klasse zu präsentieren	*Lehrervortrag, Erzählen einer Geschichte, Vormachen, Provozieren*
9 d	Etwas zum Vorzeigen suchen	*Vorzeigen*
9 e	Juristische Fragen klären	*Rallye, Interview, Expertenbefragung*
9 f	Requisiten und/oder technische Ausrüstung organisieren	*Rollen- und Planspiele, Szenische Interpretation*
9 g	Zusätzliche Räume suchen und belegen	*Texttheater, Expertenbefragung*
9 h	Kollegen und/oder andere Personen außerhalb der Schule informieren und, falls nötig, um Genehmigung bitten	*Rallye, Erkundungsgang, Interview, Expertenbefragung*
9 i	Außerschulische Lernorte einbinden	*Planspiel, Erkundungsgang, Experiment, Interview*
9 k	Mitarbeit von Eltern oder Experten organisieren	*Planspiel, Rallye, Expertenbefragung*
9 l	Gegebenheiten vor Ort begutachten	*Erkundungsgang, Rallye*
9 m	Kontakte zu außerschulischen Organisationen knüpfen	*Planspiel, Rallye, Expertenbefragung, Interview*
9 n	Präsentations- und Veröffentlichungsmöglichkeiten organisieren	*Expertenbefragung, Reportage*

Teil B: Was leistet welche Methode?

Angebotstisch S. 48
  2 a, 2 b, 5 c, 6 g, 9 b
Arbeitspläne S. 60
  2 a, 2 b, 4 c, 5 d, 7 g
Blitzlicht S. 174
  2 e, 6 a, 7 d, 8 i
Brainstorming S. 167
  5 d, 6 e, 6 g, 6 i
Bunter Bilderbogen S. 148
  1 b, 1 f, 5 b, 6 e, 8 a, 8 h, 9 b
Clusterbildung S. 156
  1 c, 1 g, 5 b, 6 d, 6 h, 9 b
Collage S. 145
  1 b, 4 c, 5 c, 6 d, 6 i, 7 f, 8 b, 9b
Debatte S. 179
  5 b, 6 a, 7 a, 7 c, 7 e
Erkundungsgang und Rallye S. 109
  5 d, 6 g, 7 i, 9 e, 9 h – m
Erzählen einer Geschichte S. 30
  1 c, 4 b, 5 a, 7 b, 8 e, 9 c
Etwas vormachen S. 33
  1 c, 5 a, 8 c, 9 c
Etwas vorzeigen S. 35
  1 c, 5 a, 8 c, 9 c
Experiment S. 113
  5 c, 7 h, 9 i
Expertenbefragung S. 123
  4 c, 5 c, 6 a, 7 c – g, 7 i, 9 e, 9 g – n
Freiflug S. 104
  5 d, 6 d – e, 7 f
Gruppenpuzzle S. 180
  6 g, 6 k, 7 e – g
Informierender Unterrichtseinstieg S. 23
  1 a, 2 a – d, 4 a, 5 a, 7 b
Interview S. 117
  4 d, 5 c, 6 a, 7 c – d, 7 f – i, 9 e, 9 h – i, 9 m
Konstruktion eines Widerspruchs, Verfremdung, Verrätselung S. 37
  1 d, 2 f, 4 b, 5 a, 6 l, 8 h
Kopfsalat S. 170
  1 d, 5 d

Kreisgespräch S. 176
  5 c, 6 a, 6 k, 7 c
Lehrervortrag S. 27
  1 a, 4 a, 5 a, 7 b, 7 e, 8 e, 9 c
Lernlandschaft S. 55
  2 a – d, 4 c, 5 d, 7 h – i, 9 b
Lernspiele S. 96
  5 b, 6 a – c, 6 g, 8 i, 9 b
Meinungskarussell S. 141
  5 b, 6 a, 7 a, 7 d
Partnerinterview S. 137
  5 b, 6 a, 7 a, 7 d – e
Planspiel S. 77
  2 e, 4 c, 5 b – c, 6 a – c, 8 e, 9 b, 9 f, 9 i – k, 9 m
Planungsgespräch S. 164
  5 c, 6 a, 7 a
Provozieren und bluffen S. 42
  4 b, 5 a, 6 a, 8 f, 9 c
Reportage S. 128
  4 d, 5 d, 6 a, 6 i, 7 e – i, 9 n
Rollenspiel S. 72
  2 e, 4 c, 5 b – c, 6 a – c, 6 e, 9 f
Sortieren S. 152
  1 f, 5 b, 8 a, 9 b
Sprechmühle S. 133
  5 b, 6 a, 7 a, 7 d
Standbildbauen S. 68
  2 e, 4 c, 5 b, 6 b – e, 8 c – d
Stegreifspiel S. 82
  6 c, 8 c – h
Streitgespräch S. 179
  5 c, 6 a, 6 k, 7 c – d
Szenische Interpretation S. 85
  6 a – c, 6 e – f, 7 f, 8 g, 9 f
Themenbörse S. 52
  2 a – b, 5 b, 6 g, 9 b
Texttheater S. 91
  5 b, 6 a – c, 6 g, 6 i, 8 e, 8 g, 9 b

Teil C: Verzeichnis aller Beispiele mit Angabe der Einstiegsmethode und der Klasse

Berufspraktikum
(Reportage, Kl. 9/10) S. 130

Biologie
Aggression (Sortieren, Kl. 9/10) S. 153
Sexualität (Kopfsalat, Kl. 6) S. 171
Sexualität – Partnerschaft, Liebe, Freundschaft (Bunter Bilderbogen, Kl. 6) S. 149

Deutsch
Dürrenmatt, Die Physiker
(Szenisches Interpretieren, Kl. 10) S. 88
Epoche der Aufklärung (Informierender Unterrichtseinstieg, Kl. 11) S. 24
Gute Menschen – böse Menschen
(Sprechmühle, Kl. 7) S. 134
Inhalte und Methoden des Deutschunterrichts (Brainstorming, Kl. 7) S. 168
Kurzgeschichten
(Gruppenpuzzle, Kl. 9) S. 181
Lyrik (Freiflug, Kl. 10) S. 105
Medienkompetenz (Texttheater, Kl. 9) S. 93
Süskind, Das Parfum
(Szenisches Interpretieren, Kl. 10) S. 86
von der Grün, Die Vorstadtkrokodile
(Lernspiele, Kl. 5/6) S. 98
Wer bin ich? – Rollen beherrschen
(Rollenspiel, Kl. 5) S. 73

Englisch
Der Club der toten Dichter – englische Gedichte (Etwas vormachen, Kl. 12) S. 34
Fabeln (Stegreifpantomime, Kl. 5) S. 83

Fachübergreifend
Bremer Häfen (Angebotstisch, Sek. I) S. 49
Typische Situation in einer guten bzw. schlechten Unterrichtsstunde
(Standbildbauen, Kl. 5–11) S. 68

Gemeinschaftskunde/Politik/Wirtschaft
Fall Sarrazin – Integrationsdebatte
(Partnerinterview, Kl. 10) S. 138
(Meinungskarussell, Kl. 9) S. 141
Leistungsfach/Abiturvorbereitung
(Provozieren und bluffen, Sek. II) S. 43

Geografie
Erkundung der Schule
(Rallye, Kl. 5) S. 110
Gefährdungen des Wattenmeeres
(Planspiel, Sek. I) S. 77
Kinder einer Welt
(Expertenbefragung, Kl. 6) S. 124
Kompass und Karte
(Experiment, Kl. 5/6) S. 115
Mobilität (Planungsgespräch, Kl. 8) S. 164

Geschichte
Griechenland (Collage, Kl. 7) S. 146

Mathematik
Achilles und die Schildkröte – Folgen und Reihen (Konstruktion eines Widerspruchs, Kl. 11) S. 38
Bruchrechnen
(Clusterbildung, Kl. 6) S. 158
Volumenberechnung
(Themenbörse, Kl. 6) S. 53

Sozialkunde
Bundeswehreinsätze in Krisengebieten
(Interview, Kl. 9) S. 119
Drogen und Suchtgefahren
(Etwas vorzeigen, Sek. I) S. 36

Pädagogik
Schule als Arbeitsplatz
(Verfremden, Sek. I) S. 39

Teil D: Checkliste Inklusion

Die folgende Übersicht soll zeigen, wie gut die jeweilige Einstiegsmethode für den mittlerweile in allen Bundesländern praktizierten inklusiven Unterricht geeignet ist. Wir haben dabei das übliche Schulnotensystem von „1" = sehr gut bis „6" = ungenügend verwendet.

Angebotstisch	2	Kreisgespräch	4
Arbeitspläne	1	Lehrervortrag	6
Blitzlicht	4	Lernlandschaft	2
Brainstorming	3	Lernspiele	1
Bunter Bilderbogen	2	Meinungskarussell	3
Clusterbildung	1	Partnerinterview	3
Collage	3	Planspiel	4
Debatte	5	Planungsgespräch	5
Erkundungsgang und Rallye	2	Provozieren und bluffen	5
Erzählen einer Geschichte	3	Reportage	4
Etwas vormachen	4	Rollenspiel	3
Etwas vorzeigen	2	Sortieren	2
Experiment	3	Sprechmühle	3
Expertenbefragung	4	Standbildbauen	4
Freiflug	2	Stegreifspiele	4
Gruppenpuzzle	3	Streitgespräch	5
Informierender Unterrichtseinstieg	6	Szenische Interpretation	4
		Themenbörse	3
Interview	4	Texttheater	3
Konstruktion eines Widerspruchs	5		
Verrätselung, Verfremdung	5		
Kopfsalat	3		

Literatur

BASTIAN, JOHANNES, u. a. (2003): Feedback-Methoden. Erprobte Konzepte, evaluierte Erfahrungen. Weinheim/Basel
BAUER, ROLAND (Hg.) (2001): Schule als Lern- und Lebensraum gestalten. Berlin
BERNHARDT, MARKUS (2003): Das Spiel im Geschichtsunterricht. Schwalbach
BOAL, AUGUSTO (1979): Theater der Unterdrückten. Frankfurt
BOHL, THORSTEN/KUCHARZ, DIEMUT (2010): Offener Unterricht heute. Weinheim/Basel
BOHNSACK, FRITZ (2013): Wie Schüler die Schule erleben. Opladen
BRENNER, GERD/BRENNER, KIRA (2005): Fundgrube Methoden für alle Fächer. Berlin
BRÜHNE, THOMAS / SAUERBORN, PETRA (2011): Unterrichtseinstieg. Baltmannsweiler
BUZAN, TONY (1984): Kopftraining. München
COHN, RUTH (1975): Von der Psychoanalyse zur Themenzentrierten Interaktion. Stuttgart
COPEI, FRIEDRICH (1955): Der fruchtbare Moment im Bildungsprozeß. 3. Auflage, Heidelberg
DEMMLER, KATRIN: Lerngerät. In: Süddeutsche Zeitung vom 9. 12. 2017
ENDRES, WOLFGANG (2007): Lernen lernen – Wie stricken ohne Wolle? Weinheim/Basel
FRITZ, JÜRGEN (o. J.): Mainzer Spielkartei. Mainz
GEISSLER, KARLHEINZ (1989): Anfangssituationen, Weinheim/Basel
GRELL, JOCHEN U. MONIKA (2010): Unterrichtsrezepte. 12. Auflage, Weinheim/Basel
GUDJONS, HERBERT (2011): Frontalunterricht – neu entdeckt. Integration in offenen Unterrichtsformen. 3. Auflage, Bad Heilbronn
GUGEL, GÜNTHER (2011): 2000 Methoden für Schule und Lehrerbildung: Das große Methoden-Manual für aktivierenden Unterricht.
HAGEDORN, ROLF, u. a. (o. J.): Studien- und Berufswahlvorbereitung in der gymnasialen Oberstufe. Hrsg. vom Nds. Kultusministerium, Hannover
HARRIS, BRYAN (2013): Mehr Motivation und Abwechslung im Unterricht: 99 Methoden zur Schüleraktivierung, Mühlheim
HATTIE, JOHN (2013): Lernen sichtbar machen. Überarbeitete deutschsprachige Ausgabe von „Visible Learning" besorgt von Wolfgang Beywl und Klaus Zierer. Baltmannsweiler
HECKER, HEIKO (2016): Unterrichtseinstiege Politik. Berlin
HELMKE, ANDREAS (2003): Unterrichtsqualität – erfassen, bewerten, verbessern. Seelze
HEMME, HEINRICH (2007): Die Hölle der Zahlen. 92 mathematische Rätsel. Göttingen
HEUERMANN, ALFONS/KRÜTZKAMP, MARITA (2003): Selbst-, Methoden- und Sozialkompetenz. Bausteine für die Sekundarstufe 2. Berlin
JANK, WERNER/MEYER, HILBERT (2002): Didaktische Modelle. Berlin
KELLY, G. A. (1955): The Psychology of Personal Constructs, Vol. I u. II. New York
KLIEME, ECKHARD, u. a. (2003): Zur Entwicklung nationaler Bildungsstandards. Hrsg. vom Bundesministerium für Bildung und Forschung. Berlin
KLIPPERT, HEINZ (1994): Methodentraining, Weinheim/Basel

Kollar, Ingo u. a. (2011): Webbasiertes Forschendes Lernen im naturwissenschaftlichen Unterricht. Interventionsstudien zur Bedeutung von individuellen Lernvoraussetzungen und instruktionalen Gestaltungsmerkmalen. In: Psychologie in Erziehung und Unterricht, Bd. 4

Krieger, Claus Georg (2005): Wege zu offenen Arbeitsformen. Konzepte zur Selbststeuerung des Lernens – Leistungsbeurteilung. Hohengehren

Lindemann, Sonja: Wirkungsvolle Unterrichtseinstiege. Staatsexamensarbeit abzurufen unter: http://li.hamburg.de/contentblob/3855246/c6f2629e19f27e9211208e5897bc76c9/data/portfolio-ha-unterrichtseinstiege.pdf (letzter Zugriff März 2018)

Männel, Sophie (2017): Unterrichtseinstiege. Funktionen, Kriterien und Möglichkeiten. Norderstedt

Macaulay, David / Ardley, Neil (2005): Das große Mammutbuch der Technik. München

Matthes, Wolfgang (2011): Methoden für den Unterricht: Kompakte Übersichten für Lehrende und Lernende. Hannover

Meyer, Hilbert (1987): Unterrichts-Methoden (2 Bde.). Frankfurt

Meyer, Hilbert (2001): Türklinkendidaktik. Berlin

Meyer, Hilbert (2004): Was ist guter Unterricht? Berlin

Meyer, Hilbert (2007): Leitfaden zur Unterrichtsvorbereitung. Berlin

Meyer, Hilbert (2015): Unterrichtsentwicklung. Berlin

Meyer, Hilbert (2017): Unterrichtsqualität in der digitalen Welt. Oldenburg

Mundprecht, Eva / Geier, Michaela: Theorie Unterrichtseinstieg. Seminararbeit, abzurufen unter: http://www.didactics.eu/fileadmin/analyse/beispiele_lehrpraxis/theoriearbeitueinstieg-ws11.pdf (letzter Zugriff März 2018)

Realschule Enger (2001 ff.): Lernkompetenz. Bausteine für eigenständiges Lernen (6 Bde.). Berlin

Referendare, Motivierende Unterrichtseinstiege: Tipps und Ideen, abzurufen auf der Cornelsen-Homepage unter: https://www.cornelsen.de/referendariat/1.c.3516233.de

Rein, W. / Pickel, A. / Scheller, E. (1903): Theorie und Praxis des Volksschulunterrichts nach Herbartschen Grundsätzen (3 Bde.). 7. Auflage, Leipzig

Reiss, Christina u. a. (2016): Pisa 2015 – Eine Studie zwischen Kontinuität und Innovation. Münster

Roth, Heinrich (1965): Pädagogische Psychologie des Lehrens und Lernens. 5. Auflage, Hannover

Scheller, Ingo (1988): Szenisches Spiel. Handbuch für die pädagogische Praxis. Berlin

Tenorth, Heinz-Elmar (Hg.) (2001): Kerncurriculum Oberstufe. Mathematik – Deutsch – Englisch. Expertisen im Auftrag der KMK. Weinheim/Basel

Vester, Frederic (1978): Denken, Lernen, Vergessen. München

Wagenschein, Martin (1975): Verstehen lernen. 5. Auflage, Weinheim/Basel

Weinert, Franz (Hg.) (2001): Leistungsmessungen in Schulen. Weinheim

Wiechmann, Jürgen (Hg.) (2010): Zwölf Unterrichtsmethoden. Vielfalt für die Praxis. Weinheim/Basel

Zierer, Klaus (2017): Lernen 4.0. Pädagogik vor Technik. Baltmannsweiler

Register

A
Achilles und die Schildkröte 38/39
Aggression 153–155
akustisches Memory 138
Alltagsrelevanz 48, 67, 144, 158
Altersangemessenheit 18, 95, 113, 117, 126, 141
Ambiguitätstoleranz 76
Angebotstisch 48–52
antikes Griechenland 146/147
Arbeit mit Kompass und Karte 115–117
Arbeitspläne 44, 60–65
Arbeitsplanerstellung 62
argumentatives Aushandeln 154/155
assoziative Gesprächsformen 163–173
Aufgabenkonstruktion 56, 60–64, 98, 100/101, 107
Aussagen über Anna/Leo 73
Auswertungsphase 76, 80, 160

B
Beobachtungsauftrag 72, 178
Berliner Schule 12
Betriebspraktikum 129/130
binnendifferenzierende Angebote 49
Biografien 87, 90
Biologie 127, 153, 171
Blitzlicht 11, 131, 135, 174/175, 191
Bluffen 42–47
Brainstorming 163, 167–170, 191
Bremer Häfen 49–51
Bruchrechnen 52, 158
Bunter Bilderbogen 148–151

C
Clusterbildung 11, 56, 145, 156–162, 191
Collage 91, 137, 143, 145–147
Comics 153, 171–173

D
Datenerhebungsmethode 128
Debatte 179/180, 191
deduktive Herangehensweise 24
Deutschunterricht 24, 33, 76, 99, 105, 134, 168, 181
Didaktik des Spielens 66, 93, 96
differenzierte Einstiegsverfahren 21, 54, 177
Differenzierung 21–22, 60, 78
Disziplin 16/17, 20, 32, 61, 136, 140, 194, 192
Dürrenmatt, Die Physiker 88/89

E
Eigenbeobachtung 141
Einstimmungsphase 86
Empathie 75, 85, 89, 140, 162, 179
englische Fabeln 83/84
Englischunterricht 34, 83/84, 151
Epoche der Aufklärung 24
Ergebnissicherung 124, 128, 135, 138, 140, 150
Erkundungsgänge 109–113, 128, 165
Erzählen einer Geschichte 30–33
Etwas vormachen 33–35
Etwas vorzeigen 35–37
Experiment 49, 93, 113–117, 128, 175, 184
experimentelle Einstiegsmethode 104
Expertenbefragung 78, 80, 123–127

F
Fachthemenplanarbeit 54
Faktenwissen 71, 136, 145, 184
fakultatives Lernpensum 60
Fall „Sarrazin" 138/139
Feedback-Bogen 187/188
Flächenberechnung 37
Folgen und Reihen (mathematische) 38/39
Fragebogen 186, 189

Fremdbeobachtung 141
Frontalunterricht 44, 140, 151, 183

G

ganzheitliche Einstiege 6, 31, 72, 136, 157
Gedicht „Schnecke" 106/107
Gedichte 33/34, 105–107
Gefährdungen des Wattenmeers 77/78, 81
gelenktes Unterrichtsgespräch 25, 27, 30, 71, 140, 157, 160, 183
Geschichtsunterricht 90, 97, 138, 146
Gesellschaftsspiele 96
gleichberechtigte Arbeitssituation 68
Gruppenidentität 169
Gruppenpuzzle 180–184

H

Handlungsorientierung 6, 13, 15, 26, 87, 90–92, 94, 107, 114, 160
Hausaufgabenkontrolle 10, 19/20
Hilfs-Ich 70, 87
Hypothesen 114, 116

I

Ich-Stärke 47, 75
Individualisierung 8, 21, 60, 144
individuelle Forderung 8, 21, 61, 62
individuelle Förderung 21, 61, 62, 188
induktive Methode 114
Industrialisierung 58–59
informierender Unterrichtseinstieg 6, 23–26, 42
interaktionelle Aspekte 9, 35, 96, 108, 154–155
Interview 11, 24, 117–122, 123, 125, 126, 128, 165

K

Kennenlernspiele 107
Kettengeschichte 84
Kinder einer Welt 124/125
Klebepunktaktion 189–190

kognitive Fähigkeiten 25, 42, 116, 136, 157
Kommunikationsregeln 192
Konstruktion eines Widerspruchs 37–39
Kopfsalat 163, 164, 170–173
Körpersprache 31, 70, 89, 92, 156
Körpersprachliches Kommunikationssystem 69
Kreisgespräch 176–178
Kursprogramm Politik/Wirtschaft 43–45
Kurzgeschichten 181, 184

L

Lehrerbrief 189
Lehrervortrag 27–29, 32, 43
Leistungsrückmeldung 62, 121
Lernniveau 64
Lernlandschaft 55–59
Lernspiele 96–103
Lernstandsdiagnose 8, 21/22
Lerntempo 54, 60, 66
Lerntypen 48, 49, 53, 54
Lernumgebung 22, 61
Literaturunterricht 24, 76, 86, 151
L-K-G-Regel 28/29

M

Machtbalance (zw. Lehrer und Schülern) 17
Maikäfer flieg 33
manuelle Fähigkeiten 48, 116
Mathematikunterricht 38, 90, 122, 136, 158, 166
Medienkompetenz 93
Meinungskarussell 141–145
Merkmale guten Unterrichts 186
Metaunterricht 185, 190
Milchbüchsenversuch 114
Mindmap 56, 97, 156/157
Mittel der Lyrik 105/106
Mobilität 165
Multiple-Choice-Verfahren 118, 186

N
narrative Fähigkeiten 139
Nathan der Weise 24
Naturwissenschaften 33, 52, 55, 57, 59, 81, 103, 113, 117, 147, 149, 184
Nebentätigkeiten (der Schüler) 29, 140, 192

O
offene Arbeitspläne 60
Öffnung des Lernraums nach außen 78, 110
optimale Lernumgebung 22, 61
ostfriesische Inseln 110

P
pädagogischer Takt 39, 110, 124
Pantomime 82–85, 92, 99, 101
Partnerinterview 137–141, 191
Partnerschaft/Freundschaft/Liebe 149
Pflichtaufgaben 60, 63/64
Planspiel 11, 71, 77–81, 179/180, 191, 192
Planungsgespräch 164–166
Podiumsdiskussion 124
Politik 43/44, 93, 98, 127, 142, 151, 165
positiver reziproker Affekt 106
praxisbezogener Unterricht 44
primäre Erfahrungen 109, 116, 121, 126
Produktorientierung 67, 107, 112, 140, 160
Protokoll 67, 118, 121, 124–126, 138/139, 153, 158, 165, 167, 176, 178
provozieren und bluffen 42–47
Pygmalion-Effekt 148

R
Rallyes 109–113
Rätsel 13, 37–42, 48
Referendar 33
Referenzrahmen 22
Reportage 87, 90, 128–131
rhetorische Figuren 106
Rhythmisierung (des gemeinschaftlichen Lebens) 17
Rituale 10/11, 16–19, 166, 192
Rollenspiel 59, 70, 72–76, 77, 79, 80, 82, 90, 92, 96, 104, 132, 172, 178, 191
Rollentausch 75

S
Sachkompetenz 28, 45, 56, 127, 136, 183
Schneeballszenario 190
schriftliche Befragung 186–189
Schulcurriculum 56, 62
Schule als Arbeitsplatz 39
schülerbezogener Unterricht 44
Schülerfehlverhalten 189
selbst entwickelte Kategorien 152
Selbstkontrolle 20, 61
Sexualität 149, 171–173
Simulation eines Konflikts 77
Simulationsspiele 66–81, 190
sortieren und strukturieren 145, 152–162, 165, 175, 177, 191
soziale Integration 141–145
soziales Lernen 32, 67, 89, 96, 140
Sozialform 53, 61, 63
Sozialkunde 81, 90, 98, 108, 113, 119, 144
Spielvariationen 97–99
Sprachgefühl 89
Sprechanlass 84, 151
Sprechmühle 6, 133–137, 175, 191
Sprichwortpuzzle 138/139
Stammgruppen 180–184
Standbildbauen 68–71, 75, 85, 87, 104, 191
Stegreifpantomimen siehe Pantomimen
Stegreifspiele 82–85, 172
Streitgespräch 43, 178/179, 191
Stundenausstiegsritual 11
Stundeneröffnungsrituale 10/11, 16–18, 175, 176
Suchtsack 36
Süskind, Das Parfum 86
szenische Interpretationen 82, 85–90, 96

T

textanalytische Fähigkeiten 121
Texttheater 11, 70, 91–95
Theater-AG 44, 86
Themenbörse 52–55
Themenplanarbeit 52, 54
themenzentrierte Selbstdarstellung 132–151, 191
traditionelle Vermittlungsdidaktik 25

U

Übungen zum stofflichen Aufwärmen 10, 19/20, 175
Umgang mit Texten 89, 94
Unterrichtsvertrag 189, 192/193

V

Verbalisierungsfähigkeiten 166
Verfremdung 39/40, 40, 42, 69
Verlangsamung des Einstiegs 69, 146
Verlangsamung des Lernprozesses 36, 41, 66, 69, 90, 146, 152
Vernetzung mit der Wirklichkeit 81
Verrätselung 40/41, 48
Vier-Fragen-Interview 138/139
Volumenberechnung 37, 52–54
Vorphase 17
Vorstadtkrokodile-Activity 99–103

W

Wahlaufgaben 50/51, 53, 60–65
Wettkampf 83, 92, 96, 110
Widerspruch konstruieren 37–42
Wirtschaftsunterricht 43/44, 50, 97, 98, 142, 165

Z

Zeigen eines Gegenstands 35/37
Zusammenhang von Methode und Inhalt 11
Zweiergruppe 135, 137–139, 190